中国智慧博物馆

蓝皮书

· 2022 ·

中国博物馆协会登记著录专业委员会 智慧文博研究院 编

本项目接受中国博物馆协会资助

文物出版社

图书在版编目(CIP)数据

中国智慧博物馆蓝皮书．2022 / 中国博物馆协会登记著录专业委员会编．-- 北京：文物出版社，2023.7
ISBN 978-7-5010-8069-4

Ⅰ．①中… Ⅱ．①中… Ⅲ．①博物馆－现代化－概况－中国－2022 Ⅳ．① G269.2

中国国家版本馆 CIP 数据核字 (2023) 第 098675 号

中国智慧博物馆蓝皮书·2022

| 编　　者： | 中国博物馆协会登记著录专业委员会　智慧文博研究院 |
| 主　　编： | 游庆桥　柳士发 |

封面设计：贝壳学术
责任编辑：贾东营　王　瑶
责任印制：王　芳

出版发行：文物出版社
社　　址：北京市东城区东直门内北小街 2 号楼
邮　　编：100007
网　　址：http://www.wenwu.com
经　　销：新华书店
印　　刷：北京地大彩印有限公司
开　　本：710 mm×1000mm　1/16
印　　张：16.5
印　　次：2023 年 7 月第 1 版
版　　次：2023 年 7 月第 1 次印刷
书　　号：ISBN 978-7-5010-8069-4
定　　价：98.00 元

本书版权独家所有，非经授权，不得复制翻印

丛书编委会

顾问	郑欣淼　王智玉
编委会主任	刘玉珠
编委会副主任	刘曙光
编委会成员 （按姓氏笔画排序）	卫永峰　马萧林　王　凯　王建平　王　毅 白　杰　吕　芹　刘中刚　刘玉沛　安来顺 祁庆国　苏伯民　李　刚　李金光　李耀申 肖　炜　吴洪亮　何　琳　宋洪兵　张小朋 张子康　张元成　张　喆　陈成军　陈瑞近 茅宏坤　郑　晶　柳士发　段　勇　段晓明 娄　玮　祝孔强　袁谊生　贾建威　郭黎莅 黄克力　彭明翰　韩国民　游庆桥
主编	游庆桥　柳士发
执行主编	李耀申　张　喆
副主编	王建平　祁庆国　李世杰
执行编辑	沈贵华　李　晨　王　硕　万帅超

序 言

　　智慧博物馆是以数字博物馆为基础，充分利用物联网、云计算等新技术构建的以全面透彻的感知、宽带泛在的互联、智能融合的应用为特征的新型博物馆形态。"以人为本"理念在博物馆的深入实践和物联网等新技术在博物馆的普及应用，有力地推进了"以数字为中心"的数字博物馆向"以人为中心"的智慧博物馆的发展。智慧博物馆可以在需求与科技协同作用的条件下，持续进化，不断演变提升，通过对物联网、云计算、大数据和移动互联等新技术的应用，对博物馆传统业务流程进行重塑，使博物馆实现丰富多彩的"智慧服务""智慧保护"和"智慧管理"，不断提升博物馆的业务水平和公共文化服务能力，有效推动博物馆突现其"为社会和社会发展服务"的宗旨。

　　近年来，我国不少地方在智慧博物馆领域开展了诸多有益的探索，取得了多方面实践成果。但是，智慧博物馆作为一种全新的博物馆形态，其形成和发展需要在博物馆学、信息学、传播学等多个学科的综合理论指引下，有序推进，确保其服务、保护、传播功能得到有效实现。智慧博物馆是科技和文化融合的新平台，需要在理论和实践中不断探索和完善。《中国智慧博物馆蓝皮书》对当前智慧博物馆建设中所面临的热点问题进行了集中梳理，通过深入研究提出了丰富的理论观点和有价值的对策建议，对于当下的智慧博物馆发展和博物馆信息化工作都具有重要的意义。

国家文物局持续推动、深化实施"互联网＋中华文明"行动计划，进一步探索和发挥文物资源在构建中华优秀传统文化传承体系中的独特作用，鼓励扶持文博单位和各类市场主体，开发更多弘扬中华优秀传统文化的产品和服务，满足民众多元化需求，促进文化消费。衷心希望在智慧博物馆领域推出更多、更好的理论成果，为推进博物馆信息化建设提供理论指引，不断提升博物馆的文化遗产保护和公共文化服务能力，通过智慧化的手段助力让文化遗产活起来。

2022 年 12 月

目录

概览篇

2　我国博物馆智慧化发展调研报告（2021—2022）

探索篇

38　中国博物馆事业现状与"十四五"发展趋势（刘曙光）

48　关于后疫情时代博物馆数字化服务问题（安来顺）

59　对当下智慧博物馆建设的若干思考（刘中刚）

68　大数据助力智慧博物馆发展（张喆）

79　智慧博物馆及其国际传播与合作（白杰）

89　文物资源智慧化融合创新平台建设方案（袁谊生）

102　元宇宙与智慧博物馆（陈刚）

114　从业务实现层面思考智慧博物馆建设（祁庆国）

目录

实践篇

124 智慧博物馆大数据建设研究和实践
——以中国国家博物馆为例（李华飙　郝琳霰　赵　慧）

142 中国美术馆藏品智慧化管理建设
——基于中国美术馆藏品智慧管理系统（张希丹）

150 博物馆智慧化陈列展览的探讨与实践
——以天津国家海洋博物馆为例（黄克力）

166 河南博物院智慧博物馆建设实践与探索（马萧林）

175 湖北省博物馆的信息化建设（方　勤　杨理胜　赵明明）

188 智慧博物馆时代的观众高质量服务
——以山西博物院"博物馆感知定位与个性化导览"为例（张元成　杨　敬）

200 传统文化沉浸式展览的诠释与解读（郑　晶）

210 科技力量让博物馆"活起来""智起来"
——记中国电信博物馆信息化创新之路（周雪峰）

217 以藏品为核心的博物馆智慧化建设
——北京鲁迅博物馆智慧管理平台（胡　鸣）

235 **附录**

236 智慧博物馆论著摘要（2021—2022）

251 **后记**

概览篇

我国博物馆智慧化发展调研报告
(2021—2022)

概 述

近二十年来，中国博物馆事业经历了一个较长的高速发展期。"十三五"时期，我国博物馆数量由 4692 家增长至 5788 家（其中定级博物馆 1224 家），平均每两天新增一家博物馆，每天增加 0.6 家。截至 2020 年，达到平均每 25 万人拥有一座博物馆的水平。以大数据、物联网、信息化为代表的科技技术飞速发展，不仅给博物馆事业的发展注入新的活力，也使博物馆发展进入了新的赛道。

如今，博物馆越来越走进大众生活，成为社会公众所期望的正常生活中的一部分。博物馆在人们心中已经不仅仅是单纯的展览场所，在疫情之下，它被赋予了更多的社会文化价值，这就需要博物馆不断探索自身文化，去驱动价值的实现。在"互联网+"背景下，博物馆是否能充分运用现代信息和智能化技术，更加合理、高效、人性化的整合各方面资源，提升自身在公众服务、内外管理、藏品保护、推广传播等方面的水平，已经不仅是文旅融合语境下，满足大众文化消费升级需求的必备武功，更是"后疫情"时期里，博物馆生存、建设和发展面临的关键议题。

"互联网+"时代博物馆智慧化发展已成为新趋势。经过几年的探索、实践，我国智慧博物馆进入起步阶段。这是对博物馆智慧化的有益尝试，推动了博物馆从数字化向智慧化的升级转型。现在国内越来越多的博物馆引入了"智慧博物馆"模式，开始加大博物馆智慧化建设力度，使"人"重新回归为博物馆的核心，也使

"物""展""人"不再是单独的个体，而是紧密地联系在一起。博物馆智慧化最终的目的不是炫耀技术，而是更好地服务于观众，让观众更好地去体验博物馆带给他们的快乐和知识。

第一，社会公众文化需要层次的提高促使博物馆向智慧化发展。当今时代，博物馆已经成为一个国家、一个民族、一个城市文化积淀的重要标志，成为展示优秀文化的载体，博物馆事业随之蓬勃发展。从2008年至今，平均每年大约新增230座博物馆，平均每年呈现25000—30000个陈列展览项目。面对社会公众迅速提高的关注度和参与度，博物馆亟须通过智慧化转型提升文化产品和服务能力，进一步丰富观众的体验。

第二，全球信息技术发展支撑着博物馆向智慧化转型。信息技术改变了现代社会的生产生活方式，扩展了人类活动空间，文化传播方式、社会公众的欣赏方式发生重大变革，尤其是在智慧城市、智慧旅游不断普及的推动下，博物馆的存在方式、运营方式、展现方式也不断走向数字化、网络化、智能化。

第三，智慧博物馆总体框架已经初现端倪。一是智能化的信息管理系统的实际应用日益增多。二是智能化的观众行为管理系统渐入佳境。建立大数据库，以此记录参观者的行为信息，并在这些数据的基础上建立服务管理系统。三是智能化的移动导览系统得到快速普及。最为普遍的信息交流方式是移动终端，同时它也可以成为现代博物馆提供服务的重要途径。四是开放性的信息资源建设得到广泛的认同。智慧博物馆属于互动的、共同建设的、兼容并蓄的系统，而不是单向传播系统。通过政府、博物馆自身和公众三位一体共同来建设一个真正意义上的博物馆，以促进博物馆与参观者的及时交互。

第四，博物馆自身承担功能的转变也推动着博物馆智慧化不断升级。随着社会经济科技文化的迅速发展，博物馆自身功能也在不断丰富和转变，这就亟须通过智慧化建设加速博物馆转型升级。

为促进博物馆智慧化建设工作开展，基于登记著录工作与藏品数据资源管理、应用以及智慧博物馆建设工作的密切关联，中国博物馆协会登记著录专委会围绕智慧博物馆系列学术活动，汇聚了国内博物馆界和信息化领域等方方面面的专家，并研究探讨了相关学术问题，围绕认真落实中共中央办公厅、国务院办公厅印发《关于加强文物保护利用改革的若干意见》提出的"发展智慧博物馆、打造博物馆网络矩阵"要求，进一步加强对智慧博物馆关键概念、需求结构、标准规范、技术架构、顶层设计等学术问题的探讨和交流，促进智慧博物馆的建设发展，登记著录专委会在以往工作的基础上，继续开展2021年至2022年智慧博物馆课题研究。

一、博物馆智慧化发展现状

（一）疫情下的机遇与挑战

2020年新冠肺炎疫情爆发，博物馆应疫情防控工作的需要前所未有地一律闭馆。从2020年1月到3月上旬，我国博物馆一直未曾开馆。国际博物馆协会2020年3月公布的一份调查报告显示，全球有85000家博物馆在受疫情影响被迫关门谢客。美国博物馆联盟2020年7月22日的一份报告披露，由于新冠肺炎疫情而导致的相关财务问题，全美有三分之一的文博机构或将永久关闭。疫情影响的持续性虽给博物馆带来了前所未有的危机，但也一定程度上倒逼博物馆更广泛、更深度使用科技手段开展业务，加速自身智慧化发展，这也许是博物馆行业向新形态迈进的一个契机。

中国博物馆界在疫情期间虽也受到冲击，但境况相对好得多。为了不让精彩的展览和藏品蒙尘，在国家文物局、中国博物馆协会的指导支持下，各个地区的博物馆纷纷探索"云展览""云传播""在线课程"新模式进行博物馆数字化传播，推出一系列博物馆线上文化产品，不断满足人民对精神文化生活的需求。2020年春节期间，在疫情防控的大背景下，"博物馆网上展览平台"分六批推送了300个博物馆网上展览。据文化和旅游部统计，仅在农历春节期间，中国各地博物馆就推出了2000余项网上展览，总浏览量超过50亿人次。这是我国博物馆集中推送"云展览"项目、"互联网+"背景下博物馆展示形式创新的标志性事件。此外，抖音、淘宝、腾讯、快手等新媒体平台相继举办"云游博物馆"直播活动，全国几十家博物馆参与，网友反响热烈，单日观看量超过千万。其中故宫博物院的三场直播，在新华网客户端的直播间涌进了3492万网友，收到将近6万条留言。黄河沿线九省博物馆在直播平台开展"云探国宝"在线直播活动，3天9场共计530分钟的直播，吸引了1253万网友的围观。此外，我国博物馆积极探索吸引更多公众来到博物馆的新方式和途径，并力争让更多参观者再次到访博物馆，让参观者与博物馆保持情感上的连接，积极应对未来趋势的变化。

依据《中国统计年鉴》，2021年我国博物馆基本情况如下（见表1）。参照2018年和2019年数据，受新冠肺炎疫情影响2020年的年收入合计、参观人数、举办陈列展览数量有所下降，博物馆发展受到一定程度限制，但2021年相关数据有所回升，博物馆数量、从业人员、文物藏品数量均稳步提升，信息化建设、智慧化相关政策及学术研究、人才培养等呈现良好向上趋势。

表一　2018—2021年我国博物馆基本情况

年份	机构（个）	从业人员（人）	本年收入合计（万元）	本年支出合计（万元）	资产总计（万元）	实际使用房屋建筑面积（万平方米）	文物藏品（件/套）	举办陈列展览（个）	参观人数（万人次）
2018年	4918	107506	3043180	3084586	13383485	2791	37540740	26346	104401
2019年	5132	108035	3378348	3393705	14477015	2960	39553764	28718	112288
2020年	5452	118913	3269706	3227243	19487655	3188	43190898	27719	52652
2021年	5772	125704	3996501	4612286	51646572	3444	46648282	31931	74850

疫情推动了博物馆社会服务方式的升级，加速了信息化技术与博物馆文化资源的深度融合。各地博物馆开始正视拓展线上业务，利用新技术引领博物馆展陈形式和内容的变革，促使博物馆在"恢复与重塑"中提升、创新。随着各博物馆信息化建设步伐的提速，行业与公众精神文化需求的链接也将进一步强化。

（二）博物馆信息化建设

博物馆信息化建设是博物馆智慧化的基础。按照中国博物馆协会课题要求，中国博物馆协会登记著录专业委员会组建课题组，通过问卷调查、实地调研、会议研讨等方式，结合2021年12月底对全国231个博物馆信息化情况的抽样问卷调查数据，进行了2021年博物馆智慧化基础建设相关数据的分析、文献收集和整理。同时查阅《国际一级博物馆运行评估指标体系》等相关标准、资料及国家统计局政府网站发布的《中国统计年鉴2021》博物馆基本情况数据。综合相关数据分析，我国博物馆信息化建设情况如下。

1. 信息化机构建设

近年来，随着馆藏珍贵文物调查、全国第一次可移动文物普查、文物数字化保护等工作的开展，部分博物馆逐步建立信息化专设部门，或由其下属单位承担信息化工作。虽然博物馆对文博信息化工作的重视程度有所提高，但大部分博物馆并未专设信息化机构或部门（图1）。

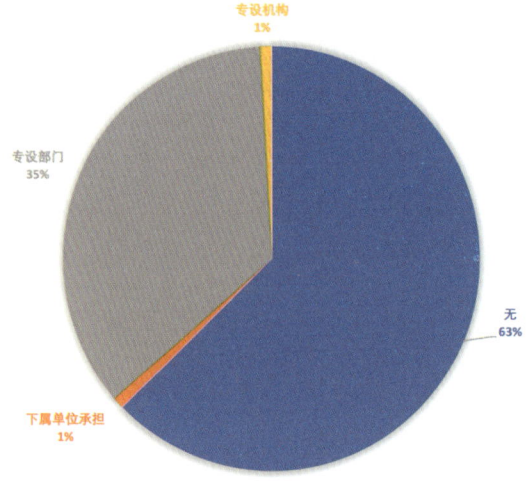

图 1　信息化机构建设

2. 服务信息化应用

在自建网站、微信公众号、短视频平台、政务网站等众多服务信息化平台中，博物馆应用最多的是微信公众号、自建网站两个平台（图2）。

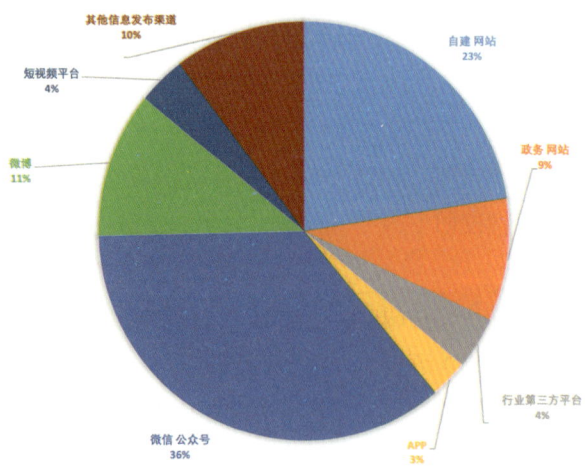

图 2　服务信息化

3. 管理信息化

在业务管理信息化工作中，近一半单位实现了藏品综合管理信息化，反映出藏品综合管理业务信息化是博物馆业务信息化最核心、最基础的需求（图3）。

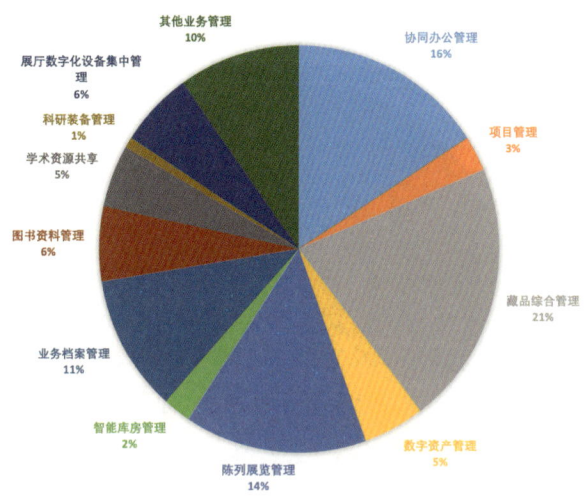

图 3　管理信息化

4. 文物保护信息化

在文物保护信息化工作中，主要在安消防监控、文物巡查检查、库房环境监测、文物本体监测等方面应用较多。近几年，随着国家文物局推动文物预防性保护和数字化保护项目，文物保护工作信息化手段逐步加强（图4）。

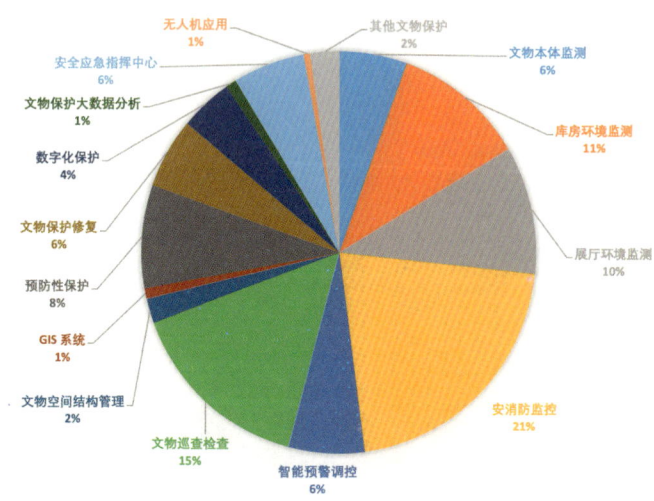

图 4　文物保护信息化

5. 社会教育信息化服务

在社会教育信息化服务工作中，侧重在导览服务、志愿者服务、预约服务、社教服务等基础公众服务方面；智能讲解、数字化展厅、文创服务等也逐步被重视（图5）。

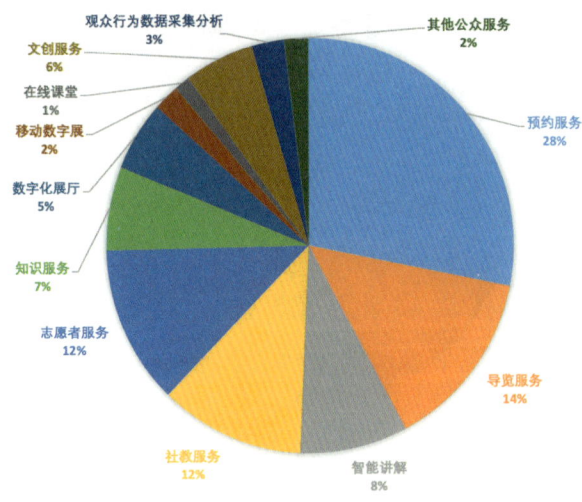

图5 社会教育信息化服务

6. 数字展示应用

博物馆在数字导览、全景展示、虚拟展厅等方面均有应用，其中全景展示应用更为广泛（图6至图8）。

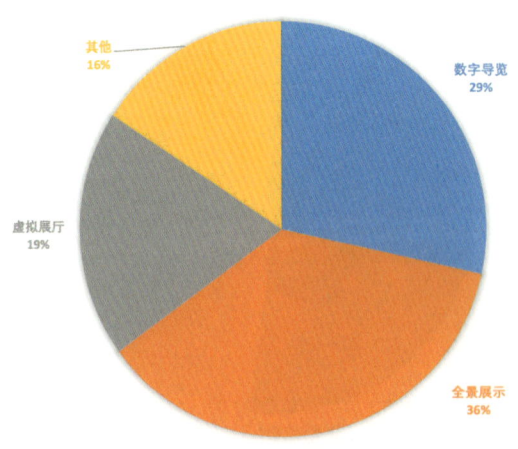

图6 常设展览数字展示应用情况

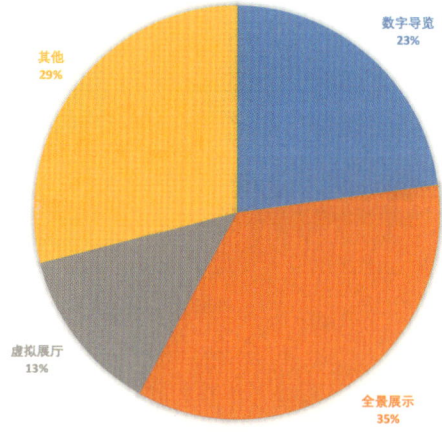

图 7　临时展览数字展示应用情况

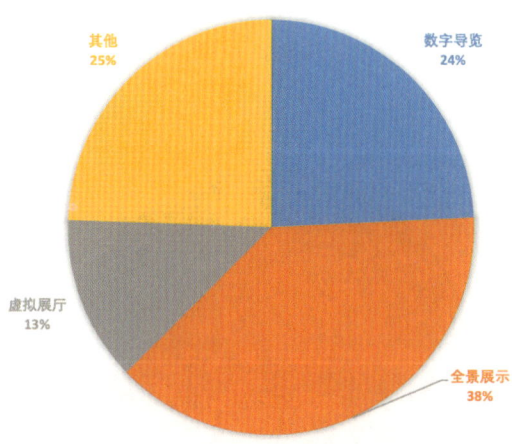

图 8　开放展示区数字展示应用情况

7. 信息化统一平台

大部分博物馆各业务系统仍独立存在没有统一的平台，仅有较少一部分博物馆将全部业务系统整合到同一平台（图9）。

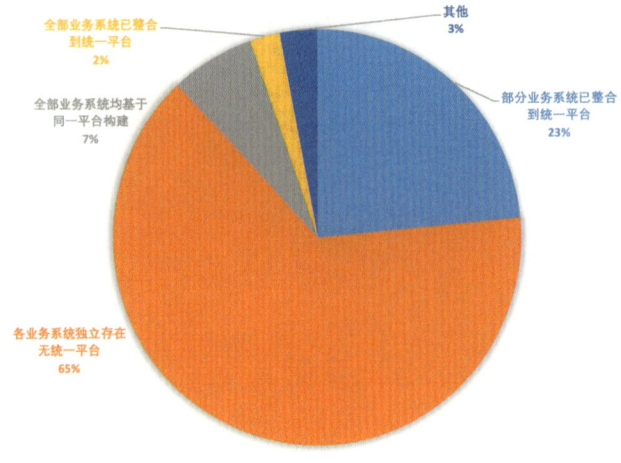

图 9 业务系统整合情况

8. 数字资源建设

多数博物馆已全部完成或者部分完成文物资源目录建设,且能做到定期和动态更新。文物数字资源目录开放共享程度较弱。主要以高清图片、全景展厅、三维展示等形式向公众展示文物数字资源(图 10 至图 14)。

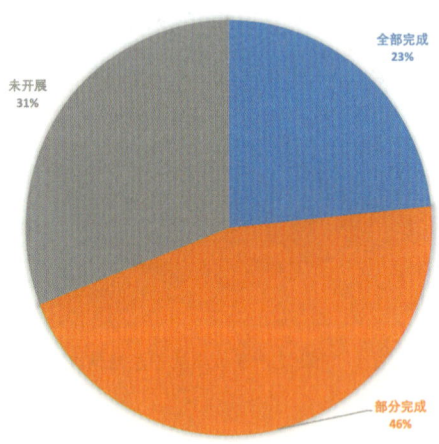

图 10 文物资源目录建设情况

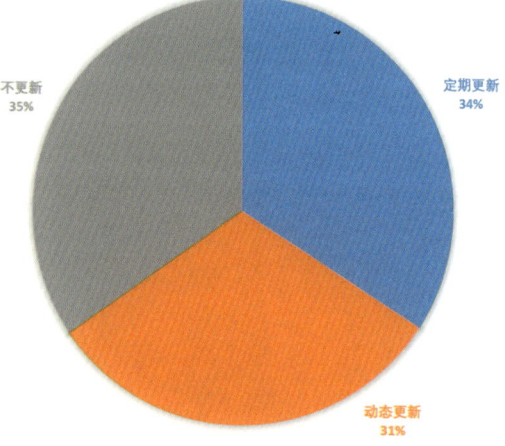

图 11 文物资源目录更新情况

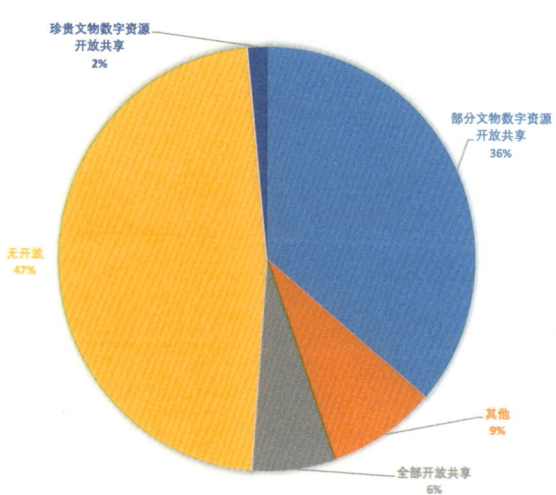

图 12 文物数字资源目录开放共享情况

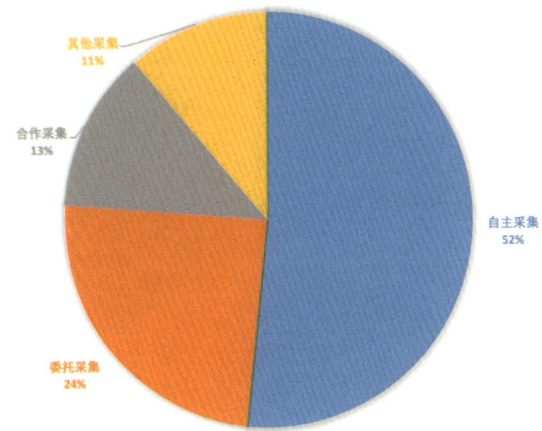

图 13 文物数字资源采集加工方式情况

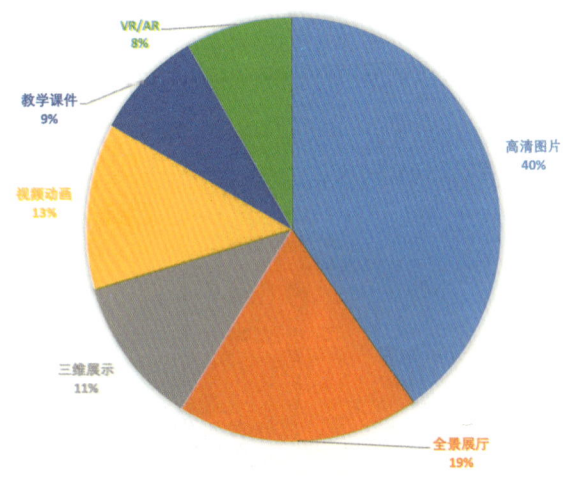

图 14 文物数字资源公众展示服务情况

9. 数据资源管理制度

数据资源管理制度包括数据采集编目、质量管理、审核报送、共享开放、更新维护、数据安全等方面的管理制度，大多数博物馆已建立了相应的管理制度（图15）。

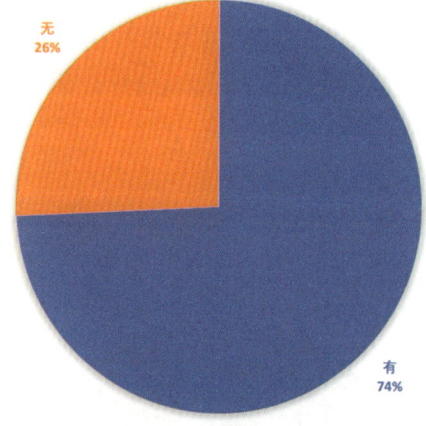

图 15　数据资源管理制度建设情况

10. 基础设施

一半左右的博物馆没有支撑信息化应用的服务器（图 16）。

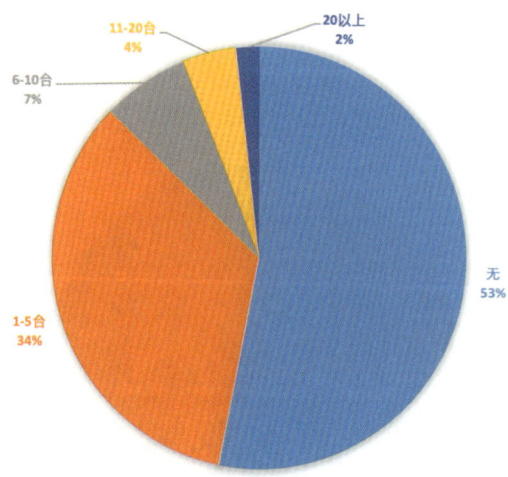

图 16　信息化基础设施（服务器）

11. 经费投入

博物馆信息化建设经费来源以财政专项经费为主，而超过一半以上博物馆没有信息化建设专项经费，其余有信息化建设专项经费的博物馆经费也集中在10万元以内。（图17、图18）。

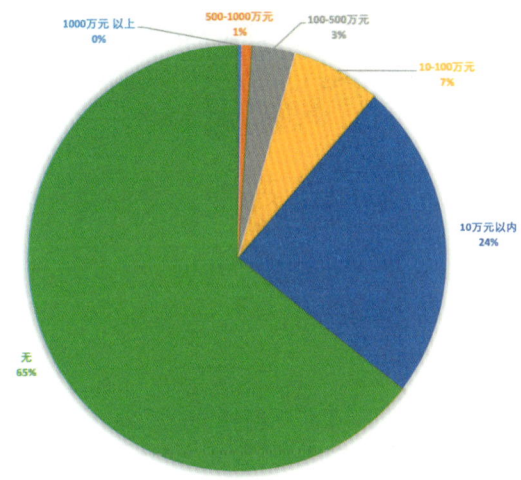

图17 信息化经费投入情况

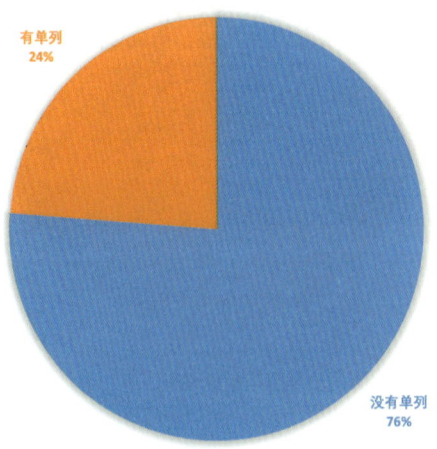

图18 信息化运维经费在单位预算中单列情况

12. 人才队伍建设

在从事博物馆信息化工作的人员中，硕士、博士研究生人才较少，高级职称人才较少（图19至图21）。

各单位信息化人才需求调研中，接近70%的单位选择了信息化规划与项目管理人才需求，数据资源采集加工、系统运维方面人才需求也都超过60%。另外，机房网络安全、内容运营、技术开发等方面，也均达到了45%。

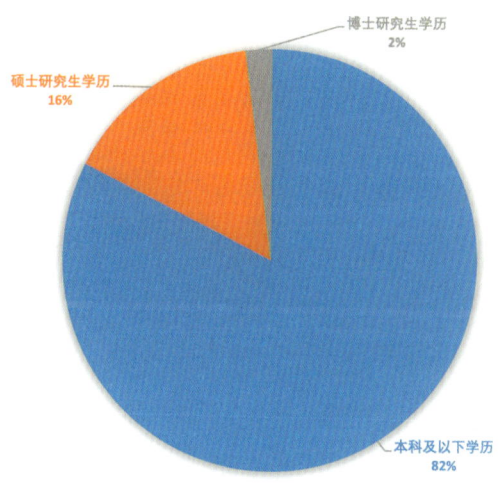

图19　信息化工作人员学历情况

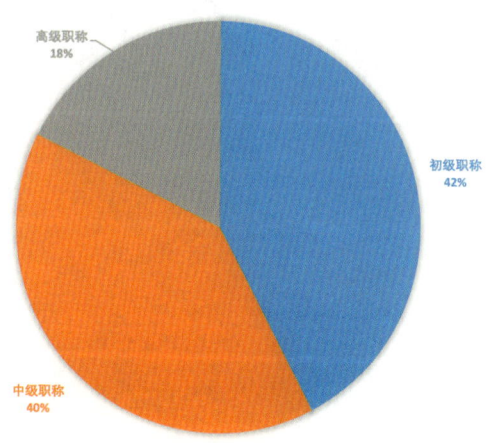

图20　信息化工作人员职称情况

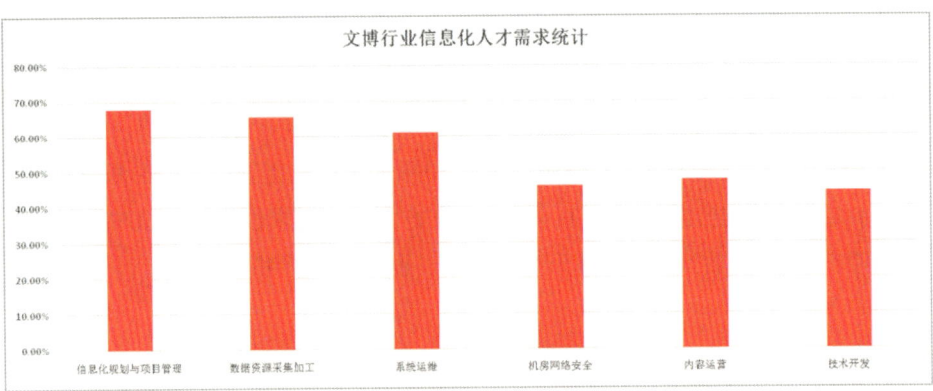

图 21　文博行业信息化人才需求统计情况

13. "十四五"期间专项工作规划与行动计划

针对信息化建设"十四五"专项规划编制工作，一小部分博物馆已完成，大部分博物馆处于未启动或正在编制的状态。关于行动计划，小部分博物馆已进入执行阶段，大部分博物馆正在编制或没有行动计划（图22、图23）。

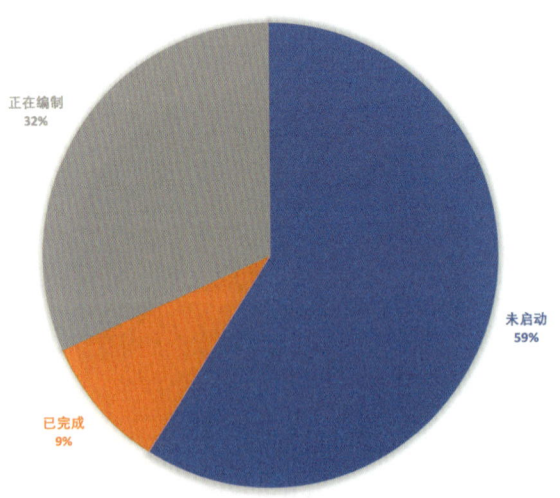

图 22　专项工作规划编制情况

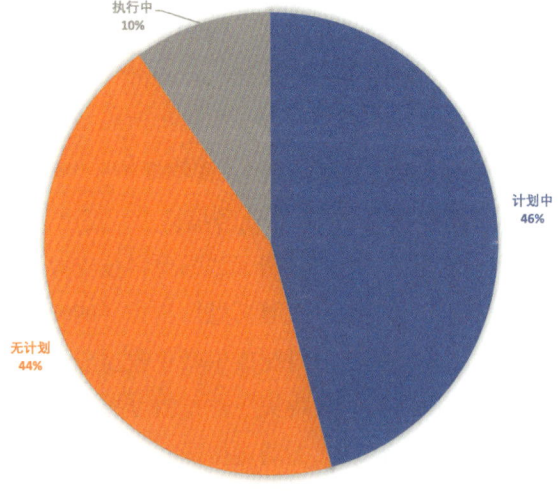

图 23　行动计划执行情况

（三）政策环境与学术研究

全球信息革命催生博物馆智慧化转型。全球信息革命不断深化，大数据、云计算、物联网、互联网、人工智能等先进信息技术加速发展和普及，从各国主要博物馆发展形势看，智慧化建设成为基本趋势。尤其是在智慧城市、智慧旅游、"互联网＋中华文明"等智能系统和智慧化应用场景不断普及和完善的背景下，博物馆智慧化转型成为必然趋势。

在建设文化强国的新时代背景下，国家对文博领域提出新的更高要求，将文化资源梳理好、保护好，让文物"活"起来，将文明传承好，促进不同文化交流互鉴，深入挖掘中华优秀传统文化蕴含的思想观念、人文精神、道德规范，让文物亲近大众、发挥更大的社会价值。现代博物馆功能不断丰富，在文物收藏和保护、展览展示、文博研究以及文化传播和交流等领域都提出了更高的要求，亟须通过智慧博物馆建设丰富和完善已有功能，加速博物馆转型升级。基于此，近年来我国出台的有关博物馆智慧化方面的相关政策文件目标更加明确，学术研究质量稳步提升。

1. 政策环境

2021年5月，为深化改革，持续推进我国博物馆事业高质量发展，中央宣传部、国家发展改革委、教育部、科技部、民政部、财政部、人力资源社会保障部、文化和旅游部、国家文物局等九部门印发《关于推进博物馆改革发展的指导意见》的通知。《指导意见》着眼于从"征藏体系""文物保护""展陈""教育功能""传播服务""国际合作"等博物馆的基础性业务指标上，提出了一系列优化、提升、增强的方略和目标。在这其中，特别强调了"强化科技支撑"对于当代博物馆一系列业务发展的要义，提出了"大力发展智慧博物馆"的新目标。其中，"推动研究型博物馆建设，依法开展博物馆科技成果转化收益分配试点，推动符合条件的博物馆从业人员享受科技创新扶持政策"，是首度提出的具有创新性意义的政策。"推进博物馆大数据体系建设，主动对接国家文化大数据体系建设，切实融入内容生产、创意设计和城乡建设"，则是将博物馆主动融入更宏大的国家文化建设，与现代化发展大格局紧密相嵌的目标设计。在第三部分"夯实发展基础，提升服务效能"中明确指出"强化科技支撑。加强对藏品当代价值、世界意义的挖掘阐发，促进研究成果及时转化为展览、教育资源。大力发展智慧博物馆，以业务需求为核心，以现代科学技术为支撑，逐步实现智慧服务、智慧保护、智慧管理。推动研究型博物馆建设，依法开展博物馆科技成果转化收益分配试点，推动符合条件的博物馆从业人员享受科技创新扶持政策。深化与高等院校、科研院所合作，鼓励建立联合实验室、科研工作站和技术创新联席机制，'博学研'协同开展文物保护利用科学研究与成果示范，将支持博物馆发展的共性关键技术研究纳入各类国家科技计划予以重点支持。""优化传播服务。推进博物馆大数据体系建设，主动对接国家文化大数据体系建设，标注、解构和重构藏品蕴含的中华元素和标识，切实融入内容生产、创意设计和城乡建设，充分发挥博物馆在文旅融合发展、促进文化消费中的作用。深化博物馆与社区合作，推动博物馆虚拟展览进入城市公共空间，鼓励有条件的博物馆错峰延时开放，服务十五分钟城市生活圈。加强与融媒体、数字文化企业合作，创新数字文化产品和服务，大力发展博物馆云展览、云教育，构建线上线下相融合的博物馆传播体系。强化观众调查，推广分众传播，优化参观全过程服务。"

5月16日，在国家文物局、中国移动通信集团有限公司印发的《关于深化"博物馆在移动"合作的通知》中提出"推进智慧博物馆示范建设""各级各类博物馆应从保障藏品安全、提高展陈质量、改善参观体验、深化教育传播、优化服务内容等方面，凝练博物馆智慧化高质量发展需求。要加强馆内分工协同，优化业务流程，推动智慧博物馆建设与文物保护利用全业务链深度融合，提高文物保护利用业务网络化、数字化、智能化水平，驱动管理模式变革。"

10月12日，国家文物局召开全面深化改革领导小组第一次会议，会议专题研究部署国家文物资源大数据库建设工作，要求在现有大数据库建设方案基础上进一步研究制定详细实施举措，逐步推进文物数据资源整合利用。

10月28日，国务院办公厅印发《"十四五"文物保护和科技创新规划》，这是文物事业发展五年规划首次从部门规划上升为国家级专项规划。《规划》设置了6类21个指标，明确了10方面重点任务，设置了10个专栏48项重点工程项目。其中，第八部分"激发博物馆创新活力"中明确提出"提升博物馆藏品管理能力，健全藏品登录机制，推进藏品档案标准化、信息化建设，逐步推广藏品电子标识。""实施一批智慧博物馆建设示范项目，研究制定相关标准规范。推动博物馆发展线上数字化体验产品，提供沉浸式体验、虚拟展厅、高清直播等新型文旅服务。"

2022年4月，国家文物局有关司室在北京组织召开数字藏品有关情况座谈会，针对数字藏品发展现状，围绕文博机构的公益属性、数据安全、消费者权益等问题进行了深入讨论，提出"文博单位不应直接将文物原始数据作为限量商品发售"。

8月，中共中央办公厅、国务院办公厅印发了《"十四五"文化发展规划》，《规划》"提升公共文化数字化水平"部分明确指出，"建设智慧图书馆体系和国家公共文化云，建设智慧博物馆，打造智慧广电、电影数字节目管理等信息数字化服务平台。"

10月，党的二十大报告提出，"深化科技体制改革，深化科技评价改革，加大多元化科技投入，加强知识产权法治保障，形成支持全面创新的基础制度。""坚持人民城市人民建、人民城市为人民，提高城市规划、建设、治理水平，加快转变超大特大城市发展方式，实施城市更新行动，加强城市基础设施建设，打造宜居、韧性、智慧城市。"

2. 学术研究

（1）学术文献

在中国知网论文数据库中，将时间范围设定为2021年1月1日至2022年10月20日，"篇名、关键词、摘要"中涉及"智慧博物馆"，共检索出文献203篇。这些文献内容涵盖智慧博物馆研究综述、建设探究、建设标准及评价方法、发展趋势与挑战、案例分析等方面，主要主题集中于"博物馆"与"智慧博物馆"，次要主题前三名分别为"智慧博物馆""智慧化""数字博物馆"。文献的研究多集中于应用研究、开发研究和技术研究三个层次；文献的学科分布主要集中于信息科技、哲学与人文科学和经济与管理科学；资源类型主要来自期刊和研究生论文；文献多发表在《文物鉴定与欣赏》《博物馆管理》《中国博物馆》等文博专业期刊；中国国家博物馆工作人员发表的有关智慧博物馆的学术论文数量为全国各个文博单位的首位（图24至图28）。

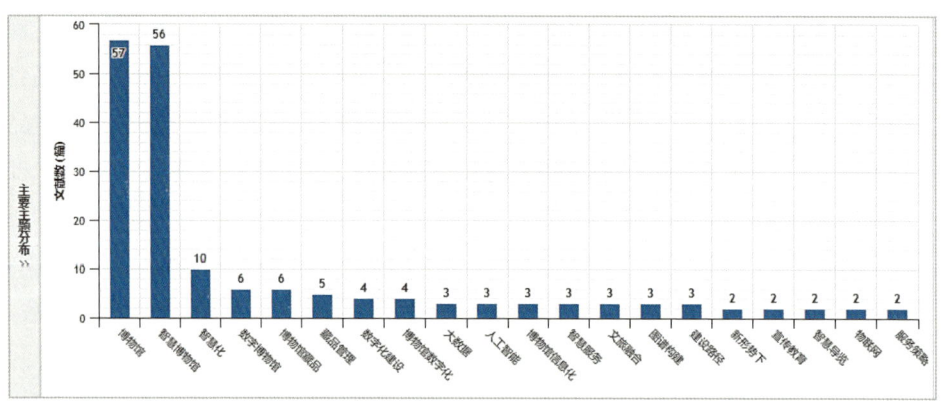

图 24　主要主题分布情况

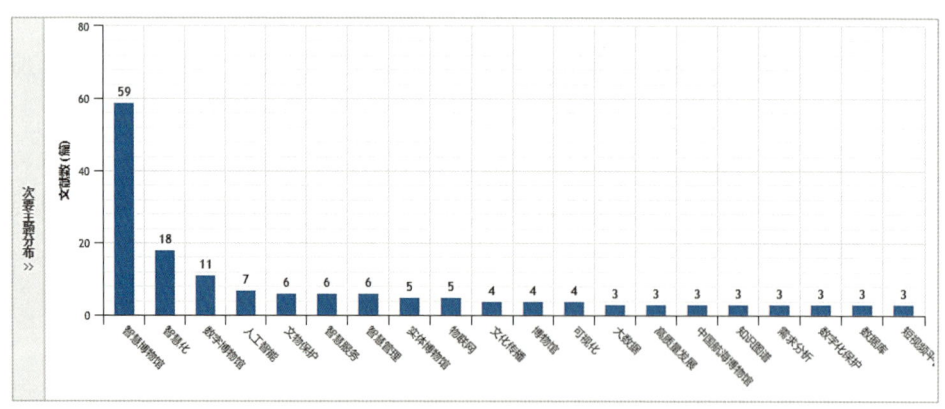

图 25　次要主题分布情况

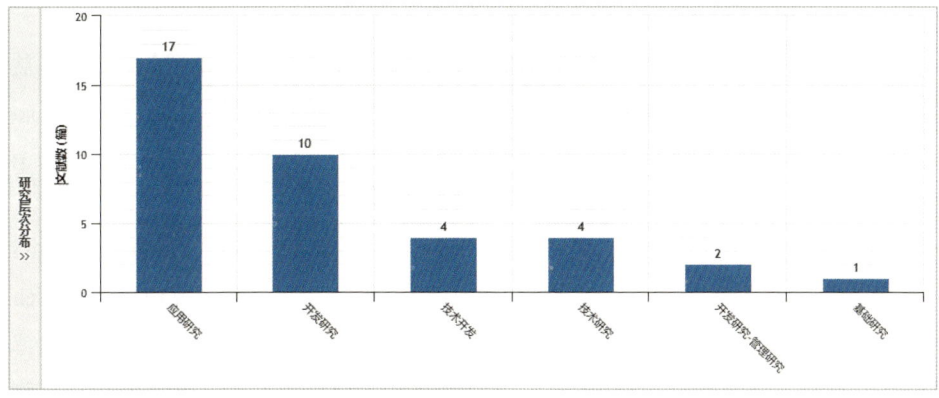

图 26　研究层次分布情况

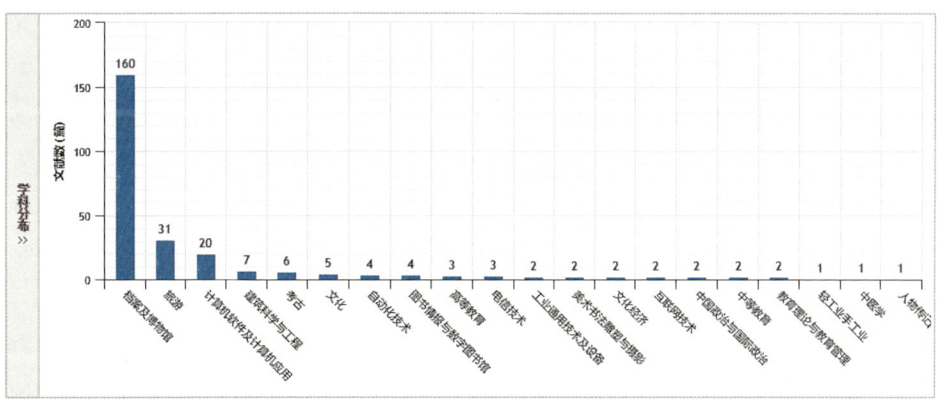

图 27　学科分布情况

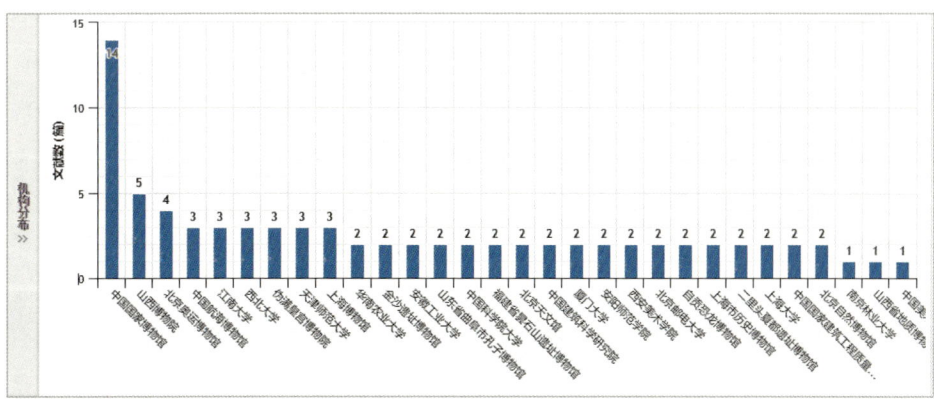

图 28　机构分布情况

（2）学术研讨活动

2021 年至 2022 年期间，随着文博工作者对博物馆智慧化学术活动的要求日益提高，不少的文博单位及相关科技公司开始围绕博物馆智慧化行业发展建设，克服疫情带来的困难积极组织开展学术论坛及研修班，为广大文博工作者提供了博物馆智慧化学术交流的机会与平台。

2021 年 5 月 18 日"国际博物馆日"中国主会场活动主题论坛在首都博物馆举行，论坛以"博物馆的未来：新征程、新作为"为题，邀请博物馆管理、考古研究、文化教育、建筑设计、互联网科技、大众传媒等领域资深专家学者深入探讨博物馆的时代责任与使命。论坛关注于新时代博物馆事业发展面临的机遇和挑战，侧重 5G、数字化、互联网等科技支撑，突出博物馆创新思维和实践。

6 月 11 日，由国家文物局博物馆与社会文物司（科技司）和中国 21 世纪议程管理中心共同主办的"文物科技创新论坛"在重庆开幕。论坛以"科技支撑文化遗产保护利用"为主题，以"十三五"国家重点研发计划文化遗产保护利用专题任务的阶段性研究成果为主要内容，旨在加强学术交流、开拓创新思路、推动创新实践。

9 月 23 日，第二届国际博物馆高级别论坛召开，论坛以"通过创新和包容性应对后疫情时期挑战"为主题，设"2017 年以来博物馆发展及疫情挑战""数字化时代的博物馆"等 5 个分组会议。

2022 年 3 月 30 日，中国电信和中国文物报社在中国电信博物馆联合主办"5G+AR 助力博物馆展陈创新"学术研讨会。会议以 5G+AR 等创新技术助力博物馆展陈创新为主题切入，昭示了科技创新在博物馆高质量发展过程中的重要作用，也回答了博物馆如何运用科技创新助力高质量发展。

6 月 10 日，由国家文物局科技教育司、中国 21 世纪议程管理中心、甘肃省文物局共同主办的第二届"文物科技创新论坛"在甘肃兰州召开。论坛以"十三五"国家重点研发计划"文化遗产保护利用"专题任务的阶段性研究成果为主要内容，旨在激发文物科技创新活力，促进学术交流与成果共享。

7 月 15 日，故宫博物院举行数字故宫发布会，展示故宫博物院数字文化产品研发的阶段性成果，加强与科技企业的交流合作，进一步推动"数字故宫"体系建设。

9 月 2 日，中国博物馆协会登记著录专业委员会于第九届"博博会"期间召开"登记著录专业委员会主任委员会议暨中国智慧博物馆建设学术研讨会（智慧博物馆论坛·2022）"，会议以博物馆藏品登记与文物资源大数据库建设为主题，邀请来自周恩来邓颖超纪念馆、北京邮电大学等 6 位与会代表发表主旨演讲。发言内容涉及"博物馆（美术馆）藏品著录规范""人工智能技术在藏品数据登录检索种的探索与实践""文化计算赋能文化遗产价值挖掘与活化利用"等方面。

（3）蓝皮书

为了顺应"互联网+"时代博物馆智慧化发展的趋势，加强智慧博物馆学术交流，促进智慧博物馆建设，基于登记著录工作与藏品数据资源建设、应用以及智慧博物馆发展的密切关联，登记著录专业委员会围绕中国智慧博物馆建设课题项目汇聚博物馆、信息化等多方面的专家，对当前智慧博物馆建设中面临的热点问题进行了集中梳理，通过深入研究提出了丰富的理论观点和有价值的对策建议，于 2021 年出版了《中国智慧博物馆蓝皮书·2020》。《中国智慧博物馆蓝皮书·2020》发布了《我国智慧博物馆发展调研报告（2019—2020)》，《颠覆性技术如何影响了博物馆？》《智慧博物馆与博物馆智慧》《智慧博物馆技术体系架构设计》《智慧博物馆数据资源管理与基础建设》《智慧博物馆、美术馆藏品著录规范及智慧博物馆基本标准思考》《博物馆、美术馆藏品影像采集研究》《智慧博物馆的国际传播》《智慧博物馆的数字展示、数字服务与数据驱动》作为探索篇内容，多角度深度研究了博物馆智慧化的技术及应用，除此之外还分享了国家海洋博物馆、首都博物馆、中国人民革命军事博物馆、内蒙古博物院、湖南博物院、江西省博物馆、长沙博物馆、成都金沙遗址博物馆以及成都市的智慧博物馆建设最新实践详例。

2021 年 11 月，首都师范大学历史学院、博物馆发展研究中心、中国文物交流中心与社会科学文献出版社共同发布了《博物馆蓝皮书：中国博物馆发展报告（2019—2020）》。全书包括总报告、专题篇、案例篇、国际借鉴篇、博物馆大事记、附录六个部分。总报告在整合博物馆相关数据的基础上，对近年来博物馆事业发展的主要方面进行总体回顾，从宏观层面指出当前我国博物馆事业发展中存在的问题，并结合中外发展经验，提出相应的发展建议。专题篇共收录六篇专题报告，不仅关注博物馆展览、文创、数字化、教育等方面，同时聚焦非遗类博物馆、非国有博物馆等特殊类型博物馆，分析博物馆发展现状和存在的问题。案例篇收录十篇文章，主要关注近年来博物馆事业发展中出现的新趋势，结合北京地区中小型博物馆、重庆中国三峡博物馆、广东省流动博物馆、陕西历史博物馆与北京汽车博物馆等博物馆发展的具体案例，探讨近五年博物馆在智慧化建设、流动博物馆运营、标准化建设等方面的创新实践。国际借鉴篇探讨欧美大型博物馆近年来在管理方面的制度、挑战与变化，以期对我国的博物馆管理体制改革有所启发。博物馆大事记从国家和地方两个角度展开，力求回顾近年来中国博物馆事业发展的重要事件以及各省、自治区、直辖市博物馆事业发展的总体情况。附录部分对我国博物馆相关政策、法规进行了整理、回顾与分析。

（四）人才培养

加强培训与学习，是提高文博行业从业者工作能力最直接的手段之一，也是从业者的迫切需要。2020年、2021年、2022年，中央文化和旅游管理干部学院与中国博物馆协会面向全国文博行业推出三期"智慧博物馆（美术馆）高级线上研修班"公益培训。每期研修班均邀请十余位国内文博领域智慧博物馆专家在线授课，通过优化课程设计让学员们能够全面学习博物馆智慧化学术理论、政策、规划、技术、案例分析等多方面的专业知识。培训课程涵盖我国博物馆智慧化建设发展现状与相关政策、博物馆智慧化建设的若干思考、智慧博物馆国际传播与合作、智慧博物馆数据资源管理，智慧博物馆信息化基础建设与技术体系构架、后疫情时代博物馆数字技术应用的新动向、智慧博物馆建设规划与设计、智慧博物馆大数据模型的构建等方面。

纵观三届线上研修班，可归纳出四个特点。一是公益性，免费助力博物馆行业人员自助学习。二是技术性，自主研发了网络培训平台的相关技术，进一步完善了网络培训课程直播与回放、师生交流互动、学习情况统计分析等功能。三是专业性，培训内容涉及智慧博物馆政策、学术、标准、技术、案例等方方面面，既有理论又有实践，学术性高。四是广泛性，每期在线报名学员均为上千人，不仅人多，而且范围广泛，从地域分布情况看，31个省市自治区都有人报名参加学习，还有海外人员参加学习；从职业情况看，既有各级各类博物馆从业人员，也有高校教师、学生，政府行政工作人员，以及社会其他企事业人员。通过培训，加深了学员们对智慧博物馆建设的政策理论、前沿技术与实际案例的理解。线上研修班使学员们对博物馆的智慧化建设有了深刻理解，充分感受到了智慧化对博物馆事业发展的重要性。学员们表示，智慧博物馆建设是推动中华优秀传统文创造性转化、创新性发展的重要举措，是博物馆让文物活起来的系统性工程，必然会经历一个较为长期的实践探索过程。面对信息技术的高速变革，博物馆应紧跟时代发展，积极运用人工智能技术为传统的文博领域注入生机，不断积累和丰富馆藏数字资源库，吸纳创新信息传播手段，完善"智慧博物馆"的功能构建，逐步建立起更高效的信息交互模式，才能使博物馆的观众获得更好的文化交流体验。智慧博物馆建设不仅涉及前沿技术的运用，更需要体制机制、管理手段、业务流程、人力资源等非技术因素的协同创新。当代博物馆如何在新时代定位社会角色，如何应对全球化的风潮，如何处理博物馆和现代经济社会生活的关系，智慧博物馆将给予最好的答案，智慧博物馆终将是现在乃至未来博物馆发展的最好路径。

为推动博物馆行业科技与人文领域相互融合，推动传统博物馆与数字博物馆向智慧博物馆转化，让文物保护利用与新时代文化建设同频共振，中国文物报社举办了"2021年智慧博物馆与博物馆智慧在线公益培训班"。通过理论与案例相结合，以《人工智能视角下的智慧博物馆》《知识图谱技术在智慧博物馆中的应用探讨》《博物馆信息学实践与思考》等内容为题，聚集博物馆智慧化领域热点话题，从智慧博物馆建设、文博资源数字化开发、数字人文构建、文化遗产的数字化传播等层面进行解读。

此外，中央文化和旅游管理干部学院于2022年创办"智慧博物馆云讲堂"。"云讲堂"涵盖历届"智慧博物馆（美术馆）高级研修班"线上课程，并在此基础上不断增加新课程，均为国内外文博领域智慧博物馆专家在线授课。培训内容包括智慧管理、智慧服务、智慧保护、智慧传播等方面的学术理论、政策、规划、技术、案例分析等。

二、博物馆智慧化实践成效

目前，我国博物馆信息化建设处于井喷式发展时期：从数字博物馆建设、各类数字化技术的应用、移动应用程序开发、沉浸式互动体验服务到藏品智能管理，博物馆智能化核心体系建设成为常态化工作。党的十八大以来，伴随国家对文博事业进一步的扶植和投入、相关政策法规的不断完善以及国家文物局和中国博物馆协会不断在实践的基础上引导理论探索的深入，我国博物馆智慧化建设进入高速发展的快车道。

中国美术馆、首都博物馆和河南博物院在智慧化管理、国际传播、架构建设等方面进行了有效探索（详见"实践篇"）；一些新建馆（院）借助后发优势从建筑功能设计之始即展开智慧化的融合设计（如国家海洋博物馆等），造就了后来者居上的态势；故宫博物院、中国国家博物馆和中国人民革命军事博物馆先后与华为合作，多次组织相关研讨、出版相关专辑，申请国家科技部的有关课题经费支撑等，体现了领军者的应有形象，迈开国家级大馆的智慧化建设步伐。我国博物馆能取得这样的好成绩与2014年开展"智慧博物馆建设试点"以来的积累是分不开的。

近两年来，7家智慧博物馆试点单位应用大数据、云计算、人工智能等新技术、新方法，借助移动网络的发展优势实现科技赋能，在传播展示、业务管理、文物保护、社教服务等各领域深入探索，以博物馆智慧化转型助力高质量发展。

从文物保护角度来看，试点单位运用相对成熟的新技术对本馆文物进行保护，通过智慧保护，建立环境监测与调控系统对文物进行预防性保护，建立文物修复管理系统提升修复能力。此外，建成以藏品、数字资源、文物自动三维建模、博物馆运营管理为主的核心数据资源管理共享体系，实现了各类数字资源的多方汇聚、多方编目、版权管理、统一审核发布、统一检索、高速访问和联通共享，多维度加强馆藏文物保护水平。一些试点单位还建设了统一数据标准与技术接口的文物数字化保护应用总线，通过总线实现系统交互并汇聚各类业务数据进行可视化呈现，完成系统融合、数据融合、业务融合目标，形成"整合、共享、高效"的智慧博物馆建设和发展总态势。可以说，对文物进行智慧保护，不仅仅是博物馆的发展趋势，更是文物保护的必然要求。

从博物馆管理角度来看，试点单位主要围绕观众及其活动展开外部管理智慧化，通过对观众信息、行为等数据的采集、分析和利用，优化博物馆运营方式的同时，为观众提供更加高质量的服务。在内部管理智慧化方面，试点单位主要以藏品资源管理、财产资源管理和人力资源管理等业务为主。一些试点单位建成以协同办公、项目管理、内控管理为主的业务协同一体化系统，对重要项目从立项到结项的实施进度、预算开支、财务报销、项目资料进行全盘式、扁平化、可视化的规范管理。此外，近年来我国电子商务繁荣发展，物流、仓储行业的智慧化程度高且经受住了实践的考验，这为试点单位内部管理智慧化建设提供了参考借鉴和技术支撑。

从博物馆服务角度来看，其涉及的展示、教育、传播及纪念等领域与观众联系最为密切，也最能令观众直观感受博物馆智慧化建设带来的博物馆服务质量提升。近年来，试点单位通过虚拟现实、数字展示、体感互动、智慧导览等技术，为展厅中的观众提供全方位、沉浸式的高质量体验；通过举办配套的"云展览"为非现场观众提供服务，打破博物馆服务时间和空间的限制；通过建立文物知识图谱与知识平台，提升博物馆教育质量，打造可参与、可互动、可分享的高质量博物馆，使得文物真正"活起来"。除了在展厅、社交活动中应用新技术为观众带来的全新体验外，一些试点单位还为解决数字鸿沟的问题，保留人工服务平台，提升志愿者服务水平，为不会、不能使用相关科学技术的老年人、残障人士等弱势群体开设绿色通道，使其也能乐享博物馆，助力文化平权。

（一）国家海洋博物馆：智慧化服务

国家海洋博物馆（以下简称"海博"）由自然资源部与天津市人民政府共建，

定位为集收藏、展示、研究、教育于一身的我国唯一国家级综合性海洋博物馆。海博的智慧化服务建设，以问题为导向，围绕地理位置、功能布局、观众服务、藏品管理四个方面，建构了参观服务、信息服务、导览导视、观众服务等系统，构成了海博的智慧化服务生态（图29至图32）。

1. 参观服务系统

此系统主要包括博物馆资讯传播、观众来馆前的参观预约、到馆后的入馆核验、离馆后的数据利用四个环节。通过观众来馆前的资讯获取和票务预约，到馆后的参

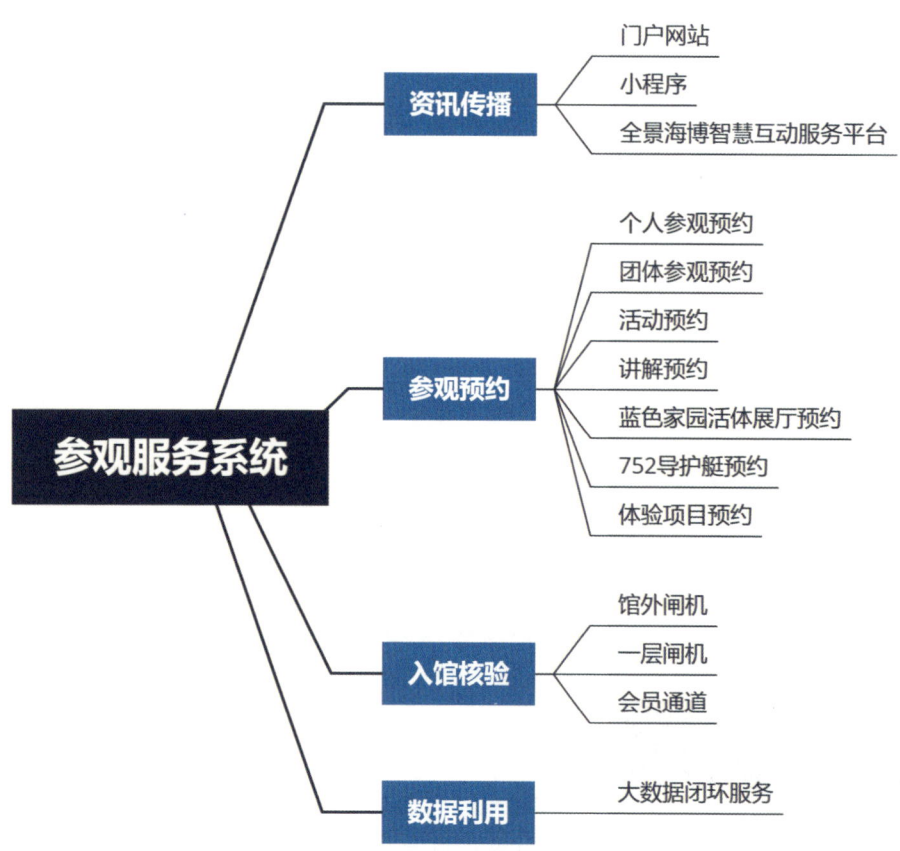

图29　海博参观服务系统

观管理及在离馆后的报告推送，构成海博参观全流程服务的闭环。

全景海博智慧互动服务平台是一个智慧化的海博信息展示平台，动画中展示的海博的720°全景演示，随着观众点击，能够提供海博内外场景的全景展示和线上

观展服务。同时，观众完成线上体验后，还能便捷联动在线留言、票务预约、来馆导航、馆内外数据传输等功能，一站式解决来馆前的大部分问题和需求。

　　门户网站和全景智慧服务平台是电脑端服务模式，当前在移动端使用不断泛化和升级的情境下，海博借助微信平台搭建了海博微信公众号和微信小程序。观众可以通过海博的微信公众号查询、了解海博的资讯，可以在海博微信圈功能上，向到过馆的观众咨询问题，也可以由微信公众号直接跳转到微信小程序。微信小程序将根据观众所在位置，分为馆外、馆内、周边三种模式，其中馆外和周边模式主要是服务于尚未来馆和准备入馆的观众，观众可以通过这两种模式预先了解博物馆最新资讯、展览，进行来馆预约、申请成为会员或志愿者、了解周边的其他景点和服务设施等。

　　海博通过数据汇聚，构建运算模型，定期出具数据分析报告，充分利用数据，为改善博物馆运行服务提供了支撑。此外，系统前端服务感知到的参观数据，能够为博物馆重大决策安排提供参考。2019年底，海博通过汇集的观众数据，分析出大量来自疫区的预约信息，并及时上报上级机关。经上级单位批准，在全国尚未提出相关要求的情况下，率先采取暂时闭馆的防疫措施，为做好疫情防控工作起到了关键的数据支持。

2. 信息服务系统

　　海博的室外信息发布围绕观众参观流线，设置不同的可视化展示方式和内容。比如进馆口设置的信息发布屏，是海博智慧化服务系统中，面向观众的第一块屏幕，

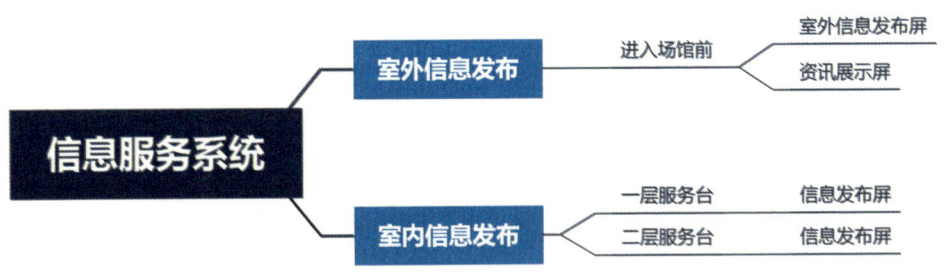

图30　海博信息服务系统

它的主要作用是为即将进馆的观众提供展馆实时数据，主要包括实时进出馆客流数据、各场馆饱和度、入馆峰值提示、热门展览推介、馆内功能信息等提示。观众进馆后，由一层服务台上的信息展示系统进行进一步引导。一层服务台的屏幕主要为刚进馆的观众提供关于参观、讲解和无障碍服务的相关内容，并以场景图片和指示图标的方式进行直观引导，其中涉及数据展示的部分，直接由后台系统调取，这也是海博智慧化服务建设生态整合的一个例证。二层中央大厅服务台上方，20平方米的信息发布屏是海博的核心信息发布屏幕。该屏幕汇集了展示交通信息、客流数据分析、教育活动体验等相关服务信息。帮助观众实时了解博物馆各项目和设施的运行情况，辅助观众安排合理安排参观行程。同时，该屏幕还发布文创纪念品商店、各就餐区客流趋势等方面的即时信息，方便观众错峰就餐和选择购物。

3. 导览导视系统

导览导视屏位于馆内多个节点位置，支持进行语音识别和人脸识别，能够灵活的与馆内智慧化系统互联互通。海博会员还可以通过导览导视屏调阅会员信息，查

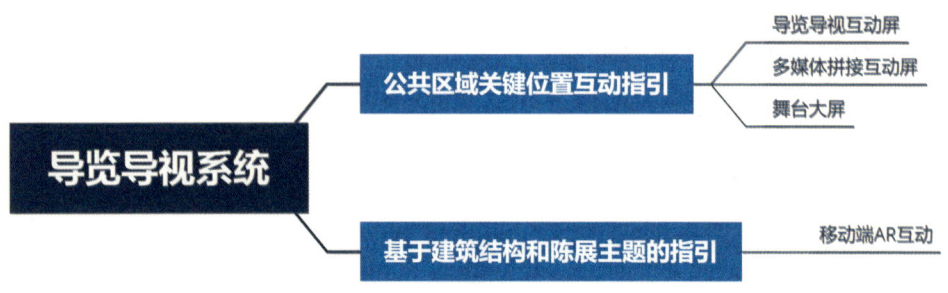

图 31 海博导览导视系统

看个人行程安排。在餐饮区和休闲区设置导览导视屏。便于观众在休息期间了解还未参观到的展厅情况，引导后续参观安排。二层公共区域的多媒体拼接交互导览屏运用多媒体交互系统可以查看馆内展厅、展项、藏品、宣传等多媒体内容资源。该屏幕也能与观众的手机等移动端进行交互，观众也可以通过扫码进行留言。所有留言中的图片和文本经过人工智能的审核筛选，最终由 IP 形象带领展示在屏幕上。面向专业观众时，该系统还能够集中展示馆内智慧化系统的运行情况和采集到的数据信息。

在智慧服务建设中，海博导入增强现实展示技术，设计了寻海 AR 程序。该程序以互动游戏的形式，设计了基于人文和海洋两个主题的参观"暗线"，通过观众自己的移动端设备与馆内导览导视屏幕的联动完成线索的引导，在趣味性、互动性、探索性于一体的交互过程中，激发观众自主探究的热情。

4. 观众服务系统

海博观众服务系统的智慧化建设，由讲解服务、社教服务、关怀服务和便民服务等多个模块构成。

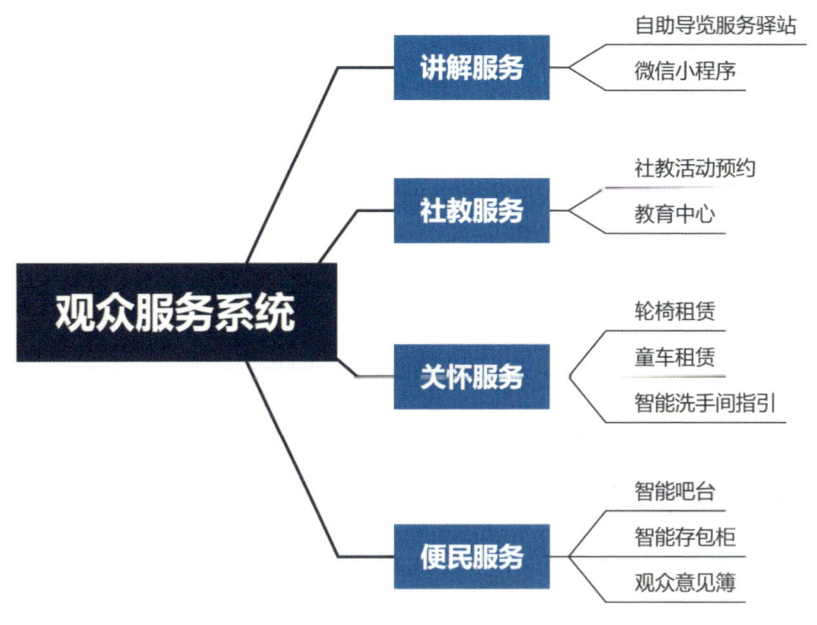

图 32　海博观众服务系统

海博设置了自助导览服务驿站，为观众提供自助导览服务。除自助导览外，海博还开发了微信小程序的馆内模式，基于馆内定位系统帮助观众通过展厅地图，随时了解自己在展厅中的位置，还能够根据位置自动触发讲解内容。当观众使用小程序定位触发讲解时，后台也会自动梳理观众的参观路线信息，生成高频参观路线等，汇聚到定位管理后台，为后期讲解点位和观众引导的优化提供数据支持。

社教系统是重要的智慧化服务模块。海博科普教育中心的所有课程，都采取网上实名预约形式，观众通过微信小程序报名，并选择班次、座位。参与社教活动的家庭可以通过教育区设置的闸机，验证预约二维码入场。课程进行中，家长还能够通过扫描教室外的二维码，实时掌握课堂情况和课程进度。

为提升关怀服务质量，海博基于智慧化建设的成果为轮椅服务配备了馆内定位系统，能够感知和分析特殊人群在馆内的行动轨迹和参观路线数据，并即时回传给中央服务台。便于及时为特殊人群提供必要服务，同时将相关数据应用于馆内设施设备和参观动线设计的优化参考，提供更加人性化的关怀。

值得一提的是，海博馆内面积大、结构相对复杂，因此卫生间位置的快速指引是观众参观过程中的"刚需"，海博将之列入智慧化服务建设中的关键环节。通过在卫生间里部署传感器，海博构建了卫生间占用情况的可视化模型，为观众提供卫生间的实时使用情况。同时，这些数据也与海博的小程序导视和多媒体互动导视打通，能够在第一时间为有需要的观众提供便捷引导。

（二）山西博物院

作为2014年国家文物局确定的7家智慧博物馆试点单位之一的山西博物院，近年来在开展智慧博物馆建设的探索和实践方面也取得了不俗的成绩。

在智慧保护方面，山西博物院和天津大学在广泛调研的基础上，初步提出了适合于我国文物特点的知识表达模型，并将这种模型应用于山西博物院文物知识图谱的构建过程中，对知识采集、知识抽取、知识组织和知识应用等环节进行了实践验证。山西博物院的文物知识图谱堪称"国内首个"，其在传统文物知识组织上进行了更深层次的挖掘，涵盖近2000个文物相关实体、36000条专业知识，抽取通用知识图谱6500万条知识对文物知识图谱的知识外延进行扩展，为文物保护提供了很好的内容和知识支撑。以知识图谱为抓手可以有效带动其他门类人工智能技术在文博单位各个核心业务环节的应用和落地，从而使人工智能技术快速渗透到文博领域的文化传播、社会教育、文化产业创造等各个层面。山西博物院将作为人工智能基石的知识图谱引入到文物领域，相当于给文博领域安装了一个智慧大脑。

在智慧服务方面，实现了公众与博物馆藏品交互的高度融合。一是智慧导览服务APP，为观众带来便捷、智慧、有趣的参观体验。参观前，展览、活动、场馆信息提前掌握；参观中，根据观众个性化需求，选取不同参观路线，智能推荐附近展品，解读文物背后的故事。参观后，推荐文创产品、重温参观轨迹、品读收藏展品、微信分享互动，使观众全程感受贴心服务与海量信息。二是精品文物魔墙，从馆藏文物中精选400余件代表性文物，通过图片瀑布流的方式动态呈现，观众参观前可在此停留片刻，快速了解"晋魂"陈列精品文物的图片、文字、视频、三维图像等信息，更具参与性和互动性。三是大型墓室高精度还原，将展柜中的文物带回到考古发掘现场，佩戴 VR 眼镜体验虚拟考古的乐趣。四是基于手机端的虞弘墓石椁 AR 体验突破展厅空间局限，动态演示石椁构件的解构重组，带领观众细细品味石椁内外的雕刻彩绘。

在智慧管理方面，一是山西博物院建成了智能高效的一体化网络数据中心机房，搭建了多系统联动的安防综合平台，为智慧博物馆建设夯实了硬件基础。二是以藏品管理为核心，集成了五大功能模块（藏品管理、数字资源、业务数据、辅助决策、系统管理），建成了数字资源管理平台，为智慧博物馆建设奠定了基础。三是藏品管理系统，记录了藏品的本体信息、征集资料、展览信息、研究信息、保管记录、保护修复、三维影像及日常管理工作，实现了藏品全生命周期数字化管理。四是数字资源系统，通过多技术渠道获取数据，系统汇集了博物馆的信息流、业务流和数据流，数据集中存储，规范提用，实现了藏品数字资源共享。

2020 年疫情发生以来，山西博物院的智慧博物馆建设成果在博物馆服务和文化传播功能的延伸方面发挥了积极的作用。山西博物院运用近年来智慧博物馆建设、展览数字化的成果资源，利用官方网站、微博推出 16 个线上展览，观看量 30 万人次；先后推出 11 场重大直播活动，累计直播观看量约 409.2 万；整理推出 "两分钟看展览" "感知晋魂" 10 集短片视频；参加了由国家文物局指导，九大博物馆联手在抖音平台推出的 "在家云游博物馆" 直播、国家文物局与新华社共同推出的 "博物馆云展览"、沿黄九省区博物馆 "云探国宝" 直播活动，丰富了观众的参观体验。特别是国际博物馆日期间，山西博物院渠传福研究员与著名画家陈丹青教授共同为公众做了 "壁上有乾坤、一眼阅千年" 的主题直播，深入解读了 "壁上乾坤——山西博物院北朝墓葬壁画艺术展"，直播观看量 150 万人次，粉丝互动热烈，取得了较好的文化传播效应，入围 "全国博物馆云展览综合影响力" TOP20，网民吸引力排在第 11 位，这些都反映了 "云展览" 的形式在后疫情时代是深受观众欢迎的。

三、博物馆智慧化发展问题与思考

（一）问　题

在科技高速发展的今天，博物馆智慧化建设工作机遇与挑战并存，需要通过观念创新、技术创新和模式创新，实现文物信息资源与社会需求的有效对接，不断丰富文化产品和服务，满足人民群众的多层次、多形式、多样化的精神文化的需求。经过近几年的积极探索，文博行业在博物馆化建设方面累积了一定的成果和经验，也面临着一些问题和挑战，亟待总结经验，拓展思路。主要存在的问题可归结为以下几个方面：

一是博物馆对信息化建设重视度不足，缺乏科学的顶层设计。调研数据显示，63%的博物馆未专设信息化机构或部门，59%的博物馆没有启动本馆的信息化建设"十四五"专项规划编制工作，44%的博物馆没有信息化建设相关行动计划，一定程度上反映出地方政府及博物馆并未将博物馆信息化建设工作作为一项重要任务去完成。2021年10月28日国务院办公厅印发的《"十四五"文物保护和科技创新规划》提出："实施一批智慧博物馆建设示范项目，研究制定相关标准规范。"尽管如此，对于智慧博物馆建成的统一标准，尚未形成共识。若没有扎实的信息化工作为基础，科学的顶层设计作为指引，建设智慧博物馆可谓是无的放矢。我国博物馆智慧化发展体系框架模糊，缺乏科学的顶层设计、架构规划，整体建设内涵和体系粗放，未来发展思考不足；评价体系缺失，缺乏相应的智慧博物馆建设评价体系，重复建设和投入现象严重，这些都将会严重限制智慧博物馆的发展。

二是资源共享困难。抽样调查数据显示，65%博物馆各业务系统仍独立存在，没有统一的平台，全部业务系统已整合到统一平台的博物馆仅有2%，反映出大部分博物馆各自为战现象普遍，无法真正实现馆内数据的共享、分析，为业务决策提供做支撑，实现科学的数据驱动管理。传统博物馆的运营过程中各个部门相对自成体系，部门间沟通互动较少，数字资源的采集缺乏统一标准，资源共享总体水平仍然较低。业务流程数字化、标准化，管理运营数字化内容建设深度的不足，直接导致无法实现真正、有效的协同化办公和规范化管理，极大制约了博物馆智慧化建设。

三是缺少专项建设经费和专业人才。调研数据显示，65%的博物馆没有信息化专项经费，在信息化建设经费以外很少有博物馆单列信息化运维经费。从事博物馆信息化工作的人员中，本科及以下学历人员占82%，研究生及以上的高学历人才占比较低。博物馆智慧化建设由于项目周期长，科技含量高，相比其他工作往往需要投入更多的人力物力，然而缺少专项经费和专业人才一直是各个博物馆所面临的问题。人才资源是保障博物智慧化建设有效进行的主要因素，缺少资金又直接导致博物馆在人才激励方面的灵活性偏低，不容易吸引并留住高水平人才。这一情况在中小型博物馆更加突出。

四是智慧化建设水平不均衡，差异化发展不明显。博物馆开展智慧化建设工作要关注自身建设需求，还要关注技术发展情况。对于不同地区、不同类型、不同体量的博物馆，其智慧化建设都应当有所区别，并根据各自博物馆发展情况与发展阶段选择适当的技术进行建设。目前，市、县级的中小型博物馆因藏品不多、资金较少、自身技术力量薄弱等因素，智慧化建设水平与大型博物馆差距较大，且尚未摸索出符合自身实际情况的差异化发展路线，导致博物馆之间智慧化建设水平发展不均衡，齐头并进的美好愿景难以实现。

（二）思　考

一是加强顶层设计，强调重点突出，注重按需建设。智慧化建设因博物馆的基础不一，所关注的重点和核心会有所不同，但在建设之初，均须有一个不可回避的关键环节，即顶层设计和规划咨询，这一设计既是生成立项可研报告的需要，也是博物馆全体人员拥抱全新理念、实现自我挑战和再造的必须过程，是决定智慧化建设质量的起点。顶层设计的组织模式有两种，一是招标引入权威的、具有相关经验的科技型公司或机构实现；二是由馆方组织馆内外专家团队来实现。前者的科技支撑能力强是优势，但需要在切入博物馆业务过程中着力，比如说要求引入团队中要有专职的具有同类型博物馆工作经历若干年的人才不少于若干人，从而实现对话的同一语境。后者的业务实现能力强是优势，但需要在切入科技视角过程中着力，比如在团队中必须有相当数量的科技型若干人才。但无论前者后者，即如前述，都需要博物馆的主要负责人"智者力行"。

再者，博物馆的经费和资源大多是有限的。因此在智慧化建设的过程中，一方面应在建设开始前，对博物馆自身情况进行全面、切实的评估。可以采用内部、外部调研相结合的形式，全面解读展馆自身的"优势""劣势""机会""威胁"情况，由此导出智慧化建设中最为迫切和效能比最佳的需求。

另一方面，最新发布的博物馆评估定级标准也可以作为推动智慧化建设的参考。藏品保护和管理、教育活动、观众服务、跨平台建设等在《标准》中受到关注的指标，都可以在"智慧保护、智慧管理、智慧服务"的框架下作为优先发展的对象。

二是加强行业交流，探索多元路径。在智慧化建设过程中，不仅应该注重深化行业内部的沟通，加强博物馆之间学习借鉴，重点借鉴相关单位的建设成果和先进经验，从技术路径、实现效果等各方面加以学习和交流。也应该放宽思路，以"走出去"的视野拥抱新平台、新媒介和新技术，有针对性地开展国际交流合作。合理利用一些已开发、成体系的轻量化、针对性较强的服务系统或小程序，对接博物馆智能化需求，对于在有限条件下解决棘手问题将有很大帮助。同时，多元路径的探索对于提升跨平台宣传、推广的能力，也将是很好的补充。

三是完善发展规划，关注人才培养。智慧化建设不是一蹴而就的事情，根据自身情况制定合理的中长期智慧化发展规划十分重要。只有这样，才能根据经费、人员和业务需求的实际，实现智慧化建设的分步发展、常态发展和可持续发展。

此外，智慧化建设不仅是博物馆软、硬件的升级，也应该是人才的升级。应该关注和加强博物馆信息化部门、人员的配置和培养，保证博物馆内部对智慧化建设的基本构成、发展情况、前沿趋势等具备一定的专业性鉴别和研究能力。同时，配合智慧化建设，博物馆还应该持续加强馆内各项业务工作流程的标准化，以科学、规范、与时俱进的业务流程，助力智慧化发展的高效推进。

四是关注中小型博物馆发展，实现整体统一协调。在数字化背景下，要建设智慧博物馆，必须要关注中小型博物馆的发展，实现博物馆整体统一协调。通过"世界一流博物馆创建计划""卓越博物馆发展计划""中小博物馆质量提升计划""类博物馆培育计划""行业博物馆联合认证、共建共管机制""推动反映党和国家建设成就的当代主题博物馆""建设博物馆之城"等具体任务，强化部门内、部门间以及行业间合作，考虑以"大馆带小馆"、技术资源共享等方式，推动市、县级的中小型博物馆智慧化建设。允许并鼓励更多元的社会力量、"自下而上"的在地力量共同参与中小型博物馆智慧化建设中。

（执笔人：张喆、游敏）

参考文献：

1. 段勇、梅海涛：《智以智慧博物馆建设为抓手推动博物馆强国建设》，《中国博物馆》，2021年，第147期。

2. 熊鹃：《智慧博物馆建设研究》，《科教文汇（上旬刊）》，2019年，第469期。

3. 钟国文、张婧乐：《我国智慧博物馆研究综述》，《科学教育与博物馆》，2020年，第6期。

4. 梁璐：《文旅融合形势下智慧博物馆建设的必要性分析》，《文化产业》，2021年，第207期。

5. 顾玉才：《在"中国梦与新时代"主题研讨会上的致辞》，《中国国家博物馆馆刊》，2018年，第185期。

6. 王春法：《智慧博物馆建设中的机遇和挑战》，《中国国家博物馆馆刊》，2019年，第186期。

7. 刘中刚：《对当下智慧博物馆建设的若干思考》，《中国博物馆》，2022年，第148期。

8. 王文彬：《中小型博物馆的智慧化建设》，《中国文物报》，2020年8月4日。

探索篇

中国博物馆事业现状与"十四五"发展趋势

刘曙光

一、回首"十三五"

（一）发展态势——四个"前所未有"

党的十八大以来，党中央对文博工作高度重视，我国博物馆事业在"十三五"期间取得显著成就，在场馆、展览、参观人次及教育活动等数量上展现了快速的增长势头，在服务社会的质量上也有长足发展，博物馆的地位和作用日渐凸显，博物馆事业迎来了前所未有与的大发展时期。这种大发展，大致可概括为4个"前所未有"。

1. 博物馆数量与规模呈现前所未有的增长态势

"十三五"时期，我国博物馆数量由4692家增长至5788家（其中定级博物馆1224家，占21%），平均每两天新增一家博物馆，每天增加0.6家；文物行政管理部门统计的博物馆藏品由4139.2万件（套）增至5127.4万件（套），增长24%；展览数量由21154个增长至29596个，增长39.9%。值得关注的是，国家的一、二、三级博物馆由764家增长到1224家，增长率60.2%。截至2020年，我国已经达到平均每25万人拥有一座博物馆的水平。其中，北京、内蒙古、陕西、甘肃、宁夏等省份已达到平均11—13万人拥有1座博物馆。全国已有76%的县市区建有博物馆。对于中国这样一个体量超级大的发展中国家来说，这个优异的成绩单是令全球瞩目的。

2. 博物馆在经济社会发展大局中的战略地位达到前所未有的高度

党的十八大以来，随着文化自信建设的推进，博物馆的社会和文化价值越来越受到党和国家领导人的高度重视，博物馆事业在经济社会发展大局中的战略地位显著提升，独特作用不断彰显。

过去几年，中央领导人多次到博物馆、纪念馆和历史文化遗址参观考察，站在实现中国梦、传承中华优秀传统文化、培育社会主义核心价值观、增强文化软实力、坚定文化自信、传承红色基因的高度，对博物馆、纪念馆事业的角色、定位和任务多次作出重要指示批示。

2021年5月，中央宣传部、发展改革委、财政部、文化和旅游部、国家文物局等九部门联合印发《关于推进博物馆改革发展的指导意见》（以下简称"《指导意见》"）。这是近些年国家层面第一次针对博物馆事业发布的专门性、系统性指导意见。《指导意见》强调"持续推进我国博物馆事业高质量发展""在弘扬中华优秀传统文化、革命文化和社会主义先进文化，构建公共文化服务体系、服务人民美好生活，推动经济社会发展、促进人类文明交流互鉴中的作用更加彰显"，并在博物馆如何积极响应国家政策、服务区域经济发展、融入城乡建设、助力国际外交等领域提出了一系列新规划与新部署。可以说，今天的博物馆不再是置身于社会发展之外的"神殿"，而是融入文化强国建设、融入国民经济社会可持续发展大局的公共文化服务机构。大势已成，方兴未艾。

3. 社会大众对博物馆的关注和参与呈现出前所未有的热情

过去十年来，博物馆日益成为全社会的热议话题。"到博物馆看展览"逐步成为都市新的生活方式、新的社会风尚。据中国旅游研究院公布，60%以上的旅游者将博物馆作为文化休闲目的地。博物馆年参观人次从2012年的5.6亿增长到2019年的12亿，受新冠肺炎疫情严重影响的2020年，博物馆观众仍有5.4亿。2015年至2019年，未成年人参观数由每年2.2亿人次增长至2.9亿人次。

博物馆文化产品不断融入生活、贴近百姓。文创产品引领"国潮"消费新时尚，据不完全统计，2020年全国博物馆文化创意产品开发种类超过12.4万种，实际收入超过11亿元。《如果国宝会说话》《国家宝藏》等文物全媒体传播精品走红刷屏。这些现象都反映出博物馆越来越受到广大公众的喜爱和青睐。

4. 新技术与博物馆融合的深度与广度前所未有

博物馆科技化水平快速发展，物联网、云计算、大数据、移动互联等新技术和博物馆融合的速度、深度和广度前所未有，智慧博物馆、博物馆新媒体传播等建设方兴未艾。

自从1990年美国国会图书馆"美国记忆"项目开启数字博物馆建设以来，博物馆数字化之路已经走过了30年的历程，大致可划分为数字博物馆、虚拟博物馆以及智慧博物馆三个阶段。所谓"智慧博物馆"，是通过充分运用物联网、云计算、大数据、人工智能等新一代信息技术，感知、计算、分析博物馆运行相关的人、物、活动等信息，实现博物馆征集、保护、展示、传播、研究和管理活动智能化，显著提升博物馆服务、保护、管理能力的博物馆发展新模式和新形态"。与数字博物馆、虚拟博物馆相比，智慧博物馆对新一代信息技术的集成达到了新的高度，便利性、互联性、高效性十分突出，在"十三五"期间得到了非常高的重视与投入。2017年初，国家文物局发布的《国家文物事业发展"十三五"规划》中，设专栏谈智慧博物馆建设工程。2019年12月，国家文物局发布新版《博物馆定级评估办法和标准》，其中对于"信息化建设"有明确要求，如一级博物馆必须"信息化基础设施（包括网络接入、网络安全、终端和配套设备等）建设完备，适应智慧博物馆建设的基本要求；有一整套适用于智慧保护、智慧管理、智慧服务的业务系统，能够通过信息化手段支撑博物馆业务流程"。

与此同时，以博物馆网上展览、网上文物数据库、网上直播导览、网上教育课程等为代表的博物馆新媒体传播形态，也在过去几年中得到了迅猛发展。2020年春节期间，在疫情防控的大背景下，"博物馆网上展览平台"分六批推送了300个博物馆网上展览。各博物馆也相继上线了自己的"云展览"项目，这些展览在新媒体平台上广泛传播，一经上线就得到了在疫情期间居家过年的网络受众普遍欢迎，据文化和旅游部统计，仅在农历春节期间，中国各地博物馆就推出了2000余项网上展览，总浏览量超过50亿人次。这是我国博物馆集中推送"云展览"项目，是"互联网+"背景下博物馆展示形式创新的标志性事件。此外，抖音、淘宝、腾讯、快手等新媒体平台相继举办"云游博物馆"直播活动，全国几十家博物馆参与，网友反响热烈，单日观看量超过千万。其中故宫博物院的三场直播，在新华网客户端的直播间涌进了3492万网友，获得将近6万条留言。黄河沿线九省博物馆在直播平台开展"云探国宝"在线直播活动，3天9场共计530分钟的直播，吸引了1253万网友的围观。新媒体直播已成为文博行业数字化发展的新趋势。

（二）短板不足——四个"不胜其任"

在我国博物馆事业以多个方面的"前所未有"之势快速发展的同时，我们也必须承认，和党中央与人民大众热情期待的高质量发展的要求相比，目前中国博物馆事业还有进一步提升的较大空间。目前我国博物馆的体系结构、专业品质、服务能力、管理水平、理论建设等与时代赋予博物馆的使命尚有差距，可以概括为四个"不胜其任"。

1. 博物馆区域、类别在平衡发展上尚存在差距

目前我国博物馆行业总体规模很大，但行业结构的质量却是有待提升，存在一些"偏科"现象，还有不少短板亟须补充，不同区域、层级、题材、属性的博物馆发展不平衡——博物馆发展存在区域差异，中西部等偏远地区的博物馆发展相对滞后；例如，从国家定级博物馆的分布来看，西部300家，中部314家，而东部地区则多达611家。省级博物馆和市县级博物馆等不同行政级别的博物馆之间存在较大差异，市县级基层博物馆存在较大的发展瓶颈；不同题材类型的博物馆也存在差异，自然科技类、美术类博物馆数量不足、发展相对滞后；不同隶属性质的博物馆存在差异，与文物系统博物馆相比，其他行业国有博物馆、非国有博物馆的发展困难较多。此外，目前还有665个县级行政区还没有博物馆，占全国县级行政区划总数的23%。

2. 博物馆供给与社会需求之间尚存在差距

博物馆的公共文化产品和服务尚不能完全适应人民群众精神需求、社会需求、物质需求等多层次、多元化的美好生活需要。在免费开放背景下的博物馆热及旅游热，快速助推了博物馆观众数量的倍数提升，对博物馆现有场地、人员、工作模式造成巨大压力。观众日益提高的文化水平、审美需求都对博物馆各项服务工作提出了更高的要求，对博物馆以往的工作标准形成新的压力，观众不再满足于走马观花式逛博物馆或者是被动地接受教育，而是需要在博物馆里获得美的享受和新的知识与体验，这就要求博物馆在展览的科学性、艺术性，在各项教育活动、服务产品上的独特性、体验行等有更高的标准。然而，从实际情况看，很多博物馆显然还没有做好应对新的社会需求形势的思想和实践准备。

3. 博物馆体制机制和人才队伍建设与现代博物馆专业化发展之间尚存在差距

必须看到，某些作为公益一类事业单位的博物馆正趋于行政化，部分博物馆管理者对博物馆专业特性不甚了解，套用行政工作思路和模式开展业务工作；部分博物馆的经费、用人、展览及社教等重要业务活动经常围着上级主管部门的行政指令运行，不能有自营收入而无法有效开展相关活动；在绩效管理上缺乏自主权，内部缺乏竞争激励……类似这些体制性和机制性的障碍，在我国博物馆，尤其是广大基层博物馆中普遍存在，这很大程度制约了博物馆的发展活力，也影响了博物馆现代化、专业化的发展。

与快速发展提升的博物馆硬件设施相比,博物馆人才队伍建设滞后。总的来看,博物馆专业人才总量不足,远不能满足博物馆数量的增长;专业化水平较低,大部分从业人员属于"半路出家",博物馆专业背景出身的人才,相对于全国博物馆从业人员的比例较低;在人才队伍结构上,从事保管、研究与后勤的人员较多,普遍缺乏博物馆展示、教育、文化创意等人才。高素质的从业人员比例较低,特别是受过博物馆学专业训练的中高级管理与研究人才比较少,从业人员的职业素养与能力与岗位需求不符,群体专业化程度与博物馆应承担的社会职能存在较大差距。

4. 博物馆的实践活动与科研创新之间差距仍然明显

尽管过去五年博物馆的各项业务实践工作开展得如火如荼,但总的来说,基于实践经验的理论反思、针对实践问题的科研创新、面向实践导向的理论创新等开展得还远远不够。

《博物馆定级评估标准》(2019年12月版)设计了三个一级评估指标:综合管理与基础设施,藏品管理与科学研究,陈列展览与社会服务(其下12个二级指标,78个三级指标,297个采分点,15个加分项),从最近一次博物馆定级评估的数据来看,学术研究与科技平均得分31.4%,是最低的。目前我国大多数博物馆科研投入较少,有的中小博物馆几乎没有开展科研工作。博物馆与高等院校、科研院所的协作机制还在摸索阶段,新科技、新技术虽然前所未有地介入博物馆工作,但是在与业务需求的有机整合或融合上,还有很大的进步空间,包括方向性的调整。

此外,博物馆自身对于博物馆学的研究也亟须加强。目前,对于与本馆宗旨性质相关的学科研究、对博物馆运行规律的研究、对博物馆与公众关系的研究、对博物馆传播方式的研究等,很少有博物馆给予充分的重视。由于没有深度思考和科研支撑,不少展览不能反映出学界最新的研究成果;由于缺乏对博物馆展览特性的研究,展览便很难有特色;由于缺乏对博物馆教育、传播、公众关系的研究,有的博物馆花费巨资举办了展览,但却难以收获良好的社会效果,令人叹息。

二、展望"十四五"

在"十三五"博物馆事业发展基础上,针对目前的短板不足,结合博物馆事业高质量发展的使命和宗旨,全国博物馆事业"十四五"发展期间,将以提升"持续发展力、展教吸引力、信息传播力、创新驱动力、技术渗透力"为主线,全面提升博物馆发展质量。我们要更加明确博物馆作为"保存者""记录者""见证者""参与者"的基本定位,提升公共文化服务水平,以观众为中心,赋能人民群众的美好生活。我们要激发博物馆创新活力,推进梯队整齐、富有特色的专业化人才队伍建设,发挥科学技术的基础性支撑作用。通过理念、制度、科技的"创新",区域、行业、类型的"协调",建筑、展陈、运营的"绿色",藏品、人才、馆舍的"开放",信息、知识、创意的"共享",增强动力,激发活力,推进博物馆由高速度增长向高质量发展转变,更好地为社会和社会发展服务。

根据《指导意见》,"十四五"期间全国博物馆发展将力争达到以下目标:

(一)博物馆体系布局更加均衡

致力于博物馆事业的均衡、高质量、可持续发展,形成布局更加合理、结构更加优化、特色更加鲜明、功能更加完备的博物馆体系。《指导意见》在这方面提出四点要求:统筹不同地域博物馆发展、整合不同层级博物馆发展、协调不同属性博物馆发展、促进不同类型博物馆发展,并提出了"世界一流博物馆创建计划""卓越博物馆发展计划""中小博物馆质量提升计划""类博物馆培育计划""行业博物馆联合认证、共建共管机制""推动反映党和国家建设成就的当代主题博物馆""建设博物馆之城"等具体任务,旨在推动新形态博物馆有序健康发展,博物馆门类更加齐全,类型结构趋于合理,区域分布和结构逐步优化,形成层次清晰、重点突出、特色鲜明的高质量博物馆网络。

从中国博物馆协会的定位和实际工作出发,我们把优化提升中小博物馆的质量作为在"十四五"期间的重点工作。首先,我们将加强关于博物馆当代功能和价值的宣传,努力让那些偏远地区、基层建制的地方政府,也能认识到博物馆在当代中国的社会主义现代化强国建设中的重要作用,而不只是简单地将其视作文化事业单位。鼓励地方政府将县级博物馆纳入地方文化体系中,给予更多的资源支持,并在解决人员编制、专业人员引进、业务职称评定等问题上进行试点改革。第二,在充分调研的基础上,完善革命纪念馆以及县级博物馆参与博物馆定级评估的通道和标准。挑选少量基础条件较好的基层博物馆,试行"准"级博物馆,在人员培训、业务指导等方面予以扶持,扶助尽快成为相应级别的博物馆。第三,积极支持中小博物馆加入中国博物馆协会,拓展地方性博物馆的工作视野,及时获取行业发展的有效信息,并在人才培养、专家指导、业务交流、资金扶持等方面给予更多的支持。

(二)博物馆专业能力不断精进

"十四五"期间,中国博物馆事业将从藏品管理、科学研究、陈列展览、社会教育等方面不断提升博物馆的专业化、社会化和智慧化水平。馆藏文物预防性保护技术、环境、程序进一步创新，文物展示利用效率明显提升，博物馆文化创意产品体系逐步形成；补齐博物馆科研短板，推动研究型博物馆建设；着力增加优质原创展览、教育项目供给，优化策展机制，加强跨界交流；着力提升我国博物馆国际交流与合作的能力，进一步加强中华优秀文化的海外传播。围绕这个目标，中国博物馆协会将在科学研究和陈列展览两个方面重点发力。

学术研究和学术引领是中国博物馆协会最基本的职能之一。在科学研究上，中国博物馆协会将设置"十四五"科研基金课题指南，从中国博物馆协会的使命和职能出发，聚焦"十四五"期间博物馆理论建设与行业发展中的不均衡、不充分的理论与现实问题，设置"基础研究类""应用转化类"与"政策咨询类"三个板块的科研选题供参考申报，并开展公平公开评审。此外，我们也将积极提升《中国博物馆》办刊质量，改变刊物样式，提升印制质量，增加英文提要，从2022年起改为双月刊，为博物馆从业人员和研究者提供有品质、有认可度的刊物平台。我们还尝试资助十大陈列展览精品策展笔记、国际前沿博物馆学译作等出版，及时总结、整理和推广博物馆的新理论、新方法和新技术。与此同时，中国博物馆协会将搭建学术交流平台，通过召开学术年会、学术成果评选等方式，鼓励广大学者，尤其是青年学者，积极分享理论思考和实践心得。

在陈列展览方面，争取在探索独立策展人制度，以及展览评价机制方面有所突破。首先，进一步落实国家文物局《博物馆事业中长发展规划纲要（2011—2020年）》及《关于加强博物馆陈列展览工作的意见》中的策展人制度，树立"策展能力是核心竞争力"的理念，在借鉴国外先进经验的同时，结合自身文化差异更为灵活地进行创新实践，探索适合我国国情的新型"策展人制度"。鼓励有条件的博物馆组织力量研究适合本馆的策展人体系，进一步完善"项目负责制""自由申报策展人制度"等尝试。明确策展人的职责划分，赋予策展人足够的话语权与决策权，建立高效的协调机制以保证博物馆内各部门在策展过程中能进行有效地沟通配合，优化展览策划制作流程，推出更多原创性主题展览。加强馆内策展人才培养，选拔一批适合本馆策展理念和特色的策展人。作为行业协会，中国博物馆协会将积极开展博物馆策展人相关培训和认证，完成一批博物馆策展人资格认证试点。

其次，在展览评价机制方面，研究制定展览评价指标体系，努力实现更科学、全面、规范的展览质量与效益评估；完善优化"十大精品推介"评奖制度，广泛发掘不同地区、规模、类型的展览闪光点，强化精品展览的示范性与引领性；积极构建具有建设性、影响力的展览评论机制，拓展评价深度，挖掘展览学术价值。

（三）博物馆公共服务水平普惠均等

"十四五"期间，中国博物馆事业将以观众为中心，文化惠民，引领博物馆公共文化服务均等化、标准化，同时提升人民群众在博物馆中的获得感、满足感和幸福感。博物馆公共文化服务人群覆盖率明显提高；博物馆教育和服务体系更加完善，公共博物馆全面免费开放；社会力量广泛参与博物馆建设格局基本形成，博物馆社会影响力进一步提升，博物馆在提高国民素质和社会文明程度中的重要作用进一步发挥。

在这个目标中，中国博物馆协会将争取在推进博物馆全媒体宣传平台建设，完善博物馆全媒体传播体系中作出更多的贡献。事实上，我们最近两年已经开始积极探索推动新媒体在博物馆中的应用。2019年，中国博物馆协会与中国移动通信集团有限公司共同创立了"博物馆在移动"品牌，着力构建面向博物馆及用户的移动端连接聚合平台，整合各级各类博物馆藏品、展览、教育、文创等信息资源，推动移动互联网最新科技成果与中华优秀传统文化传承创新发展深度融合。汇集130家国家一级博物馆，以博物馆视频专区的形式，呈现集博物馆综合介绍、珍贵馆藏、精品展览、特色讲解、社教活动、文创产品、建筑空间等多样化内容，为亿万手机用户提供博物馆视频和各种丰富资源，以满足社会公众对传统文化和美好生活的需求与向往。2020年，中国博物馆协会与中国移动咪咕不断探索"5G+文博"创新应用落地，推出"博物馆在移动·518文创节"系列活动，成为了国内首个国家级文博领域文创节。2021年，中国博物馆协会主办的庆祝中国共产党成立100周年全国博物馆讲解大赛充分发挥了咪咕全媒体多平台的融合传播优势，在咪咕视频、咪咕圈圈客户端搭建主题内容专区，推出博物馆在移动公众号H5展示，另外积极运用"5G+4K"超高清直播、视频彩铃等5G创新能力，近1000座博物馆的约2000名选手，通过新媒体平台在线展示了讲解视频作品，受到了网络受众的普遍欢迎。

接下来，我们会创新博物馆价值传播推广体系，用好传统媒体和新兴媒体（如短视频、直播、数字文化产品等），整合各方资源，引导社会力量参与共建云展览、云教育体系，建立云展览、云教育评价体系和推广矩阵，加大推广普及，多维度线上线下展示传播中华文化遗产。

（四）博物馆治理更具活力

"十四五"期间，在改进人才队伍建设，激发博物馆体制机制创新活力与动力方面，将努力实现以下目标：推动研究制度、人才、藏品、资源和服务"五个打通"激发博物馆活力。深化博物馆法人治理结构改革，完善博物馆治理体系和提升治理能力；加强博物馆领域的基础性研究，运用现代科技手段，不断优化文博人才队伍结构，增强博物馆事业发展的创新能力；改革博物馆发展体制机制，研究总分馆、专业托管、购买服务等创新形式，完善博物馆管理体制，创新博物馆激励保障机制，营造博物馆可持续发展的法律制度与社会环境；推动博物馆体系结构战略性调整，充分发挥政策指导和资源配置的作用，改善宏观调控，促进博物馆类型、层次结构与经济社会文化发展相协调。围绕这个目标，中国博物馆协会将在评估治理和人才培育两个方面重点发力。

优化博物馆定级评估、运行评估、免费开放绩效考评等评估指标。通过交流和培训，帮助各博物馆进一步明确使命和宗旨，积极审视博物馆内部的管理系统，深化总结博物馆管理瓶颈问题，在员工管理、公共关系、展览管理、运营策略、文化创意及博物馆伦理等方面加强政策、理论、路径研究与分析。同时，加快博物馆领域标准规范建设相关研究。规范开展博物馆评估定级、运行评估，争取使全国博物馆中三级以上博物馆的占比由22%达到30%。

探索实施"中国博协高校青年教师支持计划"。青年人才是推动博物馆事业发展和博物馆学科建设的生力军。针对目前博物馆人才培养与成长中存在的一些问题，中国博物馆协会将充当博物馆和高校之间的桥梁，择优支持一批优秀的青年博物馆工作者和高校的青年教师、博士生等前往博物馆，以访问学者的身份，参与实际工作。

党的二十大报告提出了"推进文化自信自强，铸就社会主义文化新辉煌"的宏伟目标，这将促使我们的文化战略与文化政策发生三个根本性变化：一是文化建设在国家战略体系中的地位，正在从"边缘"走向"中心"。二是文化战略和文化政策目标对象和范围开始从"小文化"到"大文化"，从文化系统内部结构调整到"文化+"，"五位一体"全面建设，某种意义上就是各级党政系统都要抓文化建设。三是文化行业性质定位，已经从单纯思想和文化资源、辅助性社会资本建设，向国家资本和核心战略资源建设过渡、转化。这三个根本性变化，体现出党中央把文化建设提升到一个新的历史高度。"中华优秀传统文化是我们最深厚的文化软实力，也是中国特色社会主义植根的文化沃土。""文化自信是一个国家、一个民族发展中更基本、更深沉、更持久的力量。历史和现实表明，一个国家和民族要自立自强，首先要在文化上自觉自信。博物馆里收藏的文化遗产及其所承载的独特价值观念与生活方式，既是国家文化软实力的基本构成，又是推动中国走向世界的"身份证"和"通行证"。我们作为文物博物馆的工作者，一定要充分认识到自己的光荣使命感,把文化自信文化的力量融入到我们的血液当中,激励我们在文化强国的建设中不断去建功立业。

作者简介:刘曙光,中国博物馆协会理事长。

参考文献:

1. 文物保护领域物联网建社技术创新联盟:《智慧博物馆案例(第一辑)》,文物出版社,2017年。

关于后疫情时代博物馆数字化服务问题

安来顺

2020年以来，持续两年多的新冠肺炎疫情给包括博物馆在内的公共文化机构带来前所未有的挑战。在此特殊的时期，博物馆机构和博物馆从业者通过不懈的艰苦努力，履行着其服务社会和公众的使命。虽然世界各地的博物馆被迫间断性全部或局部关闭，不少国家博物馆仍然在暂停线下服务，以确保观众和员工的安全，但博物馆从未停止探索和推动与观众联系的渠道和方式，这在很大程度上得益于数字工具和数字平台的使用。相关调查数据显示：博物馆与数字媒体相关的各类活动仍在持续快速增加，但在许多情况下，疫情只是加剧了博物馆领域存在的一些系统性缺陷，如博物馆内部普遍缺乏资源、技能和数字知识，这种情况在小型和微型博物馆尤为突出。但是，每一次危机都伴随着机遇，博物馆正在意识到数字技术的更多潜力：可以帮助博物馆更好地保存藏品，降低组织成本，扩大影响和可及性等等[1]。所以，现在探讨后疫情时代博物馆数字化应用的相关问题比任何时候都更有意义。

一、新冠肺炎疫情为博物馆领域带来深刻变革

国际博物馆协会（International Council of Museums, ICOM）2020年4至5月与联合国教科文组织（UNESCO）合作开展了全球性的"博物馆、博物馆

---

[1] 参见安来顺2021年9月21日在喀山俄罗斯数字周数字化与文化论坛开幕式上发言（线上）。

专业与新冠肺炎疫情调查"（Survey: Museums, museum professionals and COVID-19），并分别发表了调查报告。随后的 2020 年 9 至 10 月和 2021 年 4 至 5 月又进行过两次跟踪调查和数据更新，最后更新的报告于 2021 年 7 月正式发布。这些调查报告的内容和结论，让政府管理机关、博物馆业界和社会公众对新冠肺炎疫情对博物馆产生的影响有了一个更宽的观察和分析视野。

UNESCO 和 ICOM 2020 年 4 至 5 月的调查报告提供了一个十分令人担忧的图景：全世界超过 8.5 万座博物馆闭馆，占世界博物馆总数的 90% 以上，其中至少 10% 的博物馆可能面临永久性关闭；大多数国家的博物馆面临财政预算大幅削减、社会赞助严重萎缩、员工失业或降薪日趋严重、大型项目被迫停摆等困难局面。这次调查预测，疫情的上述影响或将长期延续甚至进一步加剧。可以说，博物馆领域正面临着极其严重的经济、社会和文化危机。2020 年 9 至 10 月 ICOM 调查更新的数据，所呈现则是一种复杂和胶着的情态：虽然博物馆的重新开放率和财政影响表现出明显的地区性差异，但从综合指标看，近 31% 的博物馆在尝试开放后重新关闭，16% 博物馆预算收入缩减 50% 以上（其中 6% 的博物馆缩减幅度超过 90%，10% 的博物馆缩减幅度超过 75%），24% 的博物馆申请紧急资金援助，27% 申请博物馆员工工资支持，31% 开始裁员，46% 取消或减少展览项目，67% 取消或减少了活动项目。疫情暴发一周年之际，ICOM 发起了第三次跟踪调查，结果显示全球博物馆依然十分脆弱：2020 年，19.9% 的博物馆损失观众达 90% 以上，25.3% 损失超过 75%，24.3% 损失超过 50%，20.5% 损失接近 50%，4.9% 损失小于 25%，只有 2.3% 损失小于 10% 和 2.8% 观众数量有所增长；2020 年当年，博物馆平均闭馆 155 天，与 2020 年春天相比，2021 年春天博物馆的状况再度恶化，大量博物馆不得不再次关闭，博物馆参观量比 2019 年下降 70%，所调查的博物馆收入减少 40%—60%，博物馆公共财政投入大幅削减，波及近 50% 被调查的博物馆，有的公共经费削减 40%。

虽然上述统计数据在世界各地存在很大差异性（例如非洲和太平洋地区的绝大多数博物馆都在开放，而欧洲、北美、亚洲、拉丁美洲和加勒比地区以及阿拉伯国家只是开始重新开放），但作为一系列综合性的结果，它们仍然有比较高的可信度和参考性。由此可见，在世界大多数国家的博物馆，疫情产生的社会开放、财政状况、业务功能、社会心理的影响是真实可见的，很可能也是深刻而长远的。在我国，虽然疫情对博物馆的短中期影响尚未显现，但巨大的经济损失，特别是国际疫情走势能否得到根本控制的不确定性，也让我们不能盲目乐观。财政部在 2021 年全国"两会"上的报告中指出：2021 年新冠肺炎疫情影响广泛深远，经济稳定恢复的基础还不牢固，财政收入实际可用财力总量增幅较低，财政支出重点和刚性支出都需要加强保障，刚性较强。2021年重要的财政政策之一，是坚持政府过紧日子，进一步优化财政支出结构，要艰苦奋斗、勤俭节约是预算编制的基本方针，进一步压缩一般性支出。

面对疫情危机，全世界博物馆人已经在思考一系列问题：疫情大流行期间博物馆发挥了什么作用？疫情客观上让博物馆增加了什么社会价值？疫情流行中如果没有博物馆，社会可能失去什么？疫情结束后博物馆的生态系统将是什么面貌？疫情对博物馆财政、领导力、观众、项目等产生怎样影响？后疫情时代博物馆新的社会与文化潜能是什么？但让人们受到鼓舞的共识是：新冠肺炎疫情在客观上，让过去重视不够的博物馆的文化潜能被发现、被激发出来，博物馆文化可以让我们的社会更坚韧人民更团结，博物馆文化对公众心理健康和福祉具有积极影响，博物馆可以极大拓展与教育之间广泛紧密的联系，博物馆是受到社会公众普遍信赖的公共文化机构，博物馆与科技深度融合可提供新的文化交流生态[②]。人们相信，在今后的日子里，博物馆的社会角色将会更加能动，更加积极。

二、两年多来博物馆数字技术运用的基本态势

受到疫情影响，许多博物馆改变原有的服务社会方式，其中提升数字化服务水平是一项重要选择。疫情客观上让线上资源和虚拟技术与博物馆产生了前所未有的联系，数字技术在博物馆抵御疫情负面影响中的作用得到了充分验证，社会对博物馆数字化服务的认可度大幅提升。

博物馆在持续两年的新冠肺炎疫情中的数字技术应用，呈现出了阶段性的特征，反映了博物馆业界更趋理性和务实。疫情初期，当数十亿人在空间上彼此分离的时期，在令人焦虑和充满不确定性的时刻，博物馆文化主动参与到向公众提供慰藉、鼓舞和希望的行列中来。但是，博物馆并没有就此止步，而是加快了数字化转型的步伐。这种态势在ICOM 2020年9月和2021年5月的调查中得到了很大程度的反映。

2020年9月调查中最吸引人的数据，是博物馆数字化活动的巨大转变，不仅仅是数量和规模，而且关注到数字化手段在未来的成熟度和可持续性问题。而2021年5月第三次调查数据则显示出博物馆开始在探索数字化技术在疫情"新常态"下的应用问题。虽然调查数据无疑指示了博物馆在线活动的持续增加，但特别值得关

---

② 参见安来顺2021年9月21日在喀山俄罗斯数字周数字化与文化论坛开幕式上发言（线上）。

注的是博物馆已经逐步建立起不同的数字传播渠道,尽管经济因素影响资源投入的直接影响依然随处可见。这里将 ICOM 的三次调查做一比较。

首先,从博物馆数字活动相关的人力资源投入看。在所调查的博物馆中,有全职数字化员工的,2020 年 4 月 26.1%,2020 年 9 月 21.8%,2021 年 5 月 21.9%;有非全职人员的,2020 年 4 月 55.7%,2020 年 9 月 56.8%,2021 年 5 月 61.0%;没有专门人员的,2020 年 4 月 18.3%,2020 年 9 月 21.5%,2021 年 5 月 17.1%(图1)。值得关注的结论是,非全职从事数字化工作的员工比例在增加,表明博物馆人力资源的某种重新分配,并且是流向传播和数字活动方面,而没有任何专职员工的博物馆比例有所下降。

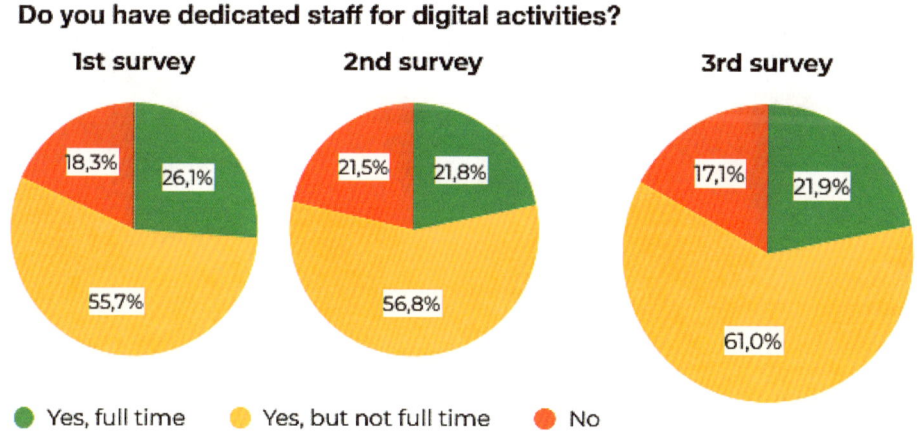

图1 来源于"博物馆、博物馆专业与新冠肺炎疫情调查"(Survey: Museums, museum professionals and COVID-19)第 3 版,第 15 页 https://icom.museum/wp-content/uploads/2021/07/Museums-and-Covid-19_third-ICOM-report.pdf

第二,从传播和数字化活动在博物馆总预算中所占比例看。所调查的博物馆中,传播和数字化活动经费预算超过总预算 10% 的,2020 年 4 月 11.8%,2020 年 9 月 12%,2021 年 5 月 13.4%;介于 6%—10% 之间的,2020 年 4 月 11.0%,2020 年 9 月 14.9%,2021 年 5 月 15.6%;介于 1%—5% 之间的,2020 年 4 月 23.8%,2020

年9月29.4%，2021年5月20.8%；不足1%的2020年4月17.8%，2020年9月19.7%，2021年5月24.2%（图2）。值得关注的结论是，虽然受困于财政状况恶化，但计划将至少6%的预算用于数字和传播活动的博物馆的比例增加了6.2%。

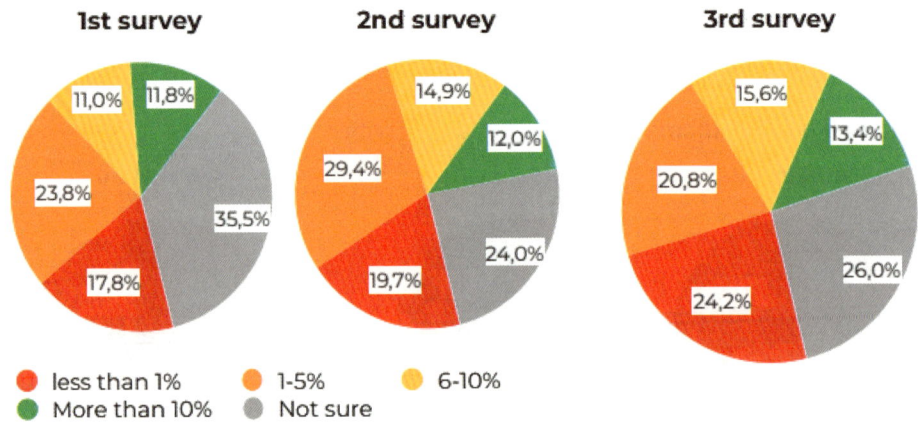

图2 来源于"博物馆、博物馆专业与新冠肺炎疫情调查"（Survey: Museums, museum professionals and COVID-19）第3版，第15页 https://icom.museum/wp-content/uploads/2021/07/Museums-and-Covid-19_third-ICOM-report.pdf

第三，从博物馆的各种线上活动看。在所调查的博物馆中，各种线上活动较疫情之前有所增加的按活动类型划分，线上藏品2020年4月18.0%，2020年9月34%，2021年5月32%；在线展览2020年4月16.4%，2020年9月16.1%，2021年5月22.0%；活动直播2020年4月19.1%，2020年9月21.8%，2021年5月28.1%；使用社交媒体2020年4月47.5%，2020年9月41.9%，2021年5月53.4%。从闭馆后开始线上活动的博物馆，线上藏品、在线展览、活动直播、使用社交媒体2021年5月分别是9.7%、17.4%、26.5%和3.8%（图3）。

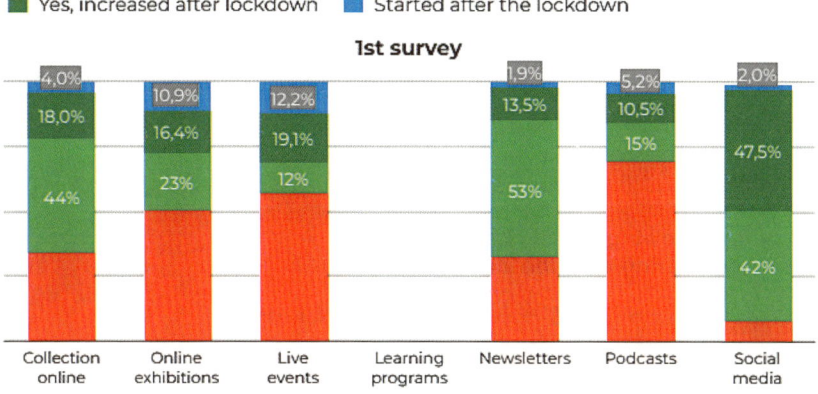

2020 年

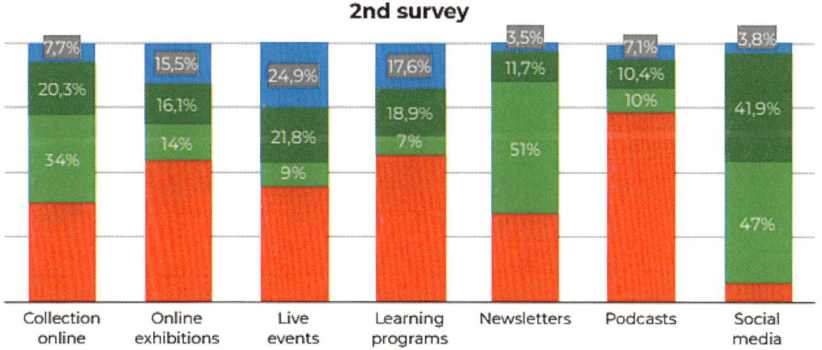

2021 年

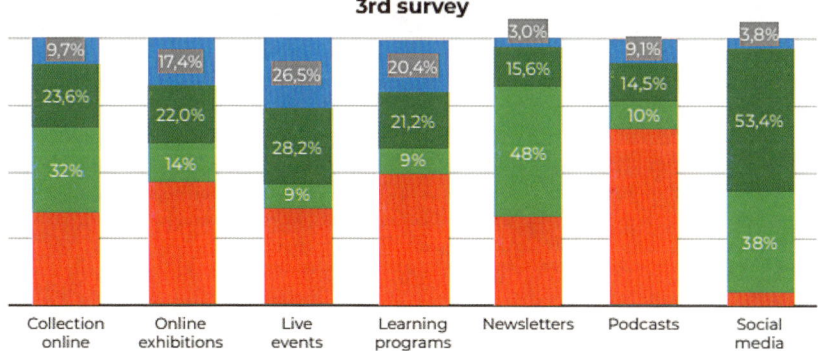

2022 年

图 3 来源于 "博物馆、博物馆专业与新冠肺炎疫情调查"（Survey: Museums, museum professionals and COVID-19）第 3 版，第 16 页 https://icom.museum/wp-content/uploads/2021/07/Museums-and-Covid-19_third-ICOM-report.pdf

第四，在博物馆数字化相关战略调整情况看。2020年9月到2021年5月的变化是："重新审视数字化策略"由76.6%增至83.4%，"增加专门工作人员"从38.7%增至41.9%，"增加数字化预算"从43.2%增至52.1%，"增加数字化服务内容"从74.8%增至78.6%，加强员工培训从53.8%增至64.6%（图4）。

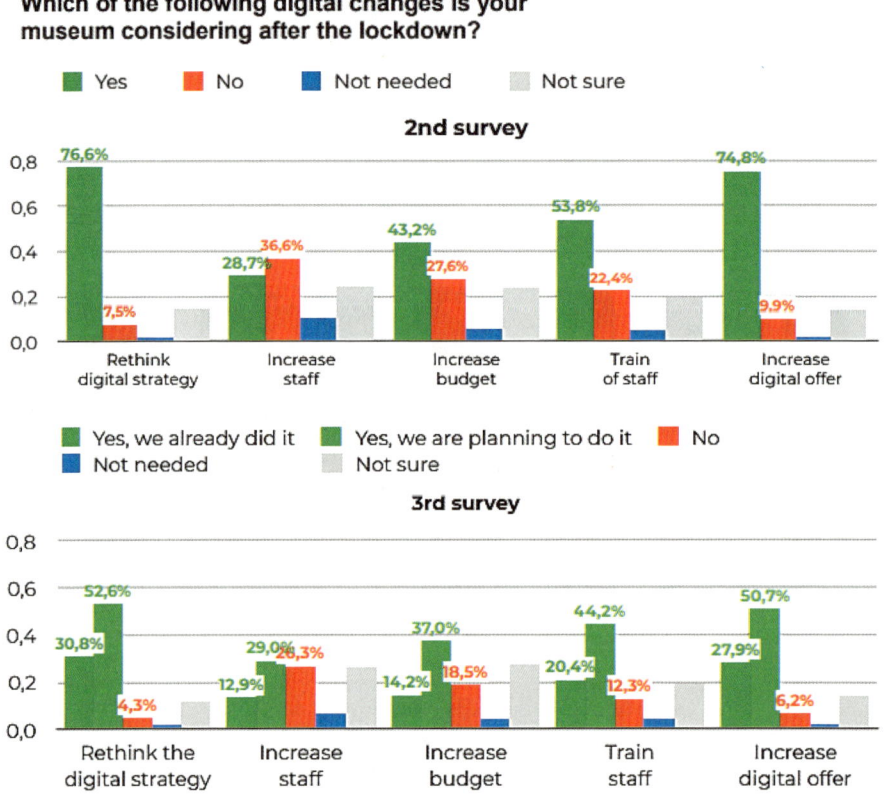

图4：来源于"博物馆、博物馆专业与新冠肺炎疫情调查"（Survey: Museums, museum professionals and COVID-19）第3版，第17页 https://icom.museum/wp-content/uploads/2021/07/Museums-and-Covid-19_third-ICOM-report.pdf

除从以上四个方面观察外，还有一种情况意义有些特别。从2021年开始，一些被调查的博物馆开始尝试通过采用数字技术来拓展创收渠道，尽管这些努力的经济收益在整个博物馆运营经费中仍是杯水车薪。其中最常见的方式与投资商品销售有关，或者通过扩大在线销售（占14.1%），或者通过研发新产品（11.3%）。他们中间有 14.1% 开发了网上商店，5.6% 推出数字化会员项目，8.4% 实施付费的网上展览和 7.4% 组织付费的网上博物馆导览。总的来看，以上尝试还在起步阶段，因为 59.1% 的博物馆还没有考虑类似的新收入来源。2022 年 6 月 8 日，ICOM 启动第四次全球性调查，旨在对包括博物馆数字化服务在内的各项措施的短期和长期效果做出全面评估，寻找博物馆新的发展空间。

ICOM 是国际文化遗产和博物馆最有影响力的非政府性专业组织之一，其所做的全球性调查，全部采用匿名的、自愿的调查数据收集的方法，并由国际权威性调查机构进行分析，保持了相对客观的立场。应当说报告所得出的结论可以基本反映出疫情暴发以来国际博物馆在数字技术应用方面的情况。

与其他许多国家一样，中国的博物馆也把提高数字服务的数量和质量作为应对疫情危机的最重要战略选择之一并呈现阶段性特征。

疫情暴发前进行了博物馆数字资源的广泛积累。2012—2016 年，我国开展了第一次全国可移动文物普查。这个为期五年的国家项目，基本完成了国家可移动文物资源数据库建设，积累 5000 万张文物照片和超过 140TB 的数据。2012 年，"智慧博物馆"这一关于博物馆文化、技术和管理的新概念在中国博物馆界被提出。它作为一个综合系统在一些博物馆中得到实验。尽管目前其在总体上概念开发特征明显，但改变了博物馆与数字技术融合的思维方式，努力重组和重构博物馆功能和运作的各个要素之间的关系，形成协同效应，让物联网、云计算、大数据和移动通信等技术以更多样的方式支持博物馆服务和管理功能成为可能。2016 年，中央五部委联合推出了旨在让文化遗产融入当今人们群众生活、促进文化遗产与互联网的跨界融合和协同发展、发展以互联网为基础设施和创新要素的文化遗产利用新形态的"互联网 + 中华文明三年行动计划"。2017 年，全国文物资源共享工程正式启动。

疫情危机期间博物馆对数字资源的进一步拓展和广泛使用。2021 年的统计数据表明，我国有超过 10 亿的网民，互联网在中国的普及率为 70%。中国网民每周上网时间超过 27 小时的事实，为中国博物馆通过互联网提供服务以应对疫情危机提供了可能性。目前，中国博物馆在规模列在前五位的数字服务是在线馆藏、在线展览、在线学习、活动直播和社交媒体使用。作为第一次可移动文物普查和"互联网 + 中华文明行动计划"成果的延伸，许多博物馆在疫情爆发后第一时间在网上分享博物馆藏品和展览资源。随后，这些资源得到了进一步的挖掘和利用，来自全国各地的人们利用互联网在云端的博物馆相聚。

疫情防控"新常态"之后全面深入推动博物馆数字化服务。2021 年，中央九部门联合发布推进博物馆改革的指导意见，强调博物馆的智慧服务、智慧保护和智慧管理。博物馆正在加强与其他机构的综合媒体和数字技术公司的合作，创新数字文化产品和服务，发展博物馆云展览和云学习。当年，全中国的博物馆共接待了7.79亿人次的现场参观，但通过3000多个在线展览和10000个在线教育项目，同年的在线参观总量为41亿人次。来自首都北京的统计数据显示，2020—2021年通过网上参观博物馆的比例为58.28%，其中参观1至2次的占50.19%，3至5次的占34.82%；许多博物馆也在短视频软件或网站上开设了官方账号。"跨界"和"走出去"正在成为博物馆服务和传播的重要手段；国家层面的云展览平台建设正在加快推进。

三、博物馆数字化技术应用在后疫情时代的几点思考

日新月异的数字技术在疫情之中和之后已经并将继续大踏步进入博物馆领域。数字技术与博物馆愈益深入的融合，已经开始改变今天博物馆的面貌。后疫情时代如何让数字技术更好地与博物馆之间形成良性、可持续发展、具有社会内生动力的力量，是值得深入思考和探索的课题，它涵盖了理念、技术、伦理等不同的维度。

首先，如何理解数字技术与博物馆相融合的内在逻辑。无论如何定义博物馆，主流的看法依然是将其列入实体世界的范畴。那么，究竟是什么将它们与虚拟世界关联在一起？结论应该是它源于人类共有的两种基本行为：传播交流和收集储存。从传播交流方面看，从语言发明开始，人类从来没停止过开发各种交流工具的步伐，并且为了更好和更快捷的传播，这些工具不断微型化（miniaturization），从照相机、电报、电话、电影、收音机、电视，到今天的互联网。从这个意义上讲，数字技术带来的革命只是历史必然地给博物馆提供了传播信息、满足人类交流需求的新可能。再从收集储存方面看，博物馆是一个收集和储藏人类及其环境见证的机构，数字化可以通过其强大的储存、分析和发布功能，让博物馆各类信息和数据的保存、保护、藏品的使用，直至博物馆的智慧，在数字化的世界里得以增强、加速（accelerate）和共享。可见，数字技术进入博物馆只是一种历史发展到今天的必然结果，而不是一种髦得合时，所以一些博物馆出现的数字技术主义应当引起人们的警惕。

第二，如何将藏品开发理念嵌入数字技术应用。文化遗产资源进入博物馆后，是它们生命周期的终结，还是它们生命周期新阶段的开始？答案显然应该是后者。尽管博物馆在内容和形式上都极具多样化，但有一个共同点：藏品。藏品开发，是21世纪才出现的概念，强调的是藏品的动态特性，通过博物馆的活动和手段增强藏品的使用价值（或潜能），用以支持博物馆的使命。在这里博物馆的藏品可以被理解成为一种资源。当数字技术作用于这些资源的时候，大数据思维就显得十分必

要。作为收集和储藏机构，博物馆积累了大量资源数据；作为开放文化机构，博物馆积累了大量用户数据、多媒体数据。这些海量数据，是博物馆的优势，也是提供大数据服务的基础。遗憾的是，这些数据中的绝大部分没有被激活。大数据等新兴信息技术创新融合，会让博物馆相关数据不断快速汇聚，推动博物馆公共文化服务呈现个性化、精准化和智能化趋势。进一步而言，什么是数据（未加工的数字和事实）？什么是信息（处理过的数据）？什么是知识（鉴别过的信息）？什么又是智慧（数据＋信息＋知识＋行动＋反馈）？他们之间的关联与区别在哪里？博物馆业界和数字技术开发者对这些问题并不是十分清晰，经常相互混淆，往往制约了数字技术在博物馆领域走深走远。

第三，如何为博物馆教育传播新趋势添上数字科技的翅膀。新冠肺炎疫情所产生的影响充满了不确定性，目前唯一可以确定的是博物馆与公众的黏合水平不断提升和强化。20世纪最后25年，教育从博物馆工作的边缘业务转向了博物馆工作的核心业务，而近年来，这种发展导致了对学习的重视，反映了人们对博物馆角色的认识发生了重要变化，其视角从博物馆机构（提供教育，特别是为未受教育的大众提供教育的博物馆）转变为使用者（作为学习者的个人）。这也涉及到对学习的定义和学习过程的看法。现在需要解决的问题是怎样在学习和经验之间建立起联系。博物馆学家琳达·凯利（Lynda Kelly）认为，观众"会根据自己的经历和兴趣，创造自己的意义，构建自己的叙事""期望通过提供适合个人和团体的多种途径和多种诠释体验来选择和控制他们的博物馆体验和学习，"而不是像过去那样被概念化为博物馆设定的被动主体。物联网、云计算、大数据、人工智能、自然交互、虚拟现实与增强现实、移动通信、移动智能终端等技术，为这种建构主义学习方式的实践提供了更多新的可能，但重要的是，数字技术开发使用应建立在博物馆使用者的知识、经验、期望、意图等综合因素的基础之上。目前不少博物馆线上资源仅仅局限于博物馆的宣传推广策略，而非博物馆藏品和文化艺术资源多重和有效的延伸。

第四，如何在数字化应用中恪守博物馆的职业伦理。博物馆数字化技术应用的所有新理念、新方法都与一个重要的议题相共生，那就是博物馆的职业伦理。对职业道德准则的诉求贯穿于博物馆所有数字活动的始终。职业伦理是作为博物馆"可做、不可做""该做、不该做"的精神工具而存在的，特别是在相关法律和行业规则尚在逐步建立的过渡期，这种自我约束显得尤为重要。在一个41%的人口仍然不是活跃的互联网用户的世界，数字文盲和数字基础设施的不足，客观上已经加大了人们在使用博物馆文化资源和参与博物馆文化生活方面的差距，某些"数字鸿沟"在博物馆中已不再是个别现象。这与博物馆作为一个向所有人开放、为所有人服务的公共文化机构的性质是相背离的，如何让博物馆的数字活动更加具有包容性，更加有益于所有人尤其是特殊群体的精神福祉，无疑是伦理问题。此外，大量博物馆用户数据的收集和分析，必然涉及博物馆使用者的个人隐私。我们要充分利用好博物馆职业道德的精神工具，在为公众提供优质个性化的同时，更好地保护使用者的个人隐私权。

新冠肺炎疫情彻底改变了博物馆机构和博物馆从业者对数字世界的看法，越来越多的人意识到数字技术应用在博物馆中的重要性。在2022年8月在布拉格举行的国际博协第26届大会上，作为四个主题之一的"博物馆与新技术"引起了世界各国博物馆的极大关注。代表们探讨了在新冠肺炎疫情催化下数字技术正在如何加快融入博物馆的步伐以及固有博物馆服务方式的转型问题，但同时也强调了数字服务和数字藏品在职业伦理、公平公正和可持续展示传播方面的特殊敏感性。

（本文曾以《后疫情时代博物馆数字技术应用的观察与思考》为题，发表于《科学教育与博物馆》2021年第6期，此次略作调整和补充）

作者简介：安来顺，上海大学教授、博士生导师，国际博物馆协会亚太地区联盟主席。

参考文献：

1. https://icom.museum/en/covid-19/surveys-and-data/survey-museums-and-museum-professionals

2. https://icom.museum/en/covid-19/surveys-and-data/follow-up-survey-the-impact-of-covid-19-on-the-museum-sector/

3. https://icom.museum/wp-content/uploads/2021/07/Museums-and-Covid-19_third-ICOM-report.pdf

4. 国际博物馆协会, ICOM launches fourth Survey on Museums and Museum Professionals and Covid-19, https://icom.museum/en/news/icom-launches-fourth-survey-on-museums-and-museum-professionals-and-covid-19/

5. Manual of Planning the Digital Museum, Edited by Ali Hossaini and Ngaire Blankenberg with Gail Dexter Lord and Barry Lord, Rowan & Littlefield, 2017, P xiii- xiv

6. Lynda Kelly, Learning in the 21st century museum. Paper given at The Open and Learning Museum conference,11-12 October 2011.

对当下智慧博物馆建设的若干思考

刘中刚

历经近十年理论与实践的探索，中国智慧博物馆建设仍在路上。在过往探索基础上，拙文探讨当下智慧博物馆建设的若干理念问题，更深入地界定智慧博物馆，辨析智慧博物馆与博物馆信息化、数字化的关系；总结当下智慧博物馆建设的基本特征，即弯道并轨、脱胎换骨、智者力行、双轮驱动、物数孪生、迭代演进、有限边际、百家争鸣等；提出智慧化建设落地的关键环节，即需要因地制宜，有节奏有组织实施，重点把握好顶设先行、严谨落地、分层结合等步骤。

一、智慧博物馆的概念与辨析

（一）智慧博物馆的概念

以中国知网出现"智慧博物馆"这一概念为标志，相关的学术研究在中国已发展近十年余[1]。"智慧博物馆"中的"智慧"，是指人由感知到判断再到决策并最终体现于言、行、神、情等的过程，并从中体现出的科学性、严谨性、预判性和知

---

[1] 2012年3月，张遇、王超在《中国博物馆》发表《智慧博物馆，我的博物馆——基于移动应用的博物馆观众体验系统》，首次使用"智慧博物馆"概念。同年，张小朋发表《智慧博物馆——总说》，http://blog.njmuseum.com/article.asp?id=158，认为智慧博物馆可以实现实体博物馆的智能化和时空延展，形成推动博物馆发展的新动力。2012年11月，国家文物局联合中国科学院在上海召开了以智慧博物馆为主题的第二届物联网应用与发展研讨会，标志着智慧博物馆研究和实践掀起第一轮高潮。2013年10月，陈刚在《中国博物馆》发表《智慧博物馆——数字博物馆发展新趋势》，界定了智慧化与数字化的关系。宋新潮于2015年5月在《中国博物馆》发表《关于智慧博物馆体系建设的思考》，基本奠定了智慧博物馆建设的体系框架，成为目前相关研究中被下载量最多的论文之一。

识性、趣味性等综合能力。智慧博物馆是一个系统性理论和体系工程，利用企业架构理论再造博物馆业务流程，实现IT技术支撑，切入与科技同舞的维度，利用大数据、云计算、物联网、人工智能、虚拟现实等最新技术，赋能博物馆藏品征管、文物保护、展陈研究、社会教育、观众服务等业务，对博物馆范围内的人（包括公众和博物馆人）、物（文物、展品、设备设施）、空间（展厅、库房、院落）、环境（室内环境、馆区外环境与交通等）、大数据等核心要素透彻感知、泛在互联、交互融合，实现服务个性化、体验数字化、管理智能化、决策科学化，最终形成具有自主学习科学演进能力的博物馆新质运营体系、线上线下相结合的博物馆新型发展模式、以人为中心而非以科技为中心的博物馆新生态。智慧博物馆强调人与大数据的互动，强调人在智慧建设中的主导性、主体性和终极享用性，使公众和博物馆人的"经验型决策"转为基于大数据支撑的"智慧决策"，实现对博物馆运营、服务和管理等的科学优化，实现公众对博物馆文化消费的兴趣使然和理性取向。

（二）智慧博物馆与博物馆信息化、数字化的关系

信息博物馆起步于20世纪80年代末，以藏品信息管理系统为起点，主要是利用计算机技术建设对内、对外的办公平台或管理系统，以提高工作效率、降低办公成本，提升公众服务质量。这一时期，周边行业的信息化发展为博物馆提供了边际效应，如楼宇自动化、安防网络化、基建设备电气化等。然而博物馆信息化有两点不足：一是共享性不足，比如藏品信息数据库，通常是由藏品部门主建，或由上级机关垂直部署；二是数字资源有限，比如藏品信息系统，因藏品数字化生产支撑不足，导致只能以藏品档案为主，不能叠加数字化成果。

数字博物馆始于21世纪初，以文物本体的数字化生产为牵引，即利用数字扫描技术和模拟技术对文物本体信息进行大规模数字化采集。在科技推力和公众需求的双驱下，数字博物馆实现了传统博物馆"人—物"二元关系由现实世界向网络世界的延伸，通过把多媒体技术应用于展示进而发展为独立展项，为博物馆文物保护和展示提供了更大空间。在此过程中，互联网技术的发展提供了新的服务维度。河南博物院、故宫博物院[②]、南京博物院、首都博物馆等陆续建设了首批博物馆官网，并逐渐有了独立的数字化文物展项。博物馆数字化的不足之处有两点：一是以技术为中心，博物馆被牵引性强。仅突出"物"的数字生产，没有形成数字资产和数字

---

② 故宫博物院于2001年推出"数字故宫"概念。历经十余年的探索和建设后，冯乃恩于《故宫博物院院刊》2017年第1期，发表《博物馆数字化建设理念与实践综述——以数字故宫为例》，同年《故宫学刊》第18辑发表冯乃恩的《数字故宫的应有之义和必由之路》，2018年《故宫博物院院刊》第2期，发表冯乃恩的《数字故宫未来之路的思考》，成为对数字故宫实践的阶段性总结和提升。

资源的界定，没有大数据治理和分析问题的模式，特别是缺乏大数据对"人"的判断性自研输出。在技术驱动力的背景下，数字博物馆建设会陷入技术标准主导的误区，致使数字博物馆建设缺乏清晰的路线图，通常易的领域超前领先，难的领域迟滞不动，导致声光电技术滥用而缺乏精细化运维等；二是仍存在由部门生产、管理和维护的割裂问题，部门之间的共享度不够。某种意义上讲，开始了博物馆藏品部门和数字化部门间的撕裂与悖反。

肇始于2012年的智慧博物馆，是在4G网络技术广泛普及的背景下，在融合博物馆信息化、数字化建设基础上，迭代演生而来。智慧博物馆经历了4G时代向5G时代的跨越，4G时代的智慧博物馆更多是博物馆信息化、数字化的延伸、融合和对智慧化建设的探索，进入5G、WiFi6和物联网时代，智慧博物馆才与博物馆信息化、数字化的边界清晰起来，真正符合"智慧"的理念和标准。博物馆智慧化以满足"人"的需求为目的，强调对大数据的生产、治理和价值挖掘，强调博物馆运行体制机制的改革和业务流程的重塑。

简言之，信息化基于部门，基于由手工模式向计算机平台的迁移；数字化基于"文物"的第二生命即其数字资产的生产，而智慧化基于博物馆"人""物""空间""环境""大数据"的融合互动，强调博物馆人或公众本体对科技的应用，摆脱纯经验主义，形成基于大数据的科学优化。

（三）智慧博物馆建设的意义

从发展的视角看，智慧博物馆建设代表着当下和今后一段时间内"博物馆＋科技"的融合方向与时代趋势。

一是拓展博物馆的延伸空间。博物馆因场地环境、藏品数质量和策展资源限制，向公众展示的文物和展览有限，讲解和社会教育等的传播度有限，馆际横向关联和响应效率有限，满足不了广大观众日益增长的文化消费特别是差异化需求。智慧博物馆回应了这一矛盾，从现实到网络、从实体到虚拟、从面对面到超时空，极大地延展了空间，馆际横向关联也有了保障。

二是革新博物馆的内在机制。科技发展为博物馆带来了契机，但需要博物馆人更新理念，建立和适应新的工作规则。智慧博物馆以对全流程管理的透彻分析为前提，以大数据的多模态感知为基础，以业务需求为核心和以公众输出为目的，以不断创新的技术手段为支撑，消除信息孤岛，建立更加全面、深入和泛在的互联互通，这就需要再造博物馆内部和对上、对外的边界，重塑契合于智慧化运营体系的内在机制，直至推动博物馆编制体制改革和运营理念的再造。比如，传统博物馆楼宇、安防、消防和信息化建设均有弱电系统，基本是分头布设，但在智慧化建设过程中，需打破各自为战的局面，实现统一融合。

三是赋能博物馆的业务流程。智慧博物馆坚持需求驱动、业务引领，通过重新梳理博物馆各业务要素的逻辑关系，重新构建业务架构、流程，形成全新合力，加强博物馆内外协同。博物馆中的人、物、空间、环境的大数据通过网络汇集可动态感知，结合大数据技术积淀、治理和自计算，实现对博物馆服务、保护、研创和管理的智能化和循环优化。以"人"为中心的信息传递和服务模式，使全要素之间的关联真正达到智慧化融合。对比传统博物馆和智慧博物馆的业务流程：在公众层面，前者的营销需公众到馆，突出受众的单向观展、听讲解、线下消费为主，后者的营销构建起现实与虚拟的融合，强调体验互动、沉浸体验，强调被服务；在博物馆人层面，前者强调内部的分工负责制，部门利益切割鲜明，具体工作基于既有实践经验的积累和传承，相关决策基于个人或集体的知识储备，后者实现业务流程优化，强调全馆工作一体化和流程化，实现可视化数据分析加人工智能辅助决策；在博物馆与外界之间，前者基本上是自办自支模式，需体制内的设计制作、有讲解社教、有文物修复等全系列人力保障或投入，后者更强调广泛的生态联盟模式。往往越是智慧化，越会让博物馆人认识到自身之不能，越需要社会生态企业和服务单位的支撑，把博物馆业务分解开，形成邀请单位参与成为专业化支撑的新常态。

二、当下智慧博物馆建设的特征

2014年3月，国家文物局确定了7家智慧博物馆建设试点单位，为全国博物馆智慧化建设积累了鲜活的经验[③]。故宫博物院、中国国家博物馆[④]等迈开了国家级大馆的智慧化建设步伐。总结起来，智慧博物馆建设共有8个特征。

（一）弯道并轨

我国博物馆在信息化、数字化建设没有彻底完成的情况下，即迎来了智慧博物馆建设，这是博物馆全面建设实现弯道超车的重大契机。然而智慧化替代不了信息化、数字化，智慧化是以既有信息化、数据化的完善完备为支撑，同时形成标准化的全流程大数据采集、生产和有效梳理分析判断的机制基础上，实现人与大数据的融合共生为前提。否则，智慧只能流于概念，再或是换个名目的数字博物馆建设罢

---

③ 7家试点单位和其他博物馆的智慧化建设实践的总结，请参考《我国智慧博物馆发展调研报告（2019-2020）》，见中国博物馆协会登记著录专业委员会编《中国智慧博物馆蓝皮书（2020）》，中国书籍出版社，2021年版，第28-36页。

④ 2018年，国家博物馆举办了首届金砖国家博物馆联盟学术论坛，馆长王春法以智慧博物馆为主题发表讲话，后以《智慧博物馆建设中的机遇和挑战》为题，发表于《中国国家博物馆馆刊》2019年第1期。2019年，王春法在《博物馆管理》2020年第3期发表《关于智慧博物馆建设的若干思考》。

了。那是否需要先完成数字化再展开智慧建设呢？应当看到，数字化建设是一个常态性基础性工作，绝不能成为阻止智慧化建设的因素，反过来，也绝不能只重视智慧化建设，忽视数字化生产的支撑。

（二）脱胎换骨

中国博物馆大多为事业单位，习惯于人权、财权机构的话语体系，在运营理念和模式上传统业务流程闭环少、标准化不高，往往因人设事、因部门而异，不能融入智慧化建设的 IT 技术架构，失去了智慧化数据治理和分析的前提，需借鉴企业架构理论重塑再造和开发，实现博物馆运营机制的脱胎换骨。现今，中国博物馆数质量都在上升，需借鉴企业架构理念重构运营模式，必须依托标准的、闭环的架构流程，对业务进行架构描述和再造，设计需求牵引、科技赋能的应用系统，依托量化的评价体系和标准，依托大数据的生产和治理，实现 IT 技术的准确切入和自然融合，通过技术架构支撑和数据架构治理构建起博物馆新的智慧化生态。为此，博物馆须同步实施内部的体制机制改革，实现脱胎换骨。

（三）智者力行

智慧博物馆建设难度大、投资多、周期长、领域广，需要既懂博物馆全程业务又有科技素养的管理者亲力亲为，需要汇集既懂博物馆全程业务又有科技素养的部门和中层领导、骨干参建落实，采取"一把手督导＋全员参加＋自上而下"的模式。作为博物馆管理者需认真做好：一是在人力支撑、业绩评价考核中融入智慧博物馆建设指标；二是带头学科技，学架构理论，深研矛盾、困难；三是立足馆情实际，采取科学的实施路径，正确对待和改造既有信息化、数字化成果，避免建成即落伍，避免盲目追新导致性价比不高或直接半途而废。

（四）双轮驱动

业务需求和科技支撑是智慧博物馆建设的双轮驱动。首位的驱动轮是业务需求，建设中要摒弃技术主导误区，坚持业务引领、需求驱动，通过重新梳理和构建博物馆各要素的关联关系形成架构闭合，加强业务协同。第二个驱动轮就是科技支撑。科技是科学和技术的统称，在万物互联的科技理念之下，以云计算、物联网、移动通信、大数据和人工智能为代表的科技前沿，使博物馆的人、物、空间、环境、大数据融为一体成为可能，改变了公众的思维观念、价值取向和观展方式，驱动着博物馆自身不断创新变革。不过，科技赋予的是能量，不能蒙蔽博物馆人的双眼，需驾驭智慧化建设的驱动双轮同频共振，一方面博物馆人要学会通过科技理念来表达和生成需求清单；另一方面技术人员要彻底感知博物馆全业务流程，感知科技发展背景下公众博物馆消费需求。

（五）物数孪生

传统博物馆的核心资产是文物和具备深厚实践经验的博物馆人，前者是有形的"物"，后者是既有形也无形的"物"。在博物馆智慧建设的时代，这两个核心资产分别衍生出新维度的资产——文物的数字孪生衍生出"数字化文物资产"，成为智慧博物馆的核心资产；人的实践经验数字化，衍生为适应于本馆业务流程再造和IT技术支撑的应用系统，发展成为智慧博物馆的核心理念。同期，大量馆内外非文物本体端的数字产品、信息产品，经过加工治理，使博物馆又拓展出数字资源的概念，成为博物馆服务当下数字世界的泛在价值流。无论是资产级的"数字化物+"与"数字化人·经验+"，再或是可共享的数字资源，最终都以大数据形态存在。由此形成智慧建设的关键性输出——海量数据，产生了大数据的标准、治理、存储、利用和安全等一系列问题。在实体场馆之外，大数据将是智慧博物馆越来越重要的核心产出和管理对象。正因此，引入架构理论的"数据架构+数据中台"也就水到渠成了。同时，物数孪生需要博物馆因应而变，建立专业的内部机构和机制，比如数据管理中心和智慧运营指挥中心，这也是智慧化建设中博物馆脱胎换骨的突出表现之一。

（六）迭代演进

博物馆智慧建设必须继承信息化、数字化成果，体现科学的迭代演进态度，绝不能重起炉灶，从零开始，务必体现节约建馆原则。基于此，需对既有建设成果进行认真调研和梳理，分析建设标准、数据接口和可持续的融合度；要认真理清先前主建部门的利益格局和局限性，实现全馆一张网的建设。在向前兼容的同时，智慧博物馆建设的向后冗余设计同样重要。科技在发展，博物馆智慧化会不断迭代，或许未来不再叫"智慧博物馆"，但智慧博物馆必须坚持"人—技—数"间的良好互动，所呈现的良好形态或自在模式，必须更主动地设计和考虑到未来发展，冗余未来技术接口，使之成为一个更开放更包容更延展的发展模式。

（七）有限边际

智慧博物馆是博物馆的新形态，不是博物馆的全形态，更不是博物馆的终极形态。不能指望智慧化能解决博物馆面临的一切实际矛盾、困难，更不能完全替代理应由博物馆人的大脑和经验所作出的决策和实现的创作等。在智慧博物馆中，博物馆人有了更高效更科学的运营、管理、服务路径，但不意味着博物馆人作用的退化淡化，相反，应是更大付出和更高的效率。基于智慧化，博物馆人为了胜任从而付出，又因为能够胜任从而高效。这既是博物馆人与智慧博物馆成果间的互动关系，也形象地阐明了智慧博物馆的效用边际是有限的。由此，就产生了博物馆智慧化建设的有限目的性和阶段性，一味地提出超越当下、超越实际的需求指标，企望科技予以实现，结果只能是巨大浪费。博物馆行业充分体现了主体学识和实践经验积累，体现出审美和意识形态价值，智慧化建设永远是在有限边际内发挥着应有该有的作用，绝非包揽一切。

（八）百家争鸣

从2012年研讨先行，到2014年第一批智慧博物馆建设试点，再到故宫博物院、中国国家博物馆等大馆的鼎力投入，智慧博物馆实践不到十年，系统理论仍显不足，这与中国博物馆类型多样、管理多元有很大关系。因此未必急于确定适用全国的标准化体系和成熟模式，坚持各博物馆结合自身实际进行尝试和探索。单就每一个博物馆来讲，智慧化建设至少可从5个方面量力而行：一是既有的信息化、数字化建设水平，二是可持续的财政支持力度，三是馆内可动员的科技力量和团队业务能力，四是博物馆一把手的科技素养，五是博物馆未来五年的建设任务。以上或者更多，直接决定着智慧化建设的实施。当然，展开智慧化建设前，调研国内兄弟博物馆智慧化建设成果，批判借鉴于本馆是最关键的一步。总之，对于耗资巨大的智慧化建设和人力财力有限的博物馆来讲，走自己的路未必是坏事，科技发展和后发效应会让后来者有弯道超车之便。

三、智慧博物馆建设落地的几点建议

理论与实践是有差异的。在诸多因素的限制下，智慧化建设的实践落地需因地制宜，有节奏有组织地实施。

（一）顶设先行

智慧化建设因博物馆的基础不一，关注的重点和核心有所不同，但建设之初均须有一个不可缺少的环节，即顶层设计和规划咨询，简称"顶设"，这既是生成立项可研报告的需要，也是博物馆人拥抱全新理念、实现自我挑战和再造的必经过程，决定着智慧化建设的质量。顶层设计可分四步。

一是洞察与分析博物馆既有建设和传统架构流程，展开博物馆行业的调研及周边领域的学习。对博物馆人来讲，这是一个思想更新和舆论动员的过程，是一个自我梳理和审视的过程。

二是智慧化建设的蓝图设计，重点是业务构架、应用构架、数据构架、技术架构，这是顶设的灵魂。蓝图设计应明确智慧博物馆的发展愿景、建设目标，明确业务架构设计、应用架构设计、技术架构设计、数据架构设计的子系统构成等，应充分借鉴文博行业标准和国内外智慧博物馆领先实践，实现业务流程梳理、业务架构再造和技术架构的切入，整理出博物馆业务能力蓝图，确定未来的业务架构。明确为支持业务开展而必须建立的应用系统及各系统的定位和关联关系。识别主要业务数据，构建数据分层架构和治理标准，形成博物馆数据架构。结合业界新的技术发展趋势，确定支撑智慧博物馆运行所需的技术架构。

三是生成实施路径规划设计、智慧运营和管控体系设计、网络与信息安全设计、智慧博物馆标准体系设计等配套方案。

四是生成立项所需的可行性报告、年度实施计划和总经费估算与分年度建设经费估算安排等等。

顶设组织模式，通过招标引入权威的、具有相关经验的公司或机构实现，或者由馆方组织专家团队实现。前者的科技能力强是优势，需在切入博物馆业务上着力，比如说要求引入团队中有专职的具有同类型博物馆丰富工作经验的人才，实现对话语境的一致性。后者的业务实现能力强是优势，需在切入科技视角上着力，比如在团队中必须有相当数量的科技型人才。

（二）严谨落地

顶设后的环节，至少包括建设前期准备、建设实施、建设后的验评结等三大环节。建设前期准备，包括但不限于项目立项审批、项目评审把关、招标引入全过程造价咨询单位、申报建设项目立项和审批经费，招标监理单位、招标项目落地建设单位。建设实施环节，包括但不限于建设实施、项目中期评估与调整、项目初验和优化。建设后的验评结环节，包括但不限于项目预验收、项目测试、项目终验、项目造价结算、项目审计结算，项目质保、项目质保期分项评估和提升优化等。

落地过程中，造价咨询单位、监理单位、落地建设单位和结算审计单位必不可少。此外，还会涉及服务律师事务所、进场材料质检单位、系统测评单位、消防检测单位等。如果采取分包模式，还会有诸多落地建设单位同时进场。一条建设线下来，不计馆内各中层单位数量，往往需要十来个社会单位参与。在具体建设上，智慧化建设涉及大量网络布设类隐蔽工程，还有软件开发和部署等非标准项目，复杂程度会随着需求指标的提升而不断加大，再加上对老旧系统的改造和兼容等问题，困难会很多，边实施边调整预期的可能会很常见，加上应用系统的验证时效长、同步数字化资源支撑要求高，如此复杂的组织链路，需博物馆人认真把关，文案流转严谨周全，涉及设计洽商变更等须严格审批，实现全细节的复盘可溯，既是博物馆智慧化建设高质量高标准高效率推进所需，也是项目建设在事后审计巡视等环节可溯所需。

（三）分层结合

智慧博物馆建设分前台、中台和后台三个层面，前台指的是可视化的应用系统改造升级或新建，体现为软件工程建设性质；中台主要是指基于网络的数据库搭建、技术中台和数据中台建设等，体现为信息集成建设性质；后台指的是基础设施设备建设、机房建设、指挥中心建设和网络布设等，体现为土建工程性质。考虑到智慧博物馆建设的系统复杂程度高，投资巨大，且与科技发展同步背景下边建边迭代的可能，需制订切实可行的分步实施方案，万不能搞突击。在此过程中，后台、中台建设步骤重点考虑与科技发展同步的问题，前台建设步骤重点取决于业务需求的轻重缓急，不同的考虑和对接重点，决定了建设必须一步一个脚印，万不能眉毛胡子一把抓。

智慧化建设的人力资源支撑，分博物馆人、承建方团队和馆外专家团队等三个层面。博物馆人、承建方团队均是责任所在和职责所系。对馆外专家团队的挖掘延请，体现了智慧化建设的一个根本性态度。通常，后台、中台应挖掘和延请博物馆行业的"技术型大咖"予以支持，他们有鲜活的案例经验；前台应当充分挖掘和延请博物馆行业的业务型专家予以支持，他们同样有各专向领域鲜活的丰富经验。馆方应多请博物馆行业的技术型和业务型专家参与，促成智慧化建设的科学有序。

作者简介：刘中刚，中国人民革命军事博物馆馆长。

参考文献：

1. 张小朋：《论博物馆的信息化建设管理》，《中国博物馆》，2021年第2版。

2. 张小朋：《博物馆信息化建设的初步探讨》，《智能建筑与城市信息》，2002年第9版。

3. 朱中一：《试析博物馆信息化建设中存在的问题》，《中国文物报》，2021年8月22日。

4. 陈附：《数字博物馆概念、特征及其发展模式探析》，《中国博物馆》，2007年第3版。

5.《故宫博物院和华为签署战略合作协议：共同打造"5G智慧故宫"》，

https://www.dpm.org.cn/classify_detail/248949.html。

大数据助力智慧博物馆发展

张 喆

2020年9月28日，十九届中央政治局第二十三次集体学习时指出："考古遗迹和历史文物是历史的见证，必须保护好、利用好。要建立健全历史文化遗产资源资产管理制度，建设国家文物资源大数据库，加强相关领域文物资源普查、名录公布的统筹指导，强化技术支撑，引导社会参与。"

2021年10月28日，国务院办公厅印发《"十四五"文物保护和科技创新规划》，规划第三部分"强化文物资源管理和文物安全工作"中第二项"建设国家文物资源大数据库"中提出："系统整合全国不可移动文物资源数据库、国有可移动文物普查数据库、革命文物数据库等，加强文物资源大数据应用。将文物资源空间信息纳入国土空间基础信息平台。加强文物数字化保护，以世界文化遗产、全国重点文物保护单位、馆藏一级文物等为重点，推进相关文物信息高清数据采集和展示利用。完善全国考古发掘信息管理系统。建立文物数字化标准规范体系，健全数据管理和开放共享机制，加大文物数据保护力度。支持国家和省级文物数据中心、重点文博单位信息基础设施建设，加强文物领域新型基础设施建设。"

文博信息化是充分利用信息技术，管理利用文博信息资源，推动文博行业创新发展，促进文博信息合理配置和交流共享，全面提升文博工作治理能力和治理水平的过程，也是建设智慧博物馆不可或缺的重要环节。在文博信息化的基础上，加速推进大数据库建设和应用，推进文物数据资源整合利用是推动改革落到实处的有效措施。

一、全国文物地理信息平台

（一）建设背景

为了更好地利用信息化手段推进国家文物局落实"简政放权、放管结合、优化服务"改革，提高国家文物局行政审批、行业管理的效率和质量，为行政管理机构、从业机构和人员、社会公众提供便捷高效的公共服务，推进国家文物局的治理体系和治理能力现代化，国家文物局编制了《国家文物局政务信息化"十三五"发展规划》，勾画了国家文物局政务信息化建设的蓝图。

在"十三五"期间国家文物局政务信息化的建设任务中，"全国文物地理信息平台"是基础支撑平台，是国家文物局多源数据整合共享的有效手段。平台通过提供专题地图服务和专题数据的方式，支撑整个国家文物局行政审批、行业管理、公共信息查询浏览等政务服务。

（二）建设目标

"全国文物地理信息平台"基于通用地理信息系统（GIS）构建，充分运用国家文物局和各级文博单位已采集的文物地理空间信息、文物专题信息等数据，制作文物地图专题图层，并以此为基础向社会公众提供文物地图服务；向国家文物局和各省文物局的行政审批和行业管理工作提供地图和数据支撑服务，为具体工作提供数据支撑和决策依据；向国家文物局大屏系统提供数据展现和地图服务，为宣传展示、态势研判、决策会商与交流合作提供工具。

（三）主要建设内容

1. 全国文物地图数据库管理系统

全国文物地图数据库管理系统对国家文物局已有的和从其他各方采集到的数据资源（包括基础地形数据、第三次不可移动文物普查数据、中国世界文化遗产监测预警总平台、长城资源保护管理信息系统、综合行政管理平台、各省文物局已有的文物地理空间数据和专题数据等数据）进行整合入库，形成统一的文物地理空间数据库和专题数据库，并实现相关数据的增、删、改、查等功能。

2. 文物地图服务应用系统

文物地图服务应用系统为社会公众提供文物地图服务；为各级文物行政管理机

构提供行政审批所需的地图服务和专题数据（包括文物本体信息、文保工程信息和管理数据），以及行业监督管理所需的全国重点文物保护单位两线（保护范围数据和建控地带范围数据）数据服务，监管巡查轨迹跟踪功能服务；为国家文物局文博行业展示监测系统提供文物地图服务。

3. 数据基础

数量庞大、类型丰富的文物数据资源，是构建"全国文物地理信息平台"坚实的数据基础。"全国文物地理信息平台"整合了不可移动文物领域开展的"第三次全国文物普查"和"长城资源调查"数据、全国重点文物保护单位记录档案数据以及世界文化遗产基本信息数据。

2006年至2011年，国务院开展第三次全国文物普查，全国共调查登记不可移动文物76万处，调查成果包括不可移动文物的本体信息、地理信息、管理信息、保护现状、图纸、图片等数据，是目前唯一能全面反映我国不可移动文物资源总量、分布、保存和保护管理状况最权威的不可移动文物基础档案。

2007年至2011年，国家文物局组织开展的长城资源调查、认定工作，共认定长城各类建筑四万三千余处（座/段），工作成果包括长城本体信息、地理信息、保护管理状况、保存现状、自然与人文环境、图纸、图片、视频等一手调查资料，以及长城认定登记表等义物档案，是国家基本建设、长城保护管理和开发利用的基础性资料。

《中华人民共和国文物保护法》要求对文物保护单位建立记录档案，记录档案的内容包括文字、图纸、照片、拓片及摹本、保护规划及保护工程方案、文物调查及考古发掘资料、文物保护工程及防治监测、文物展示、电子文件、续补等十种案卷。仅"文字卷"，就包括文物保护单位登记表、地理位置、自然与人文环境、历史沿革、基本状况描述、价值评估等十五类内容。国家文物局于2003年启动全国重点文物保护单位记录档案数字化工作，实现全国重点文物保护单位记录档案信息化管理，形成了数据类型丰富的全国重点文物保护单位数据资源。

4. 建设成果

(1)"全国文物地理信息平台"专题地图集

"全国文物地理信息平台"目前已建成："第三次全国文物普查""全国重点文物保护单位""长城""世界文化遗产""革命文物"等5张专题地图。

(2)专题数据集

"全国文物地理信息平台"基于"第三次全国文物普查""长城资源调查"和"全国重点文物保护单位"数据，所构建的专题数据集，记录了不可移动文物、长城、全国重点文物保护单位在特定时间节点的保存状态、保护管理状况和利用情况，是不可移动文物的基础档案库，对不可移动文物的保护、管理和利用具有重要价值。

（3）编制《不可移动文物图式规范》

"全国文物地理信息平台"建设过程中，同步开展不可移动文物地图图式规范的研究与图式设计。在通用地图图式基础上，总结、吸收第二次全国文物普查、第三次全国文物普查文物分类、地图图式，编制了《不可移动文物图式规范》，设计了5个大类59小类不可移动文物地图图式（图1—1～5）。统一并规范了全国不可移动文物地图图式的使用。

5. 应用效果

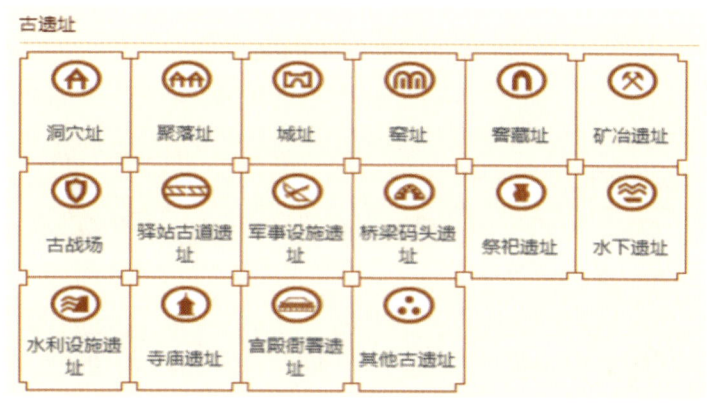

图1-1 古遗址图式

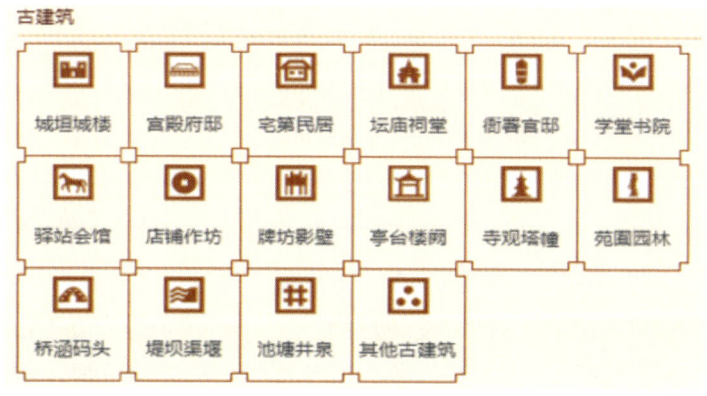

图1-2 古建筑图式

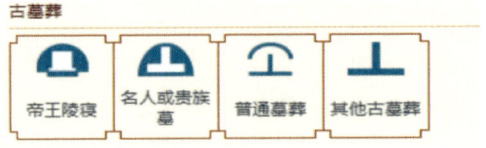

图 1-3 古墓葬图式

图 1-4 石窟寺及石刻图式

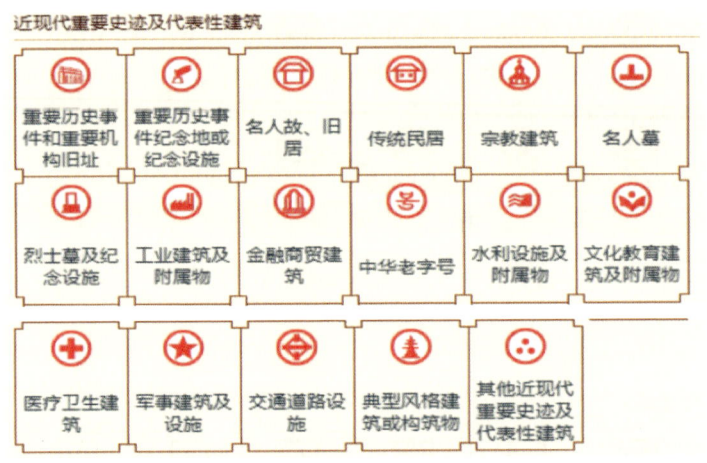

图 1-5 近现代重要史迹及代表性建筑图示

"全国文物地理信息平台"既是可独立提供服务的不可移动文物数据管理系统，同时也是其他业务系统提供地图服务的支撑系统。

一是作为基础支撑平台提供专题地图服务。"全国文物地理信息平台"的"世界文化遗产专题地图""长城专题地图"服务为"国家文物局文博行业展示监测系统"提供地图服务。

二是基于专题地图快速构建 APP 地图服务。在"全国重点文物保护单位专题地图"基础上，按照《全国第一批革命文物保护利用片区分县名单》，快速构建"红色文物专题地图"。在 2019 年 518 国际博物馆日期间，为国家文物局发布的"踏寻红色足迹 传承红色基因"APP 提供地图服务。

三是日常行政审批决策支持。国家文物局 2019 年完成"国家文物局综合行政管理平台"，由国家文物局负责审批的不可移动文物审批事项共计 12 项。基于 GIS 技术构建的"全国文物地理信息平台"，通过直观的地理空间信息、GIS 特有的空间查询、分析和统计功能丰富的文物基础数据，为国家文物局的行政审批决策提供客观、科学、准确的决策依据，为国家制定文物保护、管理、利用政策、方针，推进文物治理现代化提供科技支撑。以全国重点文物保护单位建设控制地带内涉建项目审批为例，通过地理信息平台提供的"全国重点文物保护单位专题地图"，国家文物局工作人员对于国保单位的涉建项目可以直接量算建设项目的距离、面积等是否符合《文物保护法》相关要求，辅助行政决策。"全国文物地理信息平台"通过地图统计、统计图表，直观展示文物资源的地理空间、类别、保护级别等分布情况，为文物资源宏观管理提供宏观统计数据。

二、博物馆大数据服务

第一次全国可移动文物普查结束后，中国文物信息咨询中心相继协助吉林、山东、北京、海南建设了省级或直辖市级文物资源综合管理和展示利用平台，实现博物馆和藏品信息数据的整合共享，并在博物馆及藏品信息数据公开共享的基础上，积极探索实现行政管理和业务工作的相关需求，将行业管理与公共服务有机结合，线上与线下业务工作融合管理，从而加强普查数据的有效利用。鉴于市县级文博单位保障能力差、技术实力低的发展现状，中国文物信息咨询中心建设了全国数字博物馆集群平台——"博物中国"，推出"博物中国云"服务，解决了市县级文博单位文物展览展示及数据资源利用等问题，通过在线服务的方式面向市县级文博单位提供藏品管理、协同办公、预约服务等管理和社会服务功能，帮助市县级文博单位实现智慧化跃迁。截至目前，已经集合展示了近 2000 家博物馆 18 万余件文物藏品的数据资源。

三、国家文物资源大数据库建设

国家文化大数据体系建设，长城、长征、黄河、大运河等文化公园建设，数字乡村建设行动计划等均对文物资源数据提出了相关需求，国家文物资源大数据库建设成为文化强国建设和数字中国建设的重要内容。中国文物信息咨询中心深入研究相关政策文件，起草了《国家文物资源大数据库建设工作方案》，提出国家文化大数据体系建设工作思路。

（一）总体目标

充分运用大数据、云计算、物联网、人工智能、5G等新一代信息技术，动态汇集文物资源数据，建立文物数据资源体系，健全数据资源目录，建成"一库、一图、一平台"（图2）。在保证数据安全的前提下，推进数据跨部门、跨层级、跨地区汇聚融合和深度利用。构建数字技术辅助管理决策机制，开展专项业务支撑应用示范。强化数字技术在自然灾害、文物安全等突发公共事件应对中的运用，全面提升文物应急处置能力。

一库：整合关联存量数据，动态汇集业务数据，建成以文物基础数据、业务数据、专题数据为核心的国家文物资源大数据库，建立文物数据资源体系。

一图：以大数据库为支撑，建成全国文物资源"一张图"，实现全国文物资源数据和管理审批数据统一查询、展示和交换，形成统一标准和汇集交换管理的数据机制。

一平台：研发国家文物资源大数据管理平台，实现数据汇集管理、关联标注、统计分析与共享交换，与文物保护的立项、审批、利用、执法等行政监管系统叠加，共同构建统一的综合监管平台，实现文物资源保护利用的"天上看、网上管、地上查"，从而实现资源动态监管。

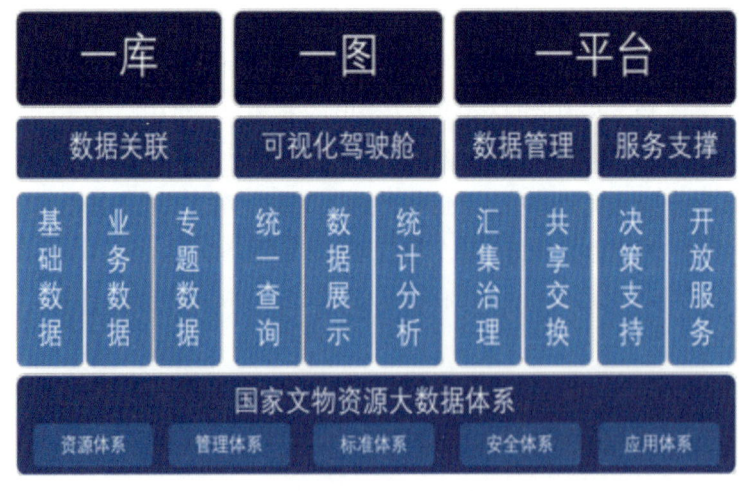

图2　国家文化大数据体系建设工作总体目标结构图

（二）预期成效

数据汇集管理。全国文物资源数据集中管理、动态更新，文物保护管理业务数据动态汇集，支持开展专题数据库建设，全国文物资源大数据体系初步建成。

行政管理决策。全面推进政府运行方式、业务流程和服务模式数字化智能化，深化"互联网+政务服务"，构建数字技术辅助政府决策机制，提高基于高频大数据精准动态监测预警水平，持续构建大数据应用场景，大数据分析成为政务决策的重要手段。

文物保护管理。设计完成文物保护大数据分析模型，智能分析能力面向行业开放，行业管理数据支撑能力显著提升，支持基于文物数字化保护成果开展文物保护基础研究，初步实现文物资源数据全生命周期管理。

社会公众服务。面向社会不同群体开放文物数据资源，充分发挥科研机构力量参与文物资源价值挖掘，构建文物知识图谱，建成文物知识服务体系，推动文物数据资源开放共享服务，持续推动落实"让收藏在博物馆里的文物、陈列在广阔大地上的遗产、书写在古籍里的文字都活起来"。

（三）工作内容

建设国家文物资源大数据库。系统整合全国不可移动文物资源数据库、国有可移动文物普查数据库、革命文物数据库等，加强文物资源大数据应用。将文物资源空间信息纳入国土空间基础信息平台。加强文物数字化保护，以世界文化遗产、全国重点文物保护单位、馆藏一级文物等为重点，推进相关文物信息高清数据采集和展示利用。建立文物数字化标准规范体系，健全数据管理和开放共享机制，加大文物资源数据保护力度。支持国家和省级文物数据中心、重点文博单位信息基础设施建设，加强文物领域新型基础设施建设。

1. 打造数据动态登录体系，实现数据统一汇集治理

随着文物业务的日益丰富，国家文物局对文物数据及时更新的需求也越来越迫切。例如，社会文物进出境审核、拍卖工作等需要与现有馆藏珍贵文物互相比对印证，防止珍贵文物流失，确保文物安全。

由于文物数据管理系统或文物数据库建设后，无数据更新及维护，数据陈旧，现实中数据情况变化较大，数据库信息与实际文物信息无法匹配，数据登记标准各不相同，同一数据源信息内容未规范统一。同时，无常态化的数据更新规程，每次需要数据均需向地方索取，重复向不同单位部门填报数据情况常有发生。

因此需要建立基于统一数据管理平台，满足多重使用需求的数据指标体系，完善数据维护管理制度及保障体系，实现文物资源数据实时登记的常态化管理模式，

减轻各级文物部门及行业单位的日常工作负担。

2.建立数据资源关联体系，提高数字资产应用价值

文物是文化的物化载体和重要物证，大都具有历史、科学、艺术、人文等多种属性。随着行业普查和数字化保护项目推进，文物数据急速增加。文物数据存在总体数据量大、单件藏品信息量少，属性维度多、已著录维度少，隐含信息量大、故事挖掘少，实体相互关联性强、数据关联度弱，著录专业性强、用语规范性不够等特点，数字资产难以发挥应有的作用。

通过对文物数据的挖掘、关联、融合、推理，构建知识图谱，高效组织和表达文物知识，实现数据入库后的原存档数据的关联标记，扩展数据的标签属性，深度挖掘文物价值，提高文物数字资源资产应用价值。

3.建设数字政府管理体系，提升业务协同管理能力

由于政府部门和业务单位的数据交换共享水平低，影响协同能力，配套机制不完善，数据接口标准、数据管理规范不统一，数据多头采集难归集等，在客观上为数据交换共享造成了阻碍。

通过出台数据共享标准或技术规范，逐步有序推进各业务领域数据标准，为业务共享协同提供重要数据基础，提升全流程一体化在线服务平台功能，能够加快构建数字技术辅助政府决策机制，深化"互联网+政务服务"，促进政府运行方式、业务流程和服务模式数字化智能化。

4.构建文物数字孪生体系，推动行业数字转型升级

2018年9月，位于里约热内卢的巴西国家博物馆遭遇大火，馆藏的2000万件文物中90%被焚毁。巴西博物馆大火给文物保护工作的启示，在加强做好博物馆消防安全工作的同时，加强文物的数字化保护工作显得尤其重要。

数字孪生技术就是真实世界物理资产的虚拟拷贝，具有和真实物体的外观、物理特征、逻辑和实时状态等属性一致的特点，能够作为真实物体的替身进行虚体测试和实体创新，也能够做到真实物体所做不到的事情。通过数字化保护，采集高精度文物实体数据，建成文物高精度数据库，现存、破损、毁坏的文物可以通过数字孪生还原，现存的文化文物也可以通过数字孪生更好地保护延长生命周期。通过数字孪生技术手段实现对文化遗产和藏品的客观、完整的数字化存档，实现真实有效的展示。

5.对接国家大数据库战略，促进文物资源活化利用

国家层面高度重视大数据，出台相关文件推动实施国家大数据战略，推进数据资源整合和开放共享，保障数据安全，加快建设数字中国，更好服务我国经济社会

发展和人民生活改善。

建设国家文物资源大数据库，能够实现文物数据与自然资源、应急管理、外交、公安、教育、交通、水利、气象等部门的交换，为部门间的协同管理提供数据支撑，协同保障文物安全，促进中华文明的推广传播。实现文物数据向社会及民众的开放共享，利用众包众创模式，实现文博行业数字经济的发展。

（四）工作计划

准备阶段：组织开展数据资源调研，走访调研中央信息化主管部门、部分中央单位数据中心（信息中心）、局机关各司室及直属单位、有关高校和研究机构、大型数据和互联网企业、部分地方文物局及文博单位等，系统梳理各单位存量数据资源，建立存量数据资源目录，明确各单位"十四五"期间数据资源建设与应用需求，纳入国家文物资源大数据库建设规划，编制调研报告，起草项目可研报告。

第一阶段：将国家文物局机关及各直属单位独立运行管理的存量数据资源，在不影响原有业务基础上进行数据汇集，实现存量数据集中存储管理，建设完善以可移动文物、不可移动文物、文博机构为核心的国家文物基础数据资源库，初步建成全国文物资源"一张图"，实现数据统一查询和展示；启动数据标准制定工作。

第二阶段：完成文物资源大数据体系设计，将文物资源空间信息纳入国土空间基础信息平台，优化升级全国文物资源"一张图"，实现数据可视化决策分析驾驶舱；研发国家文物资源大数据管理平台，持续开展数据资源汇集管理、关联标注，支持文物数字化保护高清数据汇集，健全数据管理和开放共享机制，为文博行业管理与文物保护提供大数据服务，支撑数字政府管理体系建设，促进政府治理体系和治理能力的现代化，推动文物数据资源开放共享服务；开展专项业务支撑应用示范。

智慧博物馆不仅是一项系统工程，一段发展过程，更是一个思想统领，引领和支撑博物馆各项功能的更好实现与创新发展。智慧博物馆的范畴包括智慧保护、智慧管理和智慧服务三方面，缺一不可。智慧博物馆涉及博物馆的各项业务，用智慧化的理念、技术、方法融合起来，以"耳聪目明""身强体健"的智慧管理为起点，进而达及"运筹帷幄""反应灵敏"的智慧保护和"融会贯通""善解人意"的智慧服务，做到全面透彻的感知、宽带泛在的互联、海量互通的数据、精细准确的运算、智能融合的应用，使保护则延年益寿，管理则精准规范，服务则细致体贴。

面对新时代人民美好生活的需要，博物馆要通过供给侧结构性改革，以智慧化手段推动高质量发展，向社会提供更多优质文化产品和服务。在保障文物安全和知识产权的前提下，要打破博物馆"围墙"，主动公开馆藏文物信息资源，加大文物知识研究、解读、授权力度；要加强馆际协作，制定统一的智慧博物馆内容、技术和服务规范,搭建交互平台,推动互联互通和共建共享;要与高等学校、科研机构、新闻媒体、IT公司、文创企业联合,以博物馆建设的有机需求,推动学科建设、理论研究、知识普及、技术研发、创意开发与时俱进,服务实际;要以新技术手段、互联网思维、个性化路径,感知公众需求,扩大公众参与,从而逐步实现馆内资源与馆际资源、社会资源的高度聚合,文物信息内容与新一代信息技术、融媒体的深度融合,博物馆文化事业与文化产业发展的广度契合,营造让文物活起来的良好环境,共同构建博物馆智慧化发展的新格局。

作者简介:张喆,中国文物信息咨询中心副主任、纪委书记。

智慧博物馆及其国际传播与合作

白 杰

智慧博物馆是当下业内外热议的话题。如果将智慧博物馆这个组合词的两部分分开，近年来，人们似乎对智慧的解读远多于对博物馆的解读。笔者希望从这个话题出发，尝试对智慧博物馆的国际传播与合作命题进行辨析。

一、对博物馆社会角色的反思

（一）从词源看博物馆作为智慧的化身与教化的场所

研究博物馆一词的词源及其初现时的样貌，可以得出以下结论：首先，文艺也好，美术也好，哲学也罢，这些都是人类智慧的结晶，博物馆保藏和呈现的是承载人类智慧结晶的物证。所以，博物馆与智慧有着不解之缘，或曰博物馆一词本身就自带智慧的含义。其次，博物馆是一个研究的场所，研究的目的是深究智慧的真谛与成因，阐发"智慧"是博物馆的核心角色。再次，博物馆是"讲学说道之处"，讲学说道的目的既是为了真理的越辩越明，也是为了社会的启迪开化。博物馆自诞生之日起就扮演着重要的社会角色，与社会发生着直接的关联。

（二）从社会变迁看博物馆的自我革命

变迁是人类社会核心命题之一，不变迁就只能在人类进化历程中被淘汰。如果从社会学角度解构博物馆从草创到定型以至不断发展的历程，至少可以看到社会变迁给博物馆带来了四个维度上的改变。

其一，是社会关系变迁。这对于博物馆的影响至为深远。百多年前，博物馆前辈曾昭燏、李济两位先生就发现："至19世纪，博物馆转变到一新时期，即从奇珍异宝之收藏处成为研究学术之场所与教育中心。在21世纪中，尚有两重大之事：一即博物馆之国际化，藉博物馆以促进世界科学、工艺与美术之发展，证明观察教育之功效；一即博物馆之完全公开。"这说明，到了19世纪，博物馆从社会关系角度，已从关联部分社会群体到关联整个社会和关注整个世界。这对于博物馆来说，无疑是具有革命性的。

其二，是制度变迁。有关现代博物馆的制度变迁，笔者认为有三件事影响深刻且深远。一是1836年丹麦人克里斯蒂安汤姆逊（Christian Thomson）出版《汤姆逊分类法》，提出三纪式（Three Age System）科学分类法，奠定了现代博物馆在收藏与展示方面的制度基础。二是1852年纽伦堡的德国博物馆"设有史前、罗马时代及德国时代三部门，其陈列品分类为法治社会、教会生活、战争、农业、手艺、美术及科学等项，可以一目了然"，奠定了现代博物馆在科研与展览规范方面的制度基础。三是1907年美国波士顿美术馆设立讲解员制度，标志着"博物馆在教育的立场上，亦已更进一步了。"

其三，是结构变迁。1890年，瑞典斯德哥尔摩的北欧博物馆率先将具有历史与民俗价值的140余座建筑物建成为归其管辖的斯根森户外博物馆，这是世界上将不可移动文物建为博物馆的最早案例，带动了博物馆结构变迁，博物馆人目光开始投向不可移动的文化遗产上。这同时对日后的博物馆人留下了伏笔，启发着思维。

其四，是工具变迁。随着博物馆对社会的深度融合，其与社会变迁关联度的日渐紧密，博物馆服务公众、参与社会的冲动与社会需要本身都愈发强烈起来。这要求博物馆有更多参与社会生活、甚至影响社会治理的工具，直接导致了博物馆关联社会的手段与方法的变迁与创新。如1925年美国诞生的最早的路旁博物馆，1899年创办、1928年扩建的最早的儿童博物馆——美国布鲁克林儿童博物馆，美国最具代表性的教育博物馆——圣路易斯学校教育博物馆，以及被誉为"利用博物馆推进学校教育最彻底的博物馆"——费城商业博物馆。这些都是博物馆在适应时代、参与社会变迁中完成的工具变迁。

综合来看，四个变迁本身也已被历史证明，不仅有益于社会变迁与时代进步，更有益于博物馆自身的成长与进步。

（三）从百年探索看中国博物馆人的致力与追求

应该说，中国博物馆走过的百余年道路，实属不易。从1868年中国出现了博物馆，到1905年张謇创建南通博物苑；从1925年中央政府举办故宫博物院，到1934年中国共产党人在创业艰难之际组建中央革命博物馆；从1949年全国仅有博物馆21座，到2021年全国备案博物馆6183家，排名全球前列。5605家博物馆实现免费开放，占比达90%以上。

党的十八大以来，党中央高度重视中国博物馆事业发展。中央领导人多次就博物馆事业做出重要指示批示和讲话，高位引领成为中国博物馆事业发展进入中国特色社会主义新时代后的显著特征。

2020年4月，国际博物馆协会（ICOM，以下简称"国际博协"）调查结果显示：疫情期间全世界8.5万座博物馆闭馆。

而据中国方面对国内博物馆的不完全统计，2021年全国博物馆举办展览3.6万个，教育活动32.3万场。虽受疫情影响，全国博物馆仍接待观众7.79亿人次。策划推出3000余个线上展览、1万余场线上教育活动，网络总浏览量超过41亿人次。

通过对上述三个层面的梳理，不难得出如下推论：第一，博物馆与智慧天然相联。第二，博物馆是社会关系中的一环，适应着社会，也在社会变迁中发展变迁。第三，百多年来，中国社会的变迁与中国博物馆人的努力造就了中国博物馆的发展轨迹，中国博物馆在中国社会，乃至地球村中扮演着重要角色。

如果对这三个推论进行更进一步的思考，即：博物馆的智慧源于什么？博物馆如何在加速的社会变迁大潮中不迷失自我？中国博物馆如何在中华民族伟大复兴和人类命运共同体建构中扮演好时代赋予我们的应有角色？这些问题都是每一次讨论智慧博物馆建设及其国际传播与合作前，必须明了的前提。

博物馆的智慧源于其最为核心的基础性功能——收藏，即其保藏并致力于使之延长寿命、传之久远于后世的社会遗产——人类生存及其环境的物证。离开了这个，博物馆就不是博物馆了。

博物馆核心价值是保存传承好物、阐释传播好人，为此，博物馆必须不断提升自身的能力建构。藏品、公众、博物馆治理能力三者的叠加，是博物馆在社会变迁的大潮中不能迷失的自我。

包括国际传播与合作在内的新时代博物馆的建设与发展，只有基于博物馆核心功能、体现博物馆核心价值，才是博物馆的社会角色担当。

二、博物馆社会化历程中的智慧博物馆

（一）博物馆国际定义的变迁

20世纪30年代，陈端志先生给出的通俗定义"博物馆乃保存最足以说明自然的现象和人类的业绩等物品，利用之以为民众知识的向上和文化事业发展的一种设施"，是早期的中文定义。陈先生的博物馆定义言简意赅，意明义达。物品、民众、利用，是定义中的关键词。

当下通用的博物馆定义为国际博协的2007年官方版："博物馆是一个为社会及其发展服务的、非营利的常设机构，向公众开放，为研究、教育、欣赏之目的征集、保护、研究、传播、展示人类及人类环境的有形遗产和无形遗产。"

从1946年国际博协组建（这一事件的意义在于博物馆从一个个自组织建构起了更高层面的组织体系）后首次发布定义到当下通用版，其间共经历了8次修订，每一次博物馆定义变迁都是博物馆应对时代变迁进一步社会化的印记，都能看到博物馆追求组织权力制度化的历程。这一历程在2007版定义融入了联合国教科文组织的语境影响后，有了更为突出的显现。但不容置疑的是，经历时代变迁与社会变迁的博物馆，不变的仍然是其本质特征与根本角色（区分于他者的专业性），变的只是社会化的情境与应对社会化的能动（社会变迁中的可及性）。

（二）致力于主动传播意愿契合上技术革命的脚步

1.顶层推动下的制度变迁

顶层推动下的制度变迁具体表现在两个方面，一是学术界对智慧博物馆的学理推动。2012年，张遇、王超最早以学者身份介绍了"智慧博物馆"。2015年，宋新潮给出了智慧博物馆的基本概念和分析框架。

二是国家层面对智慧博物馆的宏观推动。2014年，国家文物局在全国范围对7家博物馆开展智慧博物馆项目试点工作。2016年12月，国家文物局出台《"互联网+中华文明"三年行动计划》，智慧博物馆成为国家支持计划。2021年5月，中宣部等九部门联合下发《关于推进博物馆改革发展的指导意见》，指出要大力发展智慧博物馆，以业务需求为核心、以现代科学技术为支撑，逐步实现智慧服务、智慧保护和智慧管理。

2.对藏品资源再认识下的结构变迁

在数字博物馆建构过程中，各馆对藏品资源数字化的普遍实践，使数字藏品资源的价值得到普遍认同。博物馆的藏品具有唯一性和不可再生性。文物工作者的使命是尽最大可能延长文物的寿命，核心是要将文物承载的人类文明记忆永续

相传。数字化技术恰恰与这种诉求相匹配，一方面成为保护修复的技术工具之一，一方面成为文物资源管理的手段之一，最为可贵的是找到了永续相传的最大可能。近二十年来，博物馆藏品数字化都是主要负责人最为关注的工作，主要体现在藏品本身数据的数字化、易损文物的数字化呈现、藏品关联知识信息的数字化等三个方面。这要感谢敦煌研究院的首创与带动，他们自20世纪80年代就开始了数字化保护工作，"数字敦煌"项目是我国智慧博物馆数据库建设的经典案例。

基于自身数字资源采取类博物馆建构的数字资源持有机构，其在公众传播与治理能力上体现着博物馆的社会角色价值。数字技术应用于藏品研究，不仅可以多维近观，还可囊括所有相关信息，包括全世界所有研究这件藏品的论文索引和与该藏品相关的文物信息。至关重要的是，这些信息在网站上全部公开。"十三五"时期，正是依托了数字技术和第一次全国可移动文物普查的工作成果，首都博物馆才得以实现馆藏文物信息向全馆科研人员开放、每年将1万件左右的经过整理的藏品文物信息向社会公开和每年举办临时展览的上展文物信息与国内同行分享研究成果。让藏品资源回归社会和让藏品研究国际合作，应该是未来中国博物馆人的努力方向。

3. 适应时代、参与社会变迁中的工具变迁

"十三五"以来，博物馆数字化展厅与数字博物馆的出现如雨后春笋。各个博物馆都在不同程度上与物联网、云计算、大数据、5G、区块链等革命性新技术发生着碰撞与结合，催生出全国范围内、世界范围内智慧博物馆建构的生动实践。这为理论思辨及更好地推动实践奠定了基础。

综上，智慧博物馆在当下社会变迁中，已然形成百花齐放的局面，并且不容置疑地代表着博物馆的发展方向。然而有两个问题需要我们冷静面对。一是微观上的发展节奏不统一是当前时代下的客观必然。当前博物馆人对建构智慧博物馆的思想和行动，应该说是统一的；而其各自受限的是其所处的客观发展阶段、当下目标追求和可以争取到的外部支持条件。

二是热潮下的行动自觉，需要做到与博物馆核心功能与核心价值的时时对标与对表。热潮下更需要冷思维，以避免行为上对初心的背离或偏轨，既要避免南辕北辙，更要避免盲目跃进，这需要决策上的实事求是与落实上的脚踏实地。作为博物馆人，我们既要用好智慧博物馆这个工具，又要谨记苏东海先生的警示，"博物馆需要新技术，但不要技术主义。"

三、智慧博物馆建构阶段的国际传播与合作

从首都博物馆的"十三五"时期实践看，博物馆不仅担负着代表国家讲好当下中国故事的国家使命，也担负着推动构建人类命运共同体的全球使命。进入智慧博物馆发展阶段，从中国博物馆的现实实践来看，都存在着在藏品保护、展览展示、公众传播、内部管理、联接世界等五个方面的心理预期和内在追求。

但是，由于中国博物馆的整体发展不均衡，各自处于不同的发展阶段，即便同为省级博物馆也是如此。各省级馆皆有其突出之长，亦皆有其格外之短，也面对着不同的区域发展条件与区域社会需求。这些都需要各馆必须在智慧博物馆建构及其国际传播与合作上，因地制宜，因势利导，因可能做可为，因考量择重点。

（一）首都博物馆的"十三五"实践

1. 抓三个方面

（1）依实力稳国际传播：传统方式不能废

博物馆的国际传播，从受众和目标上看，可以分为大众传播和专业传播。专业传播体现着博物馆的行业性特点是得到业内认可的重要方式。

2002年，首都博物馆与日本东京都江户东京博物馆、韩国首尔历史博物馆共同发起"中日韩国际博物馆学术研讨会"机制，每年一次在三国的城市博物馆举行，坚持至今，成为品牌。如2017年在东京举办时，配合了首都博物馆与江户东京博物馆共同策划的城市对比展"十八世纪的东京与北京"。同样，2018年在首博召开第17届研讨会时，此展再次在首博举办，所不同的是这次是东京文物来到北京。这次研讨会的主题被确定为"资源共享与学术联合——'首都学'语境下的博物馆'超级链接'"。虽是传统方式下的学术研讨会，但主题却是应对网络时代推动博物馆国际合作，且在网络传播扩大上做足了文章。

（2）依形式广国际传播：要让受众读得懂

博物馆本就是跨文化交流的平台。"博物馆是保护和传承人类文明的重要殿堂，是连接过去、现在、未来的桥梁，在促进世界文明交流互鉴方面具有特殊作用。"智慧时代世界公民了解中华文明的重要窗口是博物馆，而其连接中国博物馆的第一通道是网络。

2018年春节，在这个传播中华文化最好的时点，首都博物馆独立于中文网站、由国际合作部负责运维的英文官网正式上线。"十三五"期间，首博英文官网共推出1000余条信息，页面日均点击量为241768次，日均页面浏览量达150178次，日均访问量达53425次，受众覆盖超过100个国家和地区，其中美国、日本、加

拿大、罗马尼亚、英国、澳大利亚等个国家和地区受众居于访问量前列。博物馆通过建构自身的英文官网，主动与世界博物馆受众搭建交流互动渠道，在直面交流中，以互联网为媒扩大国际影响力。

（3）依合作开展国际再传播：以进主流入高端为追求

国际化战略是《首都博物馆"十三五"时期发展规划》明确提出的"六大战略"之一，为此，首博制定了落实该战略的具体实施计划和工作策略。截至2020年底，首博完成了除南美洲外的国际友馆布局，与世界上20家知名博物馆建为友好姊妹馆，在"十三五"时期完成互访交流，而更为频繁的学术交流、信息沟通、经验分享则是通过互联网平台实现，通过"馆相连、人相知"为长期合作夯实了基石。进入"十四五"第一年的首个国际展览是结合中秘建交50周年策划的秘鲁安第斯文明主题展，则是两个五年规划间的无缝衔接。

依托各个国际友馆的传播平台，首博的信息、藏品、知识生产实现了"借船出海"，并且依托这些友馆的国际影响力及其与当地受众的黏性，在二次传播中实现了进主流、入高端，扩大了在当地社会和受众间的认知度与认可度。如2017—2018年间，首博与波兰佛罗茨瓦夫国立博物馆，先后在对方博物馆举办了"晚明时期的中国人生活"展和"重生：巴洛克时期的西里西亚——波兰佛罗茨瓦夫国立博物馆馆藏精品展"，首博在波兰推出的展览不仅在三个月的展期内吸引了波兰和欧洲地区的受众参观，展览期间波兰友馆的网站和首博英文官网的欧洲地区点击率都明显攀升。在处于展期间的春节，两馆主要负责人通过视频连线，共同举办线上的对方城市文化主题家庭社教活动，两地市民家庭通过连线共同参加一场由两个国际化博物馆联合举办的活动，了解对方市民、理解对方文明，这些都对推动建构人类命运共同体，发挥着水滴穿石的润物之效。

2. 谋三个重点

"十三五"时期，首都博物馆面临着一次重大发展机遇，即结合建设北京城市副中心的国家战略，建设位于副中心的首博东馆（北京大运河博物馆），既要做好东馆的智慧博物馆建设布局，更要同步提升本馆的智慧化水平。为此，首博确定了三个工作重点。

一是智慧服务，让观众共建"首博，我的博物馆"；二是智慧保护，建成现代化京津冀文物协同保护中心；三是智慧管理，让一馆多址的首博成为新时代标杆。

（二）对当下症结的反思

1. 微观上的谋划

对于在深化智慧博物馆建设的当下各博物馆，在制定规划、谋划发展的过程中，首先需要提醒自身的是博物馆的初心使命，需要紧跟"保护第一、加强管理、挖掘价值、有效利用、让文物活起来"的新时代文物保护工作方针。此外还应做到三个不动摇：要不动摇于"为了物"+"服务人"，莫偏离于博物馆初心；要不动摇于"博物馆+"，莫偏离于自身实践与发展阶段；要不动摇于永远在路上，莫偏离于实事求是这一世间真理。

2. 宏观上的建构

（1）重视整体性改革：顶层设计的核心性

20年前，吕济民先生作出有关"当前最要紧的是要建立全国统一的整体博物馆现代管理体制"的论述，20年后，依然是当下的写真。这充分说明国家层面的顶层设计重要性："实施全国各系统各行业博物馆的统一宏观管理"，整体规划博物馆建设、布局博物馆设立、统筹博物馆资源，真正发挥出博物馆社会功能的倍增效应，让我们国家的制度优势转化成博物馆作为社会子系统的内生动力，形成指导各系统各行业各类别博物馆的上位协调统一的领导体系，进而对每一个博物馆明确政治要求和业务标准。

从地方层面，各省、市、县也应该将博物馆纳入社会建设领域进行整体布局，发挥好博物馆的社会功能和资源效应。以北京为例，北京在规划城市副中心建设时，同步规划建设首博东馆就是基于城市社会的功能需要，而2019年出台的《北京市公共文化服务体系示范区建设中长期规划（2019年—2035年）》则明确提出了北京建设博物馆之城的目标任务，作为地方博物馆主管部门的北京市文物局也正在编制博物馆之城建设规划。

只有纵向管理体制统一和横向社会空间布局两大要素的经纬交织，才能实现博物馆治理的宏观架构和顶层支撑。

（2）重视差异化发展：特色鲜明的重要性

能否将博物馆办出特色，其实正是博物馆治理能力现代化的一个重要表征。博物馆领导班子，当前最为需要的是科学规划意识。首博的"十三五"规划，品牌化战略是规划中的重要支撑，于是围绕"解读灿烂中华、品鉴智慧北京、世界文明互鉴"三大序列布局年度展览计划，才有了"故宫文创、首博展览"的社会公众共识。国际化战略是规划中的重要安排，前文所述的首博英文官网从无到有，从有到大；国际友馆从日韩到亚洲，以至2020年完成除南美洲以外的整体战略布局，即是按规划推进的成果。而"十四五"开年的首个外展以南美历史文化为主题，实现了两个五年规划的衔接。

博物馆制定规划的必要性本身就说明每一个博物馆具有差异和处于自己特定的发展阶段上，制定规划和执行规划把握的核心恰恰就是对自身定位的分析、确定与认同，就是要制定适合自己特点和发展阶段的时间表、路线图；作为主责人，重要的是要规划出对制约本馆发展的关键问题与特殊难点提出攻坚克难的思路与步骤。这一点，在顶层设计尚且不足的现阶段，显得尤为关键，而"等"和"拖"绝不是策略，更不是当代中国博物馆人应有的思维逻辑。

（3）重视能力上提升：持续发展的关键性

博物馆治理能力现代化关键在人。每一时期的中国博物馆，都有其自身的历史使命与责任担当。当下中国博物馆人尤其需要提升四种能力：一是提高政治站位的能力。我们所面对的每一个问题，其实都存在提高政治站位问题，都存在如何从政治上想问题、谋思路、求效果的问题。实现博物馆人的使命，要求博物馆人必须传播社会主流价值观，必须是社会进步与团结的促进者，而不能是社会偏激与撕裂的支持者甚或同情者。作为一个博物馆，社会利益、国家利益、人类文明交流互鉴永远是至上的追求。

二是把握发展定力的能力，具体体现为坚守不变、时代应变与改革攻坚。坚守不变是指作为博物馆人接续奋斗的初心不能变，坚守的职业道德准则不能变。时代应变是博物馆人必须顺应时代发展、自身不断变革，在适应时代、采取社会认同的接受方式中实现自身社会功能并能动地促进社会进步的历程。改革攻坚也就是面对吕济民先生所说的"提高博物馆整体管理水平"问题，博物馆人唯有攻坚，唯有拿出最为合理有效的改革方略并付出更多的心血，方可找到解决问题的突破口。

三是多维度的学习能力。博物馆是文化教育机构，但博物馆教育绝不是趾高气扬的权威者说教布道，而是通过向社会公众学习，从公众中找到服务其自主学习的工具，而使社会公众可以将博物馆作为其终身获取知识和感悟人类文明与智慧的殿堂。这始终是笔者心中不灭的追求，而做到这点首先需要我们主动并善于学习，具备和不断提升自己的学习能力，这也是博物馆人终身从业的基础课程。

四是多领域的合作能力。博物馆"最复杂不过"，不仅直接面向社会、公众，而且涉及多个学科领域，在事业推进中又千头万绪，因此需要具备多领域合作能力。资源的叠加与融合可收获"1+1>2"的成效。特别是在网络数字时代，当我们依托这些具有时代烙印的新资源、新平台时，往往不仅找到了实现目标的路径，也从公众的获得感中更大程度地实现着我们的初心与追求。

博物馆人终究是要改造环境的，这是博物馆的使命使然，而这一切的前提，需要在我们这代博物馆人手中，将智慧博物馆建设得更好，并在这一过程中，担当国际使者，讲好中国故事，推进文明互鉴，为人类命运共同体建设作出贡献。

作者简介：白杰，中国博物馆协会副理事长、北京市文物局副局长。

参考文献

1. 曾昭燏、李济：《博物馆 中国博物馆学历史文献选编（第一辑）》，文物出版社，2018年。
2. 陈端志：《博物馆 中国博物馆学历史文献选编（第一辑）》，文物出版社，2018年。
3. 陈端志：《博物馆学通论 中国博物馆学历史文献选编（第一辑）》，文物出版社，2018年。
4. 吕济民：《中国博物馆史论》，紫禁城出版社，2004年。

文物资源智慧化融合创新平台建设方案

袁谊生

《中华人民共和国国民经济和社会发展第十四个五年规划和2035年远景目标纲要》中，关于文物工作内容篇幅明显增加，权重更为凸显，两次提到"博物馆数字化"，文物科技创新首次被写入国家规划。特别是国务院办公厅印发的《"十四五"文物保护和科技创新规划》和国家文物局印发的《文物安全防控"十四五"专项规划》进一步明确要坚持始终把保护放在第一位的基本原则，严守文物安全红线，确保文物本体安全，维护文物周边环境安全，提升全社会文物保护法治意识。

在多重政策引导叠加下，全国文博体系将文物资源数字化建设提上了新的高度，文物资源智慧化融合创新体系建设也展开了新的篇章。

一、文物资源智慧化融合创新平台设计思路

文物资源智慧化融合创新平台建设应充分运用互联网、大数据、云计算、人工智能等新兴信息技术，从供给端、云端、应用端进行整体布局，以加强文物保护和创新应用为出发点，全面推动文物资源数字化采集、存储、保护、使用、消费全流程的融合创新，为让文物"活起来"提供平台支撑（图1）。

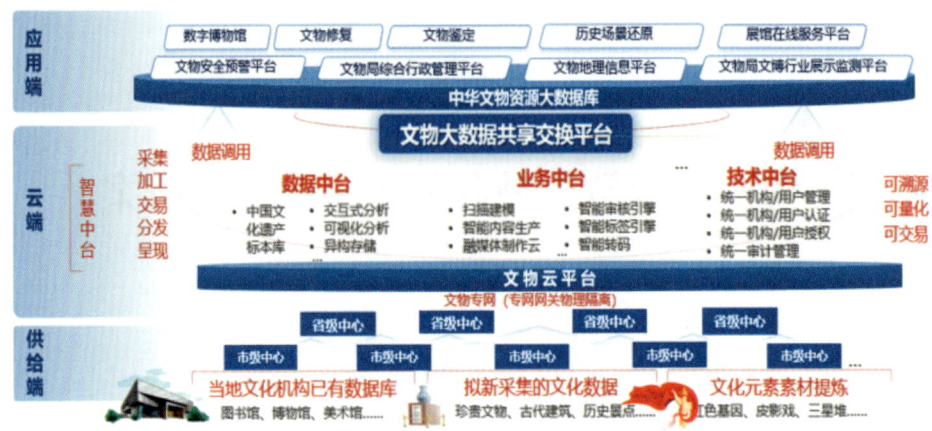

图 1 文物资源智慧化融合创新平台架构图

"供给端"包括建立统一规范的文物资源数字化标准和规范,支撑利用先进的摄影、三维、遥感等技术手段对各地物质文化遗产和非物质文化遗产分类进行数据采集,并通过文物资源大数据交换共享平台实现对文物资源大数据的常态化采集和汇集管理,最终形成统一标准规范的文物资源大数据库和检索监管规范。

"云端"包括合理布局并分级构建文博馆、区域级数据中心集群和智能计算中心,自上而下搭建国家、省、市、馆四级分布式云中心,并以布局合理、结构优化、文物安全、特色鲜明、体制完善、功能完备的文物资源大数据为核心,构建数据中台和业务中台及技术中台,以实现对文物数据资源的存储、加工、分发和呈现的支撑,对数据溯源、数据量化和数据交易及应用创新的支撑。

"应用端"是让文物活起来的应用创新,包括对基于文物大数据资源的信息消费,文物的安全保护,文物的认定鉴定,文物的信息发布,文物的检索查询等。

二、建设数字化标准体系是实现文物资源智慧化创新的重要基础

从法律和政策层面上看,建设国家文化大数据体系已经得到了国家强有力支持。2021年1月,中国公共关系协会国家文化大数据产业联盟发布了《国家文化大数据标准体系》(以下简称《标准体系》),明确了国家文化大数据体系核心术语定义、文化大数据产业生态、标准体系结构图、标准编号规则、标准明细表、标准统计表和标准体系表编制说明等内容。

2021年10月，在中国文化计算大会上，国家文化大数据体系建设的11项相关标准正式发布，涵盖国家文化大数据标准体系、文化数据服务、文化体验设施、技术及装备、文化遗产数字化采集技术等多个环节。不仅填补了我国在文化大数据服务标准化领域的空白，还具有很强的产业支撑能力。

关于文物资源数字化标准体系建设，首先要以已制定和发布的文化大数据标准体系为基础，然后进一步结合文物资源大数据库在采集流程、云平台建设和底层技术使用上的特点，建立更加细化的文物资源数字化标准体系。2022年6月，国家文物局办公室已发布的《"十四五"文物保护和科技创新规划》，就进一步明确了加强文物行业标准化建设。

文物资源数字化标准体系要遵循国家文化大数据的标准体系原则。在文化方面，《标准体系》主要完成了与文物保护（WW）、新闻出版（CY）、广播电影电视（GY+DY）、文化（WH）、档案（DA）、旅游（LB）等领域标准及其标准体系的衔接；在IT和数据技术方面，主要完成了与通信（YD）、电子信息（SJ）等领域标准及其标准体系的衔接；在文化体验设施方面，主要完成了与建筑行业（JG、JC、CJ）领域标准及其标准体系的衔接。在国际标准化方面，主要与ISO/IEC JTC1、ITU-T、IETF等相关组织的信息技术、数据资源编码等标准及其体系实现了有机衔接。

文物资源数字化标准体系建设不是一蹴而就的，应该是一个循序渐进，逐渐完善的过程。从文物大数据库建设的流程上来看，从采集端、云端、应用端的每一个步骤都应该进行细分化、标准化、规范化。

采集端，参考《中国文物古迹保护准则》（ICOMOS CHINA，2015年）、《馆藏文物登录规范》（WW/T0017-2013）等文物行业现存的标准，并不断对文物资源规划立项的标准、文物古迹认定标准、文物古迹等级评定标准、高新技术使用标准、文物古迹信息登录标准、文物数字化保护标准等进一步进行完善，此外还要依据相关标准对文物古迹的数字化建立标准元素、制定指标标准、维度标准和基础数据标准，实现数据的完整性、有效性、一致性、规范性、开放性和共享性管理，提高文物资源大数据库治理水平。

云端和应用端，建设更加注重业务和技术的应用标准，并根据文物行业的具体业务场景进行不断补充、健全。包括云平台的服务中心技术要求、服务平台技术要求、体验设施技术要求、网关技术要求、数字化内容生产技术要求、数据交换技术要求、文物数据安全技术要求、文物古迹数据源分类与代码要求等整个云端建设的每个关键点，都要与整体体系建设一致，达到统一标准、指导建设的目标。

建立健全文物资源数字化标准体系，可以有效汇聚文物资源在不同环节产业的优势资源，提高文物大数据体系建设和运转效率，以文博行业作为着力点，更好推进国家文化大数据标准体系的建设。

三、创新供给端采集方式是实现文物资源大数据采集常态化的新起点

我国文物资源数据已有一定基础，并不是从零开始。"十三五"期间，我国已经完成了第一次全国可移动文物普查，登录国有可移动文物1.08亿件（套），并已基本完成故宫、国博等文化机构数据库的建设工作。在"十四五"期间，将在现有的文物资源建设基础上，继续引入先进的数字化采集技术，进而不断完善文物资源大数据库体系的建设。从形式上来看，文物资源的类型分为物质文化遗产和非物质文化遗产。

（一）物质文化遗产的数据采集和保护监管

物质文化遗产又可分为不可移动文物和可移动文物。针对以兵马俑、石窟为例的不可移动文物，所采用的主要数字化技术有以摄影与计算机技术相结合的壁画二维图像数字化技术、以激光扫描为主的洞窟结构和雕塑三维重建技术、以遥感测绘和倾斜摄影为主的大遗址三维重建技术等。针对馆藏字画、雕刻壁画等平面文物，首先要利用图像采集技术，采集其完整的图像信息，再经过后期的图像修复处理，形成完整的图像档案。针对雕塑、器具等三维文物，需要利用三维扫描技术，完整获取文物的三维信息和纹理信息，经过三维建模，形成文物的三维立体模型。

先进的数字化采集是当下国内外热门的研究领域，涉及多个交叉学科，并且在国际上日益得到更多重视。目前国内比较先进的数字化采集方式除正向建模（计算机三维设计）外，还有逆向建模方式，即扫描建模。三维扫描技术对真实存在物体进行扫描，获取该物体空间几何信息，对其数字化处理后可导入三维设计软件中进行后期处理和加工。其中，激光扫描建模、深度相机建模、照片建模、光场建模是目前使用最多的4种主流建模技术。正是这些先进的数据采集技术的应用，让文物资料可以完整、准确、真实地永久保存，形成可存储的文物资料数字档案，为文化产业发展提供丰富的原始素材。

（二）非物质文化遗产的数据采集和权益保护

非物质文化遗产的数据采集、数据库建设过程，就是对非物质文化遗产保护的过程。一般而言，这包括两方面的内容：其一是要整理出非物质文化遗产项目的文本信息，包括发展历程、区域特征、代表作品、文化意蕴、工艺流程、典型场景、

传承人等内容；其二是要建立影像、图片资料库，通过广泛收集有关非物质文化遗产项目影像、图片资料，包括关于项目研究的学术文献资料的图片、影视宣传资料等，在此基础上进行整理、分类标签入库。

非物质文化遗产具有多样化、分散化、民间化的特点，文字文献所占的比例不高，以技艺人为主要传承手段的内容则占有重要的地位。由于非物质文化遗产传承具有"人本"属性，将"人"作为基本的研究对象，更多重视"人"的因素，挖掘附着于"人"之上的非遗文献信息。所以在数据采集上，主要是对文献记录、影像资料、技艺传承人进行采集，并以项目立项记录、影像存储、非遗传承人认定保护等形式建设非遗数据，充分提现"人本"的属性。

四、建设全国一体化的文物云是实现文物资源智慧化融合创新的重要支撑

云端建设是采集端到应用端的枢纽部分，是让整个文物资源大数据体系能够统一运行的重要环节，是智慧化融合创新平台建设的核心。

文物资源智慧化融合创新平台建设应采用分布式云的建设模式，针对部署在不同地理位置的分布式算力中心节点，按照"1+N三级分布式云模式"进行统筹部署。以"国家文物云"为中心，分级建设"省级文物云""地市文物云"和"馆边缘云"，形成规范的全国一体化文物资源大数据云平台体系。分布式文物云平台的建设对于深化文物保护利用改革，推进文物保护治理体系和治理能力现代化，借助新科技手段弘扬中华文明，传承历史文化，维系民族精神，具有深远意义。

一体化文物资源大数据云平台由数据中台、业务中台和技术中台三大中台的强大能力进行支撑。

（一）文物资源大数据云平台数据中台建设

文物资源大数据的数据中台（图2），将供给端采集得到的各种"可移动文物数据、不可移动的文物数据、非物质文化遗产数据、行业/法规/市场/竞品/环境数据、监测/修复设备数据"等各类文物数据源，通过交换共享平台进行"资源目录管理、可信数据交换、数据服务聚合、交换共享监控"等处理，在大数据基础平台上进行数据的云计算、云存储和 AI 数据科学处理，最终形成文物数据资产库，以"原始库""主题库""专题库""知识库"等不同形式对文物数据资产进行呈现。

数据中台的开发能力和数据赋能能力，让文物大数据的应用得以实现，文物资源运营指挥中心就是一个很好的应用场景。文物资源运营指挥中心，通过数据中台对文物大数据的智能分析与决策，提供数据处理结果展示，通过搭建系统大屏，可

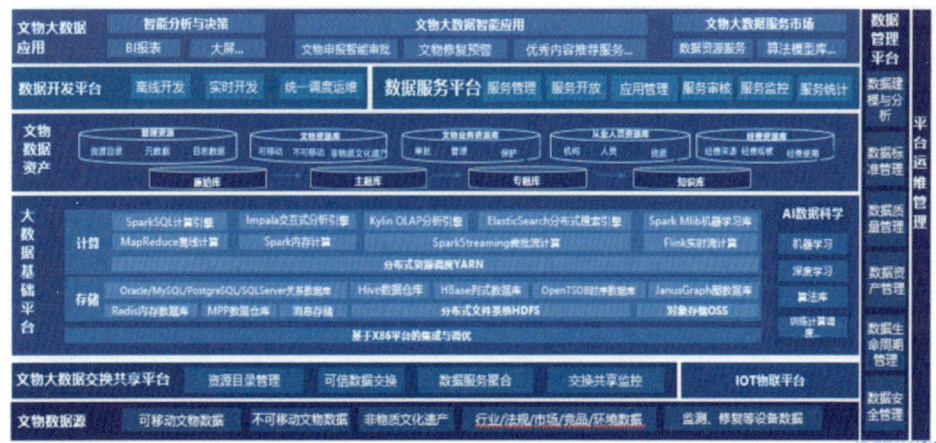

图2 文物资源大数据云平台、数据中台架构图

以宏观揭示文物发掘、保护和管理现状，掌握文物历史文化推广热点，实现文物资源大数据体系整体的实时监控和管理。

浪潮的文物大数据平台的建设和运维能力在业内一直处于领先水平，为中台建设提供可靠的安全保障能力，提供主机、网络、硬盘、中间件、应用等的全方位监控，应用宕机支持秒级自动恢复，提供日志追踪、URL安全控制、防SQL注入等功能，为系统安全运行保驾护航。通过云平台和数据中台的构建，实现计算及存储资源、支撑软件、应用软件、网络服务、安全服务、容灾备份等的统一规划、统一建设、统一运维、统一管理，实现信息化基础设施的绿色集约化建设，有效减少重复投资、降低建设和运维成本。

（二）文物资源大数据智能化业务中台建设

强大的智能化业务中台能力，是实现文物资源大数据库体系业务应用的关键要素，所有应用系统都将与之建立联系。

文物资源大数据库业务中台，在云资源基础设施上通过各种技术能力的加持，借助于三维扫描技术、高清纹理拍摄技术等多种数字化技术，为数字化存储、数字化展示、综合研究保护等工作提供原始数据支撑。为文物资源大数据云平台提供数字孪生平台、文物资源大数据交换平台、融媒体制作云平台、文物管理智能行政审批平台等业务应用能力。

1. 数字孪生平台

数字孪生技术在文物资源领域的应用，让文物能够通过技术手段完成1:1孪生备份存储，全面的映像到大数据库中，有效建设完成各种不同类型的文物、古迹、藏品等全面的文物孪生体。

数字孪生平台，是从建设"三维/多维数字化信息模型"开始，通过构建文物物理实体模型、传感器系统、文物历史等数据，集成多学科、多物理量、多尺度、多概率的仿真过程，在虚拟空间中完成映射，从而反映相对应的实体文物的全生命周期过程。在实践应用上，2020年三星堆考古发掘现场首次使用数字孪生这项黑科技，打造了"三星堆数字孪生云平台"。数字孪生平台以其快速采集处理信息的优势，可以完全实现"云上博物馆"的建设。另外，还可以利用5G+AR/MR、科技+文化体验结合，通过沉浸式互动系统在真实环境中1∶1还原出文物遗迹，虚拟再现历史场景。

2. 内容制作云平台

文物资源大数据业务中台的内容制作云平台分为"XR内容制作平台"和"融媒体制作平台"两个平台。两个云平台都是为文物资源大数据提供内容再生产制作服务，根据不同的终端和场景，灵活选择不同的制作平台生产所需的内容。

XR内容制作云平台是以生产XR场景化内容为主，为数字化场景体验设备输出内容。通过对CG数字资产的传统制作流程进行资产导入，结合传统游戏开发的场景合成、交互逻辑、关卡设计、算法AI等流程，进行实时渲染完成XR内容制作。对于无交互内容的实拍数字资产，通过传统视频制作流程进行资产导入，结合传统的APP、小程序、应用商店开发流程，经过实时渲染同步完成内容输出。

融媒体制作云，是一个轻量化的图像在线制作工具。基于大数据资产库中丰富且有版权的模板、模型和素材、通过简单易上手的视频剪辑包装工具，实现跨平台实时图形图像创作，为快速生产文物数字化产品提供服务。

"XR内容制作"和"融媒体制作"两个云平台从不同方向为文物数据内容生产线提供更为精良的服务，有效实现文物在云端的内容生产、内容加工，为文物资源的数字化场景应用提供便捷的工具服务。

3. 文物资源大数据交换平台

建设文物资源大数据交换平台（图3），以国家文物资源大数据交换中心为核心点，建设应用集成中间件，在各省级文物数据交换节点建设消息中间件，实现各省、市、区按照统一的文物资源数据标准进行数据共享和交换。文物资源大数据交换共享平台可以实现内外部数据共享和交换，最终实现国家级文物资源大数据库。

4. 文物管理智能行政审批平台

文物管理智能行政审批平台（图4），采用区块链和AI技术，通过提出文物数据管理统一执行标准，来实现建设一个集聚效益性、经济性、实用性的应用平台，

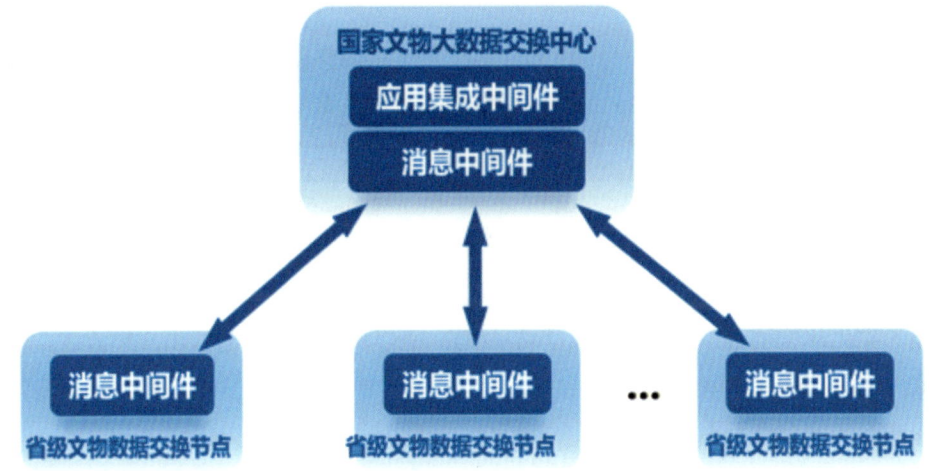

图 3　文物资源大数据交换平台示意图

跨越式提升国家级、省级、市级文物资源管理系统整体数字智能化水平,为提高地区整体文物保护管理水平、文物资源行政审批水平、公共文化服务能力和地域文化影响力提供有力的支撑。

文物资源管埋部门可以通过文物管理智能行政审批平台,查看所辖区域内的文物管理单位的所有电子档案,并通过文物资源综合管理系统,把每件文物的资料都纳入数据库统一管理,在文物藏品信息采集和数录入工作中,对每类文物都指定了

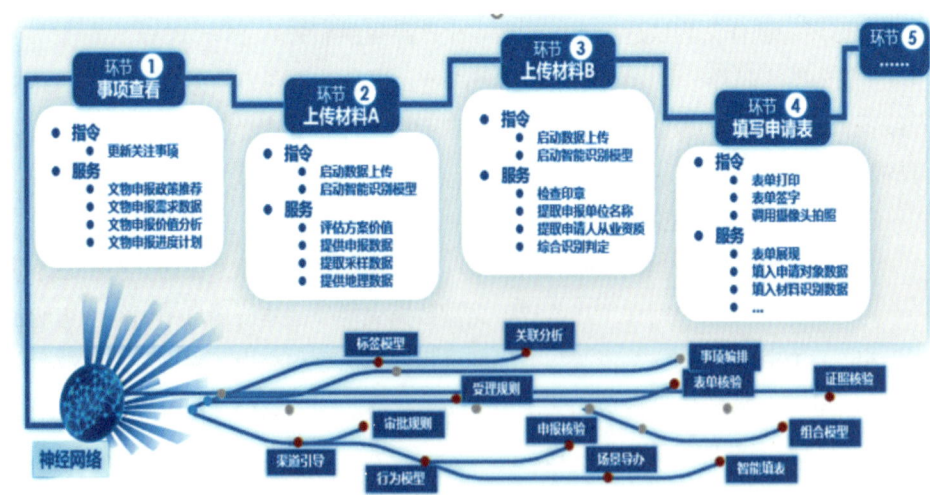

图 4　文物管理智能行政审批平台业务流程图

统一、规范、标准的指标项，从而让文物资源的管理更加规范化、标准化，极大地促进提升文物资源的管理工作效率。

（三）技术中台是文物资源大数据云平台的技术保障

浪潮技术中台（图5），通过"统一设计，分阶段实施，重点先行"的原则，保证可靠性、稳定性、安全性和易用性，为文物资源大数据业务前台的各项应用，提供完善的技术保障。具体的优势体现在如下几个方面：

统一性：用户管理系统、身份认证系统的设计和建设采用集中管理和统一认证模式；授权系统和访问控制采用集中管理、统一部署的模式。

先进性：作为大型信息安全系统，既要服务于现有的信息系统，也要面向未来

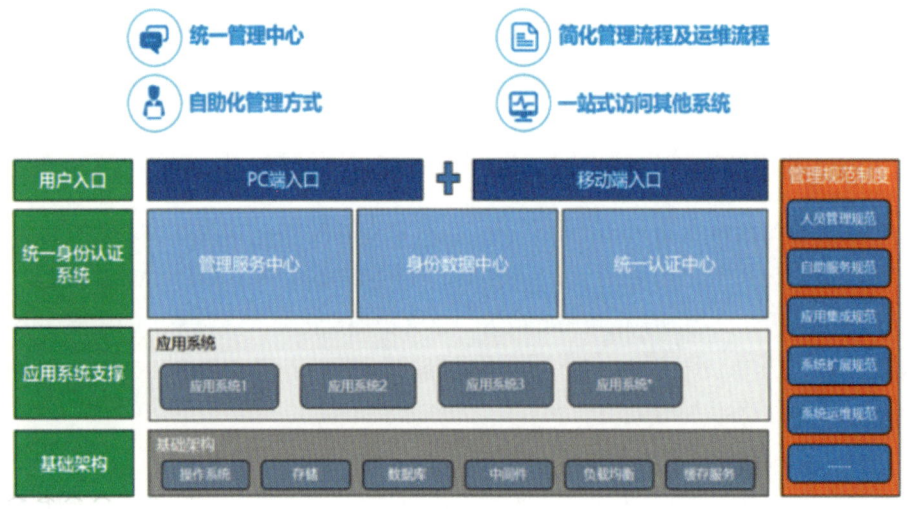

图5　技术中台架构图

的发展和建设，在架构设计、技术选型、应用管理等方面，平台具备一定的国内前瞻性和国际先进性。

成熟性：充分借鉴国内外最佳实践，采用先进的技术架构和成熟的软件产品，减少业务整合的软件开发工作量，确保安全可靠。

合规性：信息安全系统建设必须符合国家规范，依据国家信息安全政策要求和国家信息安全技术标准进行设计和建设。

标准化：采用国际和国家相关标准为不同的成熟软件和信息系统制定相应的集

成方案；通过技术标准和规范实现各信息系统与集中身份管理及统一权限管控平台的集成；通过标准和开放性安全服务平台，为集成现有和未来的各种应用系统提供服务。

经济性：系统建设的基本目的就是要保证信息系统的信息安全。包括确保应用系统信息安全，不被窃取、不被破坏；应用系统高效、稳定、可靠地运行，不因安全设置而影响系统的效率等。要在安全需求、安全风险和安全成本之间进行平衡，过多的安全需求必将造成安全成本的迅速增加和复杂性的增大。通过充分利用现有资源，以较少的投资获得较高的效益。适用于业务多样、分布面广、信息系统技术平台多样、员工众多等特点，做到易于使用、便于管理，减少维护成本。

稳定性：系统的运行，不能影响现有其他信息系统的正常运行。系统发生故障时，平台具有相应的应急保障措施，保障各个信息系统的稳定运行。

策略性：系统建设按照"统一设计，分阶段实施，重点先行"的原则实施，通过试点实施建设统一身份认证系统，并通过与试点信息系统的集成验证系统平台的可靠性、稳定性、安全性和易用性，为推广做好准备。

五、利用新兴信息技术智慧化创新文物资源场景，让文物"活起来"

文化和旅游部发布《"十四五"文化产业发展规划》，提出落实文化产业数字化战略，促进文化产业"上云用数赋智"，推进线上线下融合，推动文化产业全面转型升级。文物数字化也由此成为"让文物和文化遗产活起来"的重要途径。AR、VR、3D等数字技术带来全新沉浸式场景，也拉动了新消费，为文化传播体验提供了更多可能。

（一）中华文物数据库服务

在文物资源大数据库体系的框架内，按照不同主题对库内数据进行分类储存、实现对可公开资源内容进行开放共享，为公众和机构提供公共文化服务和数据服务。

中华文物数据库，将所有录入数据库的文物资源信息按照"中华文明史、中国科学史、文物古迹、历史名胜、语言文字史料"等主题进行分类，并通过中华文物数据库门户网站、电脑网页端、手机端、APP等形式，对经过内容生产线的文物资料进行输出，实现数字化成果全民共享。

基于文物大数据体系构建的中华文物数据库数字化展示平台，观众可在平台上对文物自由进行放大缩小、360度旋转、拆解拼接等操作，全方位、无死角地观看文物每一处细节，同时配以音视频、图文动画等多种生动有趣的形式，全面解读文物展品所承载的历史背景、文化故事,让文物"活"起来。

(二)公共文化传播

文物大数据数字化在公共文化传播上的应用,主要体现在为公共文化云平台提供一站式的文化服务(图6),聚合博物馆、艺术展馆等各类公共文化服务机构,学会、协会、社团等社会组织以实现文化资源共建,为群众提供"查资讯、看直播、约活动、逛场馆"等全方位服务。

2017年,国家公共文化云平台正式启动。国家公共文化云是由文化和旅游部主导打造的公共数字文化服务总平台、主阵地,旨在面向基层提高供给效率,打通公共数字文化服务最后一公里,实现公共文化服务"政府端菜"与"群众点菜"相

图6 公共文化云平台主体构成与服务情景示意图

结合,突出移动互联网应用。提高公共数字文化服务在基层的丰富性、便利性和可选择性,提升公共文化服务效能。

文物资源大数据全面建设完成后,将为公共文化云平台注入更多的服务内容,通过国家、省、市三级联动,通过"线上+线下"相结合的商业模式,必将为用户提供更多文化"盛宴",更多更好地为公共文化传播提供更先进、体验更好的文化

服务，持续提升公共文化基础设施的利用率和效率，不断创新文物和旅游的服务产品，持续完善全民艺术普及服务体系。

（三）城市融媒体平台

文物资源大数据库体系建设，利用先进的业务中台生产线可以对原始文物资源素材进行修复、制作、二次加工，并为应用端提供可以数字化展示的作品，为城市文化建设提供源源不断的内容支撑。城市融媒体平台作为一个可以在区域内全屏展示、互动的端口，为本地文物资源和跨地域文物资源的数字化推广提供了可落地的应用场景。

城市融媒体平台，以城市为主体，通过城市融媒体平台链接城市内的各类屏、VR设备、AR设备和MR设备，提供有城市特色的、多业务融合的内容服务，实现"党政宣传＋惠民服务＋商业增值"的结合，并同步进行可持续发展探索，通过城市屏物联网和内容播控管理平台（图7）实现"一个城市、一个声音、一个画面"。

（四）虚拟数字人

图7　城市屏物联网内容播控管理平台示意图

随着文物资源大数据体系的不断建设完善和AI技术的不断发展进步，应用端的用户体验也在不断进行升级，随之而来，虚拟数字人在文物大数据体系的应用也受到越来越多的关注。

数字虚拟人，因其本身具有的内容自动生成、播报零口误、形象低成本和智能化的优势，可以完美实现自动围绕虚拟主播及相关文物资源内容生成、输出相应主持内容，所以也被广泛应用在文博类节目中。例如，可以基于王牌主持人，深度定制，打造虚拟数字主持人，基于"IP"效应，打造"科技+文化+IP"的长效运营机制。

数字虚拟人，还因其可利用科技优势带来的互动性和智能性，把文物资源数据库的精华内容通过多媒体手段转化为互动参与形式，为文物展馆、文旅景区的游客提供导览、陪同、科普解答等全方位的数字化服务。随着技术的继续发展，经过"学习"后的虚拟数字人已能够做到形象优美、效果逼真、交流自然、智能沟通、场景适应性强，越来越满足用户不断提升的体验感。在中国国家博物馆建馆110周年馆庆活动中，虚拟数智人"艾雯雯"入职中国国家博物馆，大大推动了虚拟数字人在文物展馆广泛应用的进程。

（五）虚拟现实文化体验创新应用

文物文化与先进科技的高度融合，已经成为建设文化强国的关键路径，也是文物文化产业开创新模式、新业态、新产品的必经之路。越来越多的数字影像平台、数字博物馆开始打破时空界限，来到大众眼前，成为展示文物与历史的新手段。依托人工智能和声光电等技术，运用云展览、全景漫游等载体，让文物活起来，提升博物馆展陈的科技性、创新性、趣味性、互动性，同时达到提升文物保护力、提升社会服务力的目的。

"沉浸式+"逐渐从新业态发展成为一个行业，借助AR、VR、MR等技术，以沉浸式学习、沉浸式展览、沉浸式旅游、沉浸式观影、沉浸式演出等为代表，正成为文物文化产业形式丰富的新业态之一，逐步向演出场馆、文化园区、旅游景区、文化遗产等不同空间渗透。例如，在AR博物馆中，参观者直接用手机对展出的文物进行扫描，就能够实现对文物展品的动态、全方位观察，并通过手机音视频了解关于展品的历史信息。

文物资源承载着中华民族辉煌的历史，更指引着中华文明的未来与发展。随着社会的发展和进步，文化和科技形成了高度融合的态势，建立健全文物资源大数据体系是实现文物保护、文化创新的核心，是实现我国从文化大国到文化强国的跨越的重要路径。

作者简介：袁谊生，浪潮集团执行总裁。

元宇宙与智慧博物馆

陈 刚

元宇宙（Metaverse）热引起了博物馆人的高度关注。2021年，随着元宇宙概念第一股Roblox上市，社交软件巨头Facebook更名为Meta，元宇宙概念开始在国内得到迅速传播，各行各业和各级政府部门对元宇宙概念表现出空前热情。2022年3月26日，来自全国50家博物馆、高校的60位馆长、学者联名发布《关于博物馆积极参与建构元宇宙的倡议》，呼吁博物馆顺应时代发展，发挥自身优势，积极参与建构元宇宙。

大部分博物馆人对元宇宙概念和技术应用都似曾相识。2013年国家文物局启动智慧博物馆试点建设，经过近10年发展，形成了一套以全面感知、泛在互联、智能应用为特征，具备5G移动互联、智能导览、体感交互、VR/AR/MR沉浸体验、观众访问行为监测、虚拟博物馆与实体博物馆联动等技术应用与功能特点的博物馆智慧服务、智慧保护与智慧管理体系。智慧博物馆与元宇宙在技术应用和功能特征方面确有几分相似之处，我们可以把每个智慧博物馆都视为是一个元宇宙。

一、认识元宇宙

（一）元宇宙的由来

元宇宙一词源于英文的Metaverse。单从字面上理解，中文的"元"意为事物的本源，英文的"Meta-"意为超越，元宇宙可以理解为宇宙的本源或超越宇宙。中国古人对宇宙有深刻的认识："往古来今谓之宙，四方上下谓之宇"（见《文子.自然篇》)。"宇"指无限的空间,"宙"指无限的时间,宇宙即为时空统一体。另据《楞严经》卷四:"何名为众生世界?世为迁流,界为方位","世"意为时间变迁流转,"界"意为空间,这里的世界与宇宙是同义词。

20世纪70年代,英国哲学家波普尔提出了著名的"三个世界"理论,世界1(物理世界)包括物理状态和对象,世界2(精神世界)包括意识状态和主观经验,世界3(客观知识世界)是从人类大脑中独立出来的、载体化的知识世界。波普尔的三个世界理论深刻揭示了人类认知世界的过程——通过人类大脑的精神世界对客观物理世界进行思考,认识发现物理世界的本原和规律,进一步加工存储,形成客观知识世界的产物。显然,元宇宙讨论的既不是认知的主体——主观精神世界,也不是认知的客体——客观物理世界,元宇宙真正关注的是独立于客观物理世界和主观精神世界的客观知识世界。

可将元宇宙概念区分为广义和狭义两种,狭义的元宇宙是指数字元宇宙,具体内容下文将重点阐述。广义的元宇宙就是波普尔的世界3,即人类在认识客观世界过程中,形成的独立于精神世界存在的客观知识世界。广义元宇宙的发展大致经历了以下四个阶段。

1. 原始元宇宙阶段: 原始社会的祭祀、图腾、舞蹈、岩画,为原始人类提供关于现实世界与想象世界的宇宙图景,构成原始形态的"元宇宙"。

2. 文字元宇宙阶段: 文字的出现,尤其是印刷术的发明,催生了以文学、艺术、宗教为载体,对连接过去、现在与未来的宇宙时空,进行深入探索与思考,通过书籍印刷广泛传播,构建更大范围的文字形态的"元宇宙"。

3. 工业元宇宙阶段: 20世纪早期出现的由专业人员预先策划演绎、流水线设计、规模化传播的电影、电视、广播电台等工业形态的"元宇宙"产品,这些产品在知识内容的表现能力和传播效率方面获得极大提升。

4. 数字元宇宙阶段: 21世纪初至今仍在发展的利用VR/AR/MR、5G/6G、人工智能、区块链、物联网等数字技术手段,构造的具有沉浸体验、具身社交、自由创造、经济系统、身份系统功能特征的虚拟世界与现实世界相融合的世界。

这里的虚拟世界专指世界3中利用数字技术手段,构造的满足沉浸式体验、社交、交易、创造和身份唯一性要求的、数字化的虚拟世界,现实世界则是指人类及人类生存的物理世界。与原始元宇宙、文字元宇宙和影视元宇宙比较,数字元宇宙不再是静态的、被动参与的世界,而是不断生长、迅速膨胀、吸引人不断加入与之互动的、充满活力的世界。人类的一切活动都在为这个虚实融合的世界添砖加瓦,借助算力和算法生产成新的客观知识,彻底改变了人们的生活和交往方式。不过,值得一提的是，数字元宇宙在对物理世界、对个人认知的影响方面，并没有实质性超越其他形态的元宇宙。

（二）元宇宙概念与特征

目前业界广泛讨论的元宇宙概念，即前文所提的狭义元宇宙，还没有形成公认的定义。从技术视角看，元宇宙是VR/AR/MR、5G/6G、人工智能、区块链等技术的最新应用；从社会学视角看，元宇宙是实现沉浸式体验、社交系统、自由创造、经济系统和身份系统等功能的虚拟与现实相融合的社会空间；从更为宏观叙事的哲学视角看，元宇宙是连接过去、现在和未来的永恒时空。

有元宇宙概念第一股之称的网络游戏公司Roblox的CEO大卫·巴斯祖奇（Dave Baszucki）给出了元宇宙的八大要素：身份（Identity）、朋友（Friends）、沉浸感（Immersion）、低延迟（Low Friction）、多样性（Variety）、随地（Anywhere）、经济（Economy）、文明（Civility）。清华大学新闻学院沈阳教授在《元宇宙白皮书》提出："元宇宙是整合多种新技术而产生的新型虚实相融的互联网应用和社会形态，它基于扩展现实技术提供沉浸式体验，以及数字孪生技术生成现实世界的镜像，通过区块链技术搭建经济体系，将虚拟世界与现实世界在经济系统、社交系统、身份系统上密切融合，并且允许每个用户进行内容生产和编辑。"

综合上述分析，本文给出的元宇宙定义如下：

元宇宙是利用VR/AR/MR、5G/6G、人工智能、区块链、物联网等数字技术手段，构造的具有沉浸体验、具身社交、自由创造、经济系统、身份系统功能特征的虚拟世界与现实世界相融合的世界。

元宇宙主要具有如下特征：

1. 沉浸体验。元宇宙沉浸式体验在虚拟现实、扩展现实、人工智能和虚拟仿真等技术的基础上，通过数字孪生、物联网、边缘计算和脑机接口等技术创建独立于现实世界的虚拟空间，使用户获得沉浸式社交体验、环境感知以及虚拟空间形态下的切身感受，得到与现实世界同样的即时体验与反馈。

2. 具身社交。元宇宙具身社交涵盖了感知社交、情感体验及共在效应等。元宇宙通过场景化的感知社交体验，搭建虚实仿真场景，实现共在的社交效应，为用户提供具身社交情感体验。虚拟空间社交也为用户提供了超现实的社交情感体验，使单独个体能够在不同场域中以不同角色获得丰富的虚拟社交体验。

3. 自由创造。元宇宙提供共创、共治和共享方式的自由创造系统，实现用户虚拟场景参与及实时交互感知，激发了用户的创造兴趣、创造灵感和创造分享欲望。一方面为个体创造提供个性化内容获取、创作工具、虚拟人对话等功能，另一方面为依托与个体创造实现的群体创造提供协同管理、分布式成果共享以及成果保护等功能支持。

4. 经济系统。建立基于安全可靠诚信交易的元宇宙经济系统，包括：支持以现实世界在元宇宙中的数字化复制物，和虚拟世界全新的创造物为主要内容的数字商品；提供元宇宙中商品和服务的交易场所，支持数字商品展示和交易；提供去中心化金融（De-Fi）、非同质化通证（NFT）等多种方式共存的交易模式；保障交易活动规范有序的技术安全要素。

5. 身份系统。每个用户在元宇宙中都拥有独立的、唯一的由代码和数字组成的虚拟身份。虚拟用户身份具有人格特征，有权利和能力在数字世界中自由参与元宇宙的活动和共同生活。元宇宙利用底层区块链技术为每个用户搭建独立的、安全的身份标识，确保每个用户的身份具有不可篡改性、时间唯一性和交易可追溯性，实现用户在元宇宙中以多重身份出现带来的生活体验以及身份改变带来的可选择性。

6. 虚实融合。元宇宙虚实融合是指现实空间与虚拟空间的映射、交互和融合，可分为三个发展阶段。第一阶段虚实孪生，现实与虚拟泾渭分明，完全是两个平行空间，侧重于对现实空间的知识抽取、关联构建、空间映射和场景孪生；第二阶段为虚拟相生，现实空间的真实性不断退却，数字技术不仅将虚拟空间变得更真实，还将改造现实空间的生产过程，现实与虚拟相互促进，两个空间逐渐产生更多交集。在不同的场景下基于现实空间生成不同的虚拟角色、不同的物理元素及不同的故事线；第三阶段则为虚实融生，当元宇宙达到成熟阶段，虚拟空间将创造出超现实，并把真实同化于自身之中。在这阶段中，现实与虚拟实现融合共生，虚拟空间的范围将大于现实空间，更多现实中没有的场景将在虚实空间中产生。

二、智慧博物馆与元宇宙的结合

（一）底层逻辑

元宇宙与智慧博物馆发展的底层逻辑一致。

人类文明发展的底层逻辑给出了两个方向：一是回到过去的，在博物馆中体验人类既有的生存经历，寻求心理慰藉和帮助；二是突破现实时空限制，在虚拟世界中满足创世的冲动，实现自我价值。博物馆通过收藏、保护人类过去的历史物证，并予以展示和诠释，满足人们进行认知探索的愉悦、兴奋和引起共情，获得过去的经验和历史的教训，寻求象征性的纪念、归属感和文化认同。元宇宙营造的沉浸感和代入感、参与性和交互性、非物质化和虚无性、情感化和纯精神性，使得元宇宙参与者的主体性和创造性得到张扬、社会情感和社会责任得以表达，弥补了人们在现实中自我实现的缺失，这正是绘画、小说、电影虚构的想象空间、网络游戏、元宇宙等得以盛行的核心因素。

（二）沉浸体验

体验是元宇宙和智慧博物馆共同的基因内质。元宇宙为智慧博物馆提供了沉浸式体验、开放式创造系统、立体式社交网络体系、去中心化交互系统、对现实世界的高度复刻、多样文明形态等综合价值。元宇宙是人类对异质生活角色的体验追求，包括：对空间异构体验的追求，向往由惯常环境向非惯常环境的飞跃；对身份异构体验的追求，向往个体身份的出离和自由置换；对状态异构的追求，向往由日常生活状态向记忆旅游休闲状态的转变。

从空间异构的角度看，沉浸式体验是元宇宙的核心特征之一，要求用户从现实环境中抽离出来，融入到博物馆场景氛围中，为用户打造一个极具临场感和真实感的虚拟博物馆空间。从身份异构的角度看，数字孪生技术为用户在虚拟世界打造了成千上万个"数字分身"，让用户能够从现实身份的限制中摆脱出来，生成异构身份实现人们"体验另一种人生，感受另一种活法"的愿望。从状态异构的角度看，元宇宙虚实相生的应用场景同沉浸式体验与数字身份相结合，帮助用户随时随地复现博物馆虚拟展览，享受博物馆智慧服务。

（三）发展需求

元宇宙与智慧博物馆发展需求相一致。随着经济发展和网络文化消费结构的升级，人们对博物馆提出了更高的要求，在疫情防控常态化的大背景下，实现智慧博物馆转型升级，加快智慧博物馆和IP建设的需求变得尤为突出，智慧博物馆发展必须重内容、重体验、重参与、重个性化的特点已是大势所趋。元宇宙概念的出现为智慧博物馆实现瓶颈突破提供了一个新的技术热点和增长爆点，为智慧博物馆取得创新突破提供了新的路径依据。

博物馆智慧内容的突破。元宇宙在智慧博物馆的应用将助推基于人工智能的边缘计算技术、基于数字孪生的场景复刻和虚拟人像技术、基于XR的沉浸式体验技术等一系列新技术在智慧博物馆应用场景的落地，丰富博物馆个性化展览、网络社区、文化创意等领域的产品供给。同时，元宇宙开源开放的创作环境和非竞争性的资源条件为全体用户打造了挥洒创意、自由创造的平台与工具，UGC内容的门槛将大幅下降，多人协作、现实复刻、虚实融合等五花八门的创作形式将快速涌现，智慧博物馆内容将进一步丰富。最后，元宇宙去中心化的结构特征降低了部分互联网大厂对智慧博物馆内容和流量的行业垄断控制，激化了智慧博物馆的竞争态势，创作更优质的博物馆产品将成为在竞争中取得优势的关键。

智慧博物馆体验的升级。元宇宙突破感官限制，扩展思维边界，实现智慧博物馆体验的升级。沉浸式体验是元宇宙的重要特征，VR、AR技术、体感手套和背心乃至当前仍然处于概念化阶段的脑机接口技术都致力于打造一个在体验感上同现实生活别无二致，在思维与能力上更胜一筹的虚拟世界。虚拟世界将拓宽智慧博物馆的空间边界，消除虚拟体验过程中"三感（嗅、触、味）缺失"的障碍，让观众真正实现身临其境的深度体验。

元宇宙赋能场景设计，创新交互方式，实现参与的满足。元宇宙技术带来的高拟真度的特性使得智慧博物馆场景主客关系的边界出现模糊，观众不再处于被动地接受地位，而是以发掘式、探索式的态度参与博物馆访问活动，甚至在一定程度上成为博物馆文创产品的"创作合伙人"。一是因为博物馆藏品资源高拟真的虚拟体验大幅降低了消费者的参与门槛，让互动式、参与式博物馆场景大规模推广成为可能。二是因为元宇宙构建的立体式社交网络让三维接触和立体互动逐渐成为普遍的消费习惯，也成为市场对博物馆文创产品的基本要求。

元宇宙坚持开源开放，鼓励创新创造，实现个性的释放。理想的元宇宙是一个没有中心权力，个体高度自由的"类乌托邦"世界，当前仍处早期的元宇宙在底层架构、产品探索等方面也已经呈现出了个体化、离散化和自由化趋势。元宇宙将彻底颠覆博物馆和观众之间的关系，平台和工具将取代具体内容成为博物馆内容供应的核心，观众将体验真正意义上的个性化服务。

（四）发展路径

元宇宙同博物馆发展路径相契合。元宇宙是在VR/AR/MR、5G/6G、人工智能、区块链、物联网、云计算、大数据等诸多技术整合叠加的基础上，由许多独立工具、平台、共享基础设施、标准和协议共同支撑形成的技术集成概念。从虚幻的概念到真正落地，元宇宙需要从硬件体系、底层架构、后端基建、软件与内容体系四个方面实现技术框架的搭建，相关技术的成熟程度，直接影响着元宇宙理念的实践落地的深度和应用领域的宽度，也与元宇宙美好愿景的实现息息相关。

智慧博物馆对元宇宙的应用主要集中在服务模式升级和文创产品开发等方面，具有硬件依赖程度低、开发规模与算力需求小、以虚拟产品开发应用为主等显著特点，具备较早和较快应用元宇宙的天然优势。

从硬件体系的角度看，智慧博物馆的主要需求为进入博物馆虚拟场景的个体终端，其功能和范围都限制在一定的场景或规则框架以内，当前的VR技术在很大程度上能够满足其需求。

从底层构架的角度看，元宇宙在智慧博物馆的应用尚不需要形成高度复刻的生活场景，不同的元宇宙产品之间的横向沟通需求较弱，因此对作为元宇宙信用基础的区块链技术并无太高的要求。

从后端基建的角度看，算力算法方面的提升无论其程度之高低，都能为优化博物馆虚拟展览、游戏、互动以及数字资源上载等元宇宙背景下的智慧服务活动提供有效支持。

从软件与内容体系的角度看，早在元宇宙的概念得到普遍性推广之前，智慧博物馆就已经开始利用虚拟现实技术丰富展览展示方式、提升观展体验，利用人工智能和数字孪生技术创造"虚拟人"，降低博物馆文创产品制作生产成本和风险等"类元宇宙"的实践就已层出不穷，元宇宙在智慧博物馆的应用有着深厚的内容积淀。

三、元宇宙关键技术及其在博物馆中的应用

（一）基础支撑技术

1. 区块链与非同质化代币

区块链（Block Chain）是利用密码学、分布式共识机制、智能合约等技术手段，在无须互相信任的分布式系统节点间实现去中心化的点对点交易、协调和协作的，全新的分布式基础架构和计算范式。区块链具有去中心化、不可篡改、公开透明和合约自治等特性，能够在多利益主体参与的场景下，以低成本的方式构建信任基础，重塑信用体系。元宇宙作为与现实世界映射和交互的虚拟世界，必须具有可存续性，不会因为某个部门或政府的决策而消失。区块链技术为元宇宙提供了理想的去中心化环境，在去中心化数据传输、存储与管理等方面提供了一套完整的解决方案。

NFT（Non-Fungible Token）是基于区块链技术的非同质化代币，具有不可分割性、独一无二性和高度透明性。NFT 目前已广泛应用于博物馆数字藏品、文物和艺术品追溯。NFT 通过将数字资产和唯一加密货币令牌进行绑定，使数字资产永久保存在区块链上。NFT 还可将数字资产与实体商品进行锚定，通过数字令牌的交易实现实体商品所有权的转移。此外，区块链技术和 NFT 技术在构建元宇宙经济体系上也起到了关键性作用，参与者可通过数字资产的交易、展览等方式从虚拟经济中获取利润。

区块链技术和 NFT 技术目前在博物馆领域主要应用于数字藏品和文物艺术品追溯领域，对文物艺术品追溯信息进行链上存储，保证追溯信息安全可信。在博物馆元宇宙中，区块链技术和 NFT 技术是构建博物馆元宇宙底层金融架构必不可少的一

环,可使得博物馆元宇宙中的数字藏品获得现实意义上的价值并实现价值的流通。

2. 5G 与 6G

5G 是具有高速率、低延迟和大连接等特点的新一代移动通信技术。6G 作为 5G 的必然演进方向,将具有更高的性能和更低的功耗。要实现元宇宙的沉浸式体验,就要实现数据的实时渲染。数据的传输速率和延迟是影响参与者体验的关键因素。

博物馆元宇宙的构建需要在博物馆展厅、库房和其他场地与设施中部署大量传感器进行数据的实时采集,5G 与 6G 可为博物馆元宇宙提供高速率、低延迟、大连接的网络通信基础。此外,无线传感网与 5G 和 6G 的结合将是以全面感知和泛在连接场景下博物馆元宇宙实现的基础。

3. 人工智能

人工智能(AI)是指使机器能够从经验中学习并执行各种任务的理论和技术,在自然语言处理、计算机视觉和推荐系统等领域广泛应用。AI 是推动元宇宙发展的重要一环,可以使得元宇宙世界中的"化身"更为逼真,赋予他们学习人类语言和对话风格的能力,使其学会理解人类意图并有效表达自我意图。AI 还可用于辅助元宇宙中用户的决策、管理、服务问题。此外,AI 可以解决元宇宙中的语言问题,使得使用不同语言的元宇宙参与者实现无障碍沟通。

AI 在博物馆主要应用于博物馆展陈智能导览、信息推送服务和辅助决策等领域。在博物馆元宇宙中,AI 是博物馆元宇宙的大脑,为博物馆元宇宙提供智慧,在博物馆虚拟人物等领域具广阔的应用前景。

(二)虚实交互技术

1. 物联网

物联网(IoT)是一种将从不同种类的传感设备上获得的异质异构数据,在现有互联网基础设施上进行汇集融合的技术。其通过各类传感器设备、射频识别技术、全球定位系统等装置与技术实时采集各类信息,通过各类网络接入实现物与物、人与人、人与物之间的广泛连接。通过 IoT 可以将现实世界的物体转化为虚拟世界的智能"化身"。IoT 增强了元宇宙虚拟世界与现实世界的联系。

IoT 目前在博物馆领域应用广泛,联网在博物馆藏品管理、库房与展厅安防、微环境监测、智能导览、文物运输和人员巡查等领域均有应用。在博物馆元宇宙中,IoT 负责采集现实世界的博物馆数据,利用这些数据可以提高元宇宙虚拟世界与现实世界的一致性,使其更加精准地描述现实世界,是博物馆元宇宙获取实体博物馆状态的主要途径之一。

2. 三维重建

三维重建是指在计算机中建立一个表达客观世界三维物体的数学模型，并可对其进行处理、操作和分析。三维重建目前已广泛应用于文物修复、展览设计、古建筑保护修复等多个领域。对于虚拟世界的三维环境重建，建筑物重建以及虚拟世界和现实世界的位置对应具有重要意义。

三维重建技术在博物馆领域主要应用于藏品三维展示、病虫害分析、智能修复、展览辅助设计等领域。在博物馆元宇宙中，三维重建技术可以为博物馆元宇宙描述实体博物馆提供技术支持，可将现实世界的博物馆环境数据提供给博物馆元宇宙系统，是 IoT 数据采集的有力补充。

3. 云计算和边缘计算

云计算即通过互联网上的远程计算资源而非本地计算资源进行计算。边缘计算则为在靠近数据源头的一侧，采用"存算一体化"的平台就近提供计算服务。博物馆元宇宙不可避免地会产生大量数据，元宇宙的规模和完整性直接取决于现实世界的计算能力和存储能力。云计算在成本、稳定性、安全性和效率方面具有极大的优势。此外，边缘计算的引入可以增强系统对渲染计算和图形处理能力，使得处理更靠近用户，元宇宙的体验更加流畅。

在博物馆领域，云计算和边缘技术在文物保护监测、藏品病虫害识别和博物馆决策领域应用广泛。博物馆数据量大且多源异构，云计算和边缘计算是扩展博物馆元宇宙系统计算能力和存储能力的关键技术。

（三）扩展现实技术

1. 扩展现实

扩展现实（XR）是增强现实（AR）、虚拟现实（VR）、混合现实（MR）等多种技术的统称，指的是由计算机技术和可穿戴设备产生的真实和虚拟结合的环境和人机交互。AR 是一种将数字信息叠加在现实世界中的物体或地点上增强用户体验的技术，具有结合现实和数字信息的能力。VR 通过计算机模拟虚拟环境从而给人以环境沉浸感，是一种完全沉浸式、引人入胜的交互体验。参与者可以通过特殊的人机交互设备感受和触摸虚拟对象，从而产生这些对象确实存在的感觉。MR 则通过在虚拟环境中引入现实环境的场景信息，在虚拟世界、现实世界和用户之间搭建起一个交互反馈的信息回路，以增强用户体验的真实感。

博物馆元宇宙要为用户提供身临其境的体验，XR 技术是必不可少的。XR 技术可以为博物馆元宇宙提供通往虚拟世界的门户，是博物馆元宇宙的接入点。博物馆元宇宙参与者可通过 XR 技术体验到博物馆展览和虚拟修复等沉浸式元宇宙体验。

2. 脑机接口

脑机接口指的是通过大脑活动控制外部设备的硬件和软件。其通过在人或动物的大脑与外部设备之间创建直接连接，实现大脑与设备的信息交换。脑机接口可对部分患有身体残疾的用户提供与健康用户相同的接入体验。当前所有的 XR 设备都依赖于屏幕和传统的控制系统，脑机接口则旨在完全取代屏幕和物理硬件，实现面向消费者的精神控制系统。使用户获得更具沉浸式的元宇宙体验。

因脑机接口技术成本和接受度问题，在博物馆领域，脑机接口应用还较少。未来在博物馆元宇宙中，脑机接口可作为 XR 技术的补充，提供给博物馆元宇宙用户更高的体验。

（四）数字孪生与平行系统

1. 数字孪生

数字孪生（Digital Twins，DT）指的是以数字化方式在数字化平台上建立、模拟一个物理实体、流程或系统在现实环境中的行为。借助于数字孪生，可以通过虚实交互反馈、数据融合分析、决策迭代优化等手段在数字化平台上了解物理实体的状态，并对物理实体里预定义的接口元件进行控制。这种物理世界与数字世界的绑定是构建元宇宙的基础，只有数字世界而无法与物理世界交互的元宇宙仅仅是一个"模型"。此外，数字世界不仅可以表示物理世界的当前状态，也可基于物理世界的发展和虚实世界的交互，模拟过去状态和预测未来状态。

智慧博物馆中的物理空间是一个复杂的动态环境，包括展厅、库房、办公空间、观众休息区等场馆设施与藏品、资料，博物馆观众、工作人员和博物馆机构，博物馆展览展示、保管、修复、研究、教育等各类活动的信息和特征。通过博物馆物联网设备采集物理世界的实时信息，通过物理世界的信息感知驱动数字世界的融合建模。

数字孪生系统的蓬勃发展有助于推动智慧博物馆应用元宇宙技术的加速落地。目前数字孪生技术已在国内部分博物馆得到应用，其中在博物馆数字展示等领域应用最为广泛。

2. 平行系统

平行系统是指由某一个现实系统和对应的一个或多个虚拟的人工系统所组成的共同系统，实现虚拟和现实的结合。平行系统通过整合人工社会，计算实验和平行执行等方法，形成新的计算研究体系。博物馆中的平行系统是指通过在虚拟空间构建人工系统描述实际系统问题，并利用构建出的人工系统对未来发展进行预估和优化，最终实现人工系统与博物馆实际系统两者间持续的相互作用、相互反馈和相互引导，指导博物馆智慧保护和智慧管理。目前，平行博物馆已在博物馆观众访问行为分析、博物馆微环境监测分析等领域广泛引用。

博物馆的数字孪生和平行系统有相同之处但也存在侧重点的区别。博物馆数字孪生和平行系统均为解决信息、物理、社会融合这一科学问题提供了新的解决思路,且两者都与先进的传感采集、仿真、高性能计算、智能算法等的发展有着密不可分的关系。博物馆数字孪生系统侧重于针对机理明确的博物馆系统,构建博物馆数字孪生系统通常需要人工构建的虚拟博物馆系统和实际物理博物馆系统在状态转换、观测、控制的机理上相互对应。而博物馆平行系统可以对尚未明确机理的复杂博物馆系统做出构建和解释。

3. 从博物馆数字孪生和平行系统到博物馆元宇宙

博物馆数字孪生和平行系统通过构建虚拟世界实现对物理世界的预测和控制,是博物馆智慧管理和智慧保护的雏形。但博物馆数字孪生和平行系统馆构建的虚拟世界和现实世界相对独立,人在系统中处于辅助地位,无法沉浸于虚拟世界。元宇宙技术的应用更加注重参与人的体验和交互,关注参与人的沉浸感,而不仅仅是实现对物理系统的虚拟化。

未来博物馆数字孪生和平行博物馆还需结合 VR、AR 和 MR 等 XR 技术,增加数字世界与物理世界的交互,结合区块链和 NFT 等技术解决数据确权等难题,实现更高级的智慧博物馆元宇宙技术应用。

四、智慧博物馆应用元宇宙技术的关键场域

元宇宙的出现为智慧博物馆发展提供了新的发展思路与技术支撑,拓宽了博物馆智慧服务、智慧保护和智慧管理的边界,用户能够突破博物馆物理空间的桎梏,自由进入虚实融合的元宇宙中。元宇宙在智慧博物馆中的主要应用,是推进其智慧服务形式的变革。

(一)联通融合的智慧服务空间

元宇宙的出现恰恰能够实现博物馆现实空间与虚拟空间在多个层面的融通,能够将博物馆展览展示、保护存储、公共服务空间以及研究、修复、征集等工作空间有效连接起来,完全模拟出实体博物馆的各种形态,构建出联通融合的博物馆智慧服务空间,以满足不同用户的多元化知识需求。该虚拟空间构建了比现实博物馆场所更加丰富的预约、观展、导览、社交、会议、休闲、餐饮等虚拟场景,能够有效聚合各类博物馆智慧服务资源,缩短博物馆知识生产、传播以及应用的时空距离,改变传统的线下单向服务关系,用户能够在现实与虚拟两类场景中自由选择交互对象和

交流方式，形成一种开放、去中心化、多主体融合的新型博物馆智慧服务组织形式。

（二）沉浸式、具身参与的用户体验

元宇宙时代的智慧博物馆将重点向虚拟空间迁移，营造出沉浸式、具身参与的在场体验环境。沉浸式、具身参与的用户体验作为未来智慧博物馆服务的核心特征，能够在元宇宙所创造的博物馆虚拟世界中，基于数字孪生、脑机接口以及神经传输等虚拟技术构建用户数字孪生体，使用户仿佛具有了"第二生命"并获得沉浸式的沉浸体验、智慧交互、感官互联等服务体验。同时，沉浸式的交互设备能够将各类数字资源进行多维关联，实现数字资源的虚拟化呈现和场景切换、实体交互等操作，搭建博物馆用户与元宇宙之间的桥梁，满足用户在现实世界与虚拟世界中的虚实融合的服务需求。

（三）立体式的社交网络体系

智慧博物馆部署元宇宙需要关注其社交网络体系的搭建。博物馆用户、管理者、藏品、活动资源是智慧博物馆服务场景的基本要素，而博物馆元宇宙中的服务场景却并不固定，而是由其中的部分或全部用户进行建模与修改，进而促进用户与资源、服务环境之间的交互。此外，博物馆元宇宙还能搭建比现实博物馆服务场所更加多元的学习、社交、娱乐、办公的虚拟场景，用户能够根据自己的需求在真实与虚拟场景中自由选择交互的方式与伙伴，形成了一种去中心化、虚实融合的多层次社交网络结构，实现用户与用户之间、用户与博物馆元宇宙之间的非线性交互关系。此外，所形成的社交网络体系还应包括虚拟经济体系、学术交流验活动、会议与办公系统和文献资源等。

（四）虚实相融的资源生成

元宇宙在智慧博物馆应用的虚实相融初级阶段是增强现实，发展阶段是数字孪生，高级阶段是人脑融合。在博物馆数字资源生产方面，智慧博物馆首先应扩展原有馆藏数字库至数据中心，优化不同类型资源之间的联动功能，对多模态数字资源（虚拟情景资源、虚拟藏品资源等）进行聚类、融合和重组，搭建博物馆信息资源立体呈现的基础支撑。虚实融生的资源生成从技术形态上解决了智慧博物馆虚拟与现实服务环境融合受阻的问题，用户可以利用虚实角色的随机转换灵活获取数字资源，既能在原有服务资源设定序列中学习，也可以在个性化订制场景序列组合中获取资源，还可以加入自制场景进行资源再造。

作者简介：陈刚，北京国际文化贸易服务中心理事长。

从业务实现层面思考智慧博物馆建设

祁庆国

智慧博物馆建设已经成为当今博物馆工作的主题之一，特别是在新馆建设、老馆改造项目中，更成为支撑博物馆升级换代的顶梁柱之一。智慧博物馆建设是博物馆彰显时代性、深化服务性、拓展学术性和提升艺术性的重要方式，实施智慧博物馆建设已经成为数字时代的博物馆实现高质量发展的必经之路。

一、彰显时代性

近年来，关于"什么是智慧博物馆"的探讨越来越多，其中陈刚先生的论述具有代表性。他在文章中提出："智慧博物馆＝数字博物馆＋物联网＋云计算。""智慧博物馆以全面透彻的感知、宽带泛在的互联、智能融合的应用为特征。""物联网、云计算、移动互联和大数据技术是实现博物馆智慧化的四大关键技术。"

对于数字博物馆，曾有博物馆界老前辈表示担心和困惑：数字博物馆是否要置换或替代实体博物馆？显然，这种担心是不必要的。这是把实体博物馆与数字博物馆、智慧博物馆对立起来了。博物馆实现数字化转型，就像社会上已经完成数字化转型的诸多行业，这是必然趋势。数字形态博物馆，或数字形态的博物馆服务是对实体博物馆的全面提升。

（一）时代要求，历史责任

我国社会经济文化发展到当今阶段，公共文化服务已成为支撑社会发展之精神力量不断提升的重要方式。

2022年5月，中共中央办公厅、国务院办公厅印发《关于推进实施国家文化数字化战略的意见》，提出到"十四五"时期末，基本建成文化数字化基础设施和服务平台，形成线上线下融合互动、立体覆盖的文化服务供给体系。到2035年，建成物理分布、逻辑关联、快速链接、高效搜索、全面共享、重点集成的国家文化大数据体系，中华文化全景呈现，中华文化数字化成果全民共享。

2021年5月24日，九部门印发《关于推进博物馆改革发展的指导意见》提出，"大力发展智慧博物馆，以业务需求为核心、以现代科学技术为支撑，逐步实现智慧服务、智慧保护、智慧管理。"

国家战略部署的提出体现了社会发展需求，智慧博物馆建设已经成为博物馆界及相关行业、机构必须努力完成好的时代任务。

（二）新技术与新认知框架

智慧博物馆建设之所以重要、势在必行，还应从新技术与构建新知识体系的关系上加深认识。

科学理论和技术方法带来社会发展、转型。在转型阶段，需要利用新的科学理论和技术方法，重新认识世界和人类自身，包括重新审视历史，为适应新的时代提供依据和指导。如从农业社会进入工业社会，再进入信息社会，都是如此。需要形成新的认知框架、知识体系，形成新的价值观、伦理观等，从社会群体到个人都是如此。

新技术方法的应用，使认知的深度和广度、表达的普世和规范、知识的归纳和传播，获得了极大拓展。建设智慧博物馆，其实是构建数字时代的认知框架，帮助观众形成适应新时代的知识体系。可见，博物馆的时代责任之重大。

（三）博物馆行业的快速发展

改革开放以来，我国博物馆行业实现了高速发展，为智慧博物馆建设奠定了坚实的基础。特别是实体资源（藏品、文献等）基本实现了数字化；基于数字化的实体资源（数字化资源）和数字资源（原生），基本实现了展览展示、观众服务、文物保护、业务管理运行等的数字化；基于数字原创的虚拟服务，已在推进之中，这将更好地实现业务流程。

二、深化服务性

智慧博物馆的实现，最为直观的提升是在服务方面。把技术藏在"后面"，以亲切、轻松、精准的方式提供高效的服务。

（一）观念与态度

在建设智慧博物馆的过程中及未来智慧博物馆的体系中，博物馆与观众的关系发生很大变化，博物馆同仁需要清晰地意识到这个问题，并在工作实践中做好。

北京艺术博物馆（万寿寺）经过建筑大修和全面改陈，在2022年9月重新开放了。在古代家具展厅，修复上展家具所使用的传统木工工具，出现在展柜中，有场景、有物证、有人物，因此构成有情感的故事。这一做法表明，博物馆并不远离社会生活，而应是事物与生命的合一。

观众的地位发生改变，从单纯的参观者、受教者，变为文化发展的参与者、知识生产的合作者，知识的媒介从书本转向网络，知识成果发表的停止点不再明确。博物馆的发展需要多元力量，包括参与知识创造的公众、博物馆馆员、学术机构及学者、专业机构（公司）及成员和博物馆管理机构成员。博物馆应更多从观众感受出发，构思和实施相关工作。因为相比过去，智慧博物馆体系能够提供更多可能性，使观众获得更好感受。自觉换位思考，注重口碑积累。

网络时代，观众的评价传播更广、聚散反应更快，对观众评价的反馈和工作改进的方式也将更多、更广、更及时，博物馆同仁应有所准备，适应这种状态，以及相应的工作方式、工作标准和团队构成。

（二）组织保障

深化服务的组织保障，除了直接承担服务工作部门的构成之外，要在智慧博物馆体系提供的便捷的技术条件下，包括信息传递、状态预判、数据分析、领导决策等，实现各部门、各层级的协同、联动；从计划、到实施做好安排。需要强调的是做好服务，不仅是服务部门的任务。

（三）技术支撑

实现新技术支撑，博物馆服务工作的面貌将全然改观。

1. 进馆前

关注观众需求。做好服务的前提是充分了解观众的需求。以往这是很困难的。借助智慧博物馆系统大数据工具和网络媒体、自媒体，相对于以往，可以越来越及时、准确地感知观众的需求。其中特别是，忠实观众群体针对博物馆展览、活动等的直接性关注或意见反馈的把握，最具价值。

关注潜在观众需求。对于公众（潜在观众）消费情况的了解、分析，可以为博物馆提供参考性信息。

关注圈群。鉴于网络时代生活、老龄化社会生活的到来，因爱好取向、审美取向、价值取向等因素形成的圈群文化现象，为博物馆把握社会需求趋势，推出恰当的策划案和实施项目，提供了很好的机会。一个适合的项目，可带动一个群体，这个群体或许拥有广大人群。

2. 在馆

现在，无论是观念还是实践，博物馆界或已达成共识：好的展览，不能只是呈现一些直接具体、事件性认知，并不停留在知识、素材层面，而是进入到价值层面，使人不断成长，人生有所突破，并惠及他人；不能以单一学科、单一线条的理念和方式叙述，不能是观众个体的孤独行为，而应是由内而外、由精神到行为的提升；观众个体之间互动，构成探究的群体，这是真正的学习，融会贯通、润物无声的学习。

为什么需要这样的学习？人们所受教育、训练和经验，构成自身的知识框架和认知方式，这一切为人们描绘出世界的样貌，人们看到的世界，其实只是其自身所知道的"那个世界"。博物馆应该做到帮助人们突破自己、超越自己，突破学业、专业、职业的限制，克服单面人问题、求知功利化问题，树立正确的价值观，智性与诗性并重，不仅追求知识本身，还要领会价值，丰富情感，提高审美。

所以，博物馆是这样的空间：不是藏宝，不是赏宝，不是识宝，而是通过基于各种藏品构建的知识、知识体系找到真理；博物馆不是追求功利的空间，而是获得真理的空间，培育追求真理群体的空间。

3. 离馆后

观众离馆时和离馆后的反应，更能体现博物馆的展览或活动是否成功。

离馆时，观众是否会下载数字版展览及相关读物，购买文创品。离馆后，在媒体、自媒体上的评论，特别是亲朋好友之间的评论转发，圈群内的转发，将形成一定规模的舆论。

博物馆的平台服务，是博物馆在网络时代应推出的新服务，在智慧博物馆体系基本建成后，这一服务应该可以实现。所谓平台服务，需要提供资源、工具、功能。如能及时追踪，深化、拓展观众的学习、观赏，形成真正的持续参与。而且观众是以知识生产的参与者身份持续参与，这样，博物馆在网络时代的作用可算是较好发挥了。

4. 在网络空间（线上）

博物馆的现场服务对象与网上服务对象大体是重合的，自然会有少量不重合的。尽管是重合，对于网上服务对象的服务，还是要有合乎网络规律与特性的做法。

其一，需强调网上服务对象是由多样化人才构成的，在网络空间，各样才华的释放机会更多、力度更强，而约束更少。

其二，是凭借网络对话方式所形成的社交关系，大大加快了知识繁殖。

智慧博物馆体系的实现，使公众得到更多、更精准的网络服务，其受益远远高于以往。同时，这也给博物馆提出更高要求，不仅在技术建设上，在内容供给、功能提供和服务管理上，都将有太多挑战。

5. 博物馆信息系统架构

在博物馆全面实现了数字化治理之后，就已围绕藏品、观众、运行管理三条主线完成了数字体系建设，使运行管理模式更新，奠定迈入智慧博物馆阶段的基础。

不再靠经验，而是靠数据和系统工具，统计、分析、预测、决策；决策不在物理空间，而在数字空间。比如，利用物联网等技术，实时监测文物保存环境数据，并及时作出调整。

在实现数字化治理之后，博物馆工作计划与实施的出发点，因智慧博物馆体系的实现，具备了完成观念和行为转变的可能，即不再从博物馆自身本位出发，而是从社会需求出发。具体说，以用户为中心，不再是以业务部门分工为中心。每个馆不必独立开发完整系统，且空间管理平台化。如可利用国家级、省级系统平台实现区域内中小型馆的集群，观众自助式利用小型馆、微型馆。

三、拓展学术性

智慧博物馆系统对于科研工作带来的改变是巨大的。

（一）科研工作中常见问题

主要有把文物（藏品）研究等同于博物馆学术研究的全部；缺乏理论工具（方法论），局限于案例归纳、总结，就事论事方式；缺乏系统性，局限于讨论个别事件性问题；故弄玄虚而无实质内容；低层次重复等等。

（二）研究对象资源实现数字化

经过数十年的努力，国内大中型博物馆在科研对象资源方面基本实现了数字化。科研对象资源包括藏品、文献以及相关不可移动文物及地理信息。

其中需强调的是，其一，藏品资料的数字化、数据化，不仅是转变形态，更是意义、价值的挖掘、梳理和组织。标注（以知识呈现为目标）、关联是意义深远的工作。其二，原生数字资源是数字时代的文化成果。随着计算机、网络相关等技术的发展，在计算机系统、网络平台、移动网络平台上生成的数字资源，即原生数字资源。包括业务过程生成的文件，如观众预约资料、藏品流转信息等；观众参与互动生成的文件，如语音、文本、绘画、视频等；原创作品，如艺术家数字艺术作品、网络游戏、网络课程、网络文学、网络综艺节目，微信等社交媒体发送的信息等等。

书面文化、影视文化与数字文化，在思维方式、创作方式、传播方式、审美理念等方面具有很大差异。理解这个差异，把握住其中的规律，对于应用两类资源有帮助，对创造更好的直接数字资源，进而推进数字文化的发展有帮助。

（三）研究方法、工具走向数字化、智能化

研究方法、工具的转向数字化、智能化，可能是科研领域内比较超出人们习惯认知的一个方面。

1. 传统学科持续深耕

博物馆的学术研究，发挥主导作用的还是传统学科，只是学术思想和方法应该与时俱进，拓展视野，扩展胸怀，不能止步不前。对于学术界、特别是国际学术界的新理论、新成果及时掌握、运用。

大英博物馆《世界简史》第十五部分"现代世界的入口"（公元1375年至1550年），选用五件并不珍稀、昂贵藏品来讲述全世界如何进入现代社会，包括明代纸币等。这或许给我们一定的启示，反思是否充分挖掘了藏品的知识信息，是否能够超越"精品文物唯上"的惯性思维。

2. 新学科拓展与引入

进入数字时代，不仅是技术的发展，在学术领域也有新学科的出现，新方法的形成。比如文化计算等推进数字人文研究（重新定义和回答学术问题的更智慧、高效办法）的发展。重视、开展网络媒体传播规律的研究，须知网络媒体传播与工业时代信息传播的规律大不相同。

3. 底层逻辑探讨

科研工作不能停留在操作层面的讨论，不能仅仅是案例归纳方式，应摆脱低层次重复，探讨并把握知识传播、公共文化服务的基本原理。进行底层逻辑探讨，可以有很多理论和方法。比如，海德格尔在《艺术作品的本源》中提出"一切艺术本质上都是诗"。诗人开启常人难以认知的世界，让人们看到真实。这或许是博物馆做好展览艺术表达的基本原理。所以，博物馆人，不能思想贫乏，不能知识贫乏，不能语言贫乏，不能审美低下。

四、提升艺术性

在全民素质已有极大提高的背景下，博物馆同仁的境界与能力、品位与品味将是值得关注的问题。不可境界低、能力差，不可品位低、品味差。若想不陷于如此尴尬的境地，需要努力，而理论的提升具有关键性作用。

警惕并避免对审美低下的无意识。博物馆不能是审美的洼地；博物馆的每一细节，都应传递美。美，不只是好看，它是和谐，是境界，是真与善的纯粹呈现。高水准的审美，具有创造力、引导力。

数字时代，对品位、品味的要求更高、更综合。上海玻璃博物馆以"分享玻璃的无限可能"为建馆理念，这样高境界、高品位的建馆理念，必然引导、鞭策全馆人员做出高水平的项目。

再以2022年文博界频频推出的数字人为例，虽然形式是新颖的，但理念和内容是旧的。基本都是美少女造型，形象设计概念来源电视节目主持人、博物馆讲解员。而且，借数字人所呈现的内容、实现的功能，没有超出导览的范畴，只是现实人物形象的虚拟化。这就是在境界和品位上仍停留在旧的时代。其实，数字人或许可以是拟人化的知识库、服务台（中心），并应依照本馆的定位，设定角色及其容貌、性格和行为。

博物馆需要不断审视自己的全部作为和作品，是否能够帮助观众丰富知识、深化思想、提升审美。知识普及是博物馆需要做好的，但是普及不是迎合，普及更不是娱乐。具有趣味性的普及，知识表达应准确，艺术夸张和趣味化有依据的，分寸把握恰到好处，在审美方面给人以享受和滋养，并形成新价值。

此外还应强调语言能力。因为语言贫乏，则思想贫乏；人类借助语言思考和表达，错误的词汇带来错误的观念、思想，引发错误的行为。语言贫乏，表达能力低下，学术研究、成果转化（如展览等）将无法做的优秀。语言贫乏，则美感不足。语言贫乏，则表述僵化。

博物馆行业多数文章，文辞乏味，论述肤浅。提高语言能力，需要清理与充实同步努力。首先是借清理语言词汇之际，清理错误、模糊的观念和思想。其次是充实，应做到丰富，言之有物，词汇范围广；健康、严谨、规范、真诚、平和；没有调侃、无病呻吟等问题；通顺、文辞流畅、文脉清晰；具有特色、风格、美感和韵律。此外还应推进"博物馆学学术词语体系"的形成。

五、结语：理论提升促进行为提升

关于如何弘扬中华优秀传统文化，如果我们真能以此为追求，并掌握实施的规律，自然会有相当的成果。那么，这样的成果又构成提高了的新基础，越做越好。这就是境界与能力、品位与品味的关系及重要性之所在。

智慧博物馆建设也是如此。在博物馆智慧化建设阶段，更应重视诗性智慧的作用，或许这是一种复兴，找到创造力的根源。诗性智慧的激发与释放，人的本真创造力的回归与发展。智慧博物馆建设需要能力是复合的，知识是综合的，行为是共建的，实施是感性、理性并重的。

作者简介：祁庆国，北京博物馆学会副理事长。

实践篇

智慧博物馆大数据建设研究和实践
——以中国国家博物馆为例

李华飙　郝琳霰　赵　慧

智慧博物馆建设以数据为驱动力全面提升博物馆公共服务、社会教育、文化传播、集成管理等实效，构建博物馆大数据模型就像构建博物馆数据的"永乐大典"。本文将从三个方面对智慧博物馆大数据建设中模型的构建进行论述，首先理清博物馆大数据和大数据模型的基本概念，从基础定义层层深入理解智慧博物馆大数据模型构建，最后本文将以中国国家博物馆的实践为例进行深入探讨。

一、大数据和大数据模型的基本情况

（一）大数据的基本情况

对于大数据的定义，麦肯锡全球研究所给出的定义是大数据是一种规模大到在获取、存储、管理、分析方面大大超出传统数据软件工具能力范围的数据集合。IBM提出大数据都具有以下5V特征：大量、高速、多样性、低价值密度和真实性。大数据的"大量"无须细述，如今的数据早已能用ZB这样庞大的计算单位来进行统计，而ZB级别的数据带来的不仅仅是数据存储的问题，更代表数据处理速度必须达到一定界值，如此爆发型增长的数据更多的是以声音、图像、地理位置等形式存在，在大数据中提取有价值的信息宛如大浪淘沙，同时大数据的真实性是很多决策得以成功制定的基础。

1. 博物馆大数据建设现状

2015年，国务院办公厅印发了《关于印发促进大数据发展行动纲要的通知》，确定了推动实施国家大数据战略。2020年，中央文改领导小组办公室印发了《关于做好国家文化大数据体系建设工作的通知》。通知提出，建设我国国家文化大数据体系是新时代文化建设的重大基础性工程，也是推动文化数字化成果走向网络化、智能化的重要举措。作为文化产业的重要分支，博物馆也要跟紧建设步伐。

近年来，为了让文物"活"起来，国内博物馆先后开展智慧博物馆建设，积累了大量有价值的数据。但拥有数据，并不意味着拥有数据资产。如何将博物馆的数据转化为数据资产是当前研究的关键问题。虽然博物馆在日常运维过程中产生海量多源异构数据，但就博物馆数据总体现状来说，仍存在着散、乱、难问题，数据资源分散、缺乏高质量的编目标注信息、数据管理难，导致了数据利用率低，这并不能称其为数据资产。

2. 博物馆大数据建设目标

博物馆大数据建设目标是应用数据管理与分析技术，对数据进行深度挖掘，将数据转变为知识，再从知识升华到智慧，从而为挖掘数据价值、加强业务创新提供支持，提升博物馆的管理服务水平（图1）。

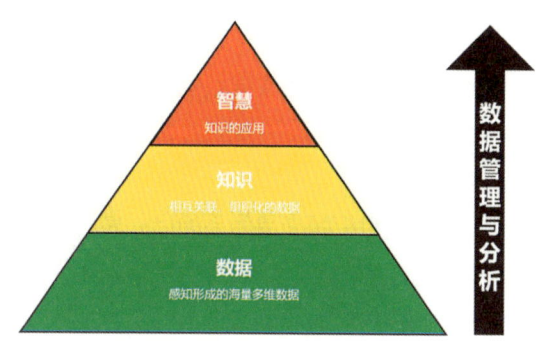

图1　数据—知识—智慧

3. 博物馆大数据建设路径

第一是成立专门机构集中管理博物馆数据资产。目前大数据战略日益得到各行各业的重视，但文博行业普遍对数据资源的利用重视程度不够。针对分散在博物馆各个系统、各个部门的数据资产，需要对博物馆数据资产进行集成、管理、分析，实现对数据资产的统一集中管理。

第二，统一设计博物馆大数据模型。要提升博物馆大数据管理能力，关键措施之一就是需要设计统一、标准的大数据模型，大数据模型可以包含概念模型、逻辑模型、物理模型，从不同的层面来描述数据架构，为智慧博物馆建设提供规范和标准，保证数据资源的持续建设。

第三，提升博物馆数据分析应用能力。提升博物馆数据分析能力。通过数据管理与分析，从数据背后发现规律，挖掘数据的价值。例如，若要分析博物馆的入馆观众数据，可以分析观众的年龄、性别、籍贯等，根据观众在馆内的活动轨迹，可以分析观众的兴趣点。

（二）大数据模型的基本情况

1. 大数据模型概念

大数据模型是大数据建设过程中承上启下的一个重要环节。从概念层面来解释，大数据模型就是现实世界在数字空间的表达。通过感知现实世界，将数据映射到数字空间，然后通过大数据模型组织成为一个有机的整体。从科学定义方面来解释，大数据模型是指利用相关的计算机技术从大数据中提炼数据特征，并用量化技术表达数据特征关系，以描述业务需求和模式的一种方法体系。

2. 大数据模型的意义

大数据模型可以使杂乱无章的大数据变得有章可循，使复杂的科学认识活动更有成效，让"对业务的表达与记录"转化为计算机可处理的格式，它是大数据建设过程中承上启下的一个重要环节。构建大数据模型是将数据转化为数据资产的关键环节之一，可为智慧博物馆应用打造坚实的基础。

3. 大数据模型设计原则

大数据建模的目标是将数据组织起来用体系的形式表达现实世界。大数据建模是一个数据组织和深度挖掘的过程，是从数据之中发现问题，解释这些问题，并建立相应的数据模型，通过预测提供新的决策支持。对于数据建模有不同的平台以及不同的工具，这个过程中也是有相应的准则，只要遵守好三大准则，就可以大大提高大数据建模的成功率。

准则一是以业务目标为驱动。大数据建模不只是一个技术，而是一个解决业务问题的过程。业务目标是它的驱动力。业务需求是理解问题的基础。从大数据建模开始到结束，都要基于业务需求来理解数据与业务问题的关联。

准则二是做好数据治理。数据治理是将原始数据转化为高质量的数据资产，使得后面的分析建模更容易利用它。

准则三是大数据建模的价值不在于预测的准确率。一个好的大数据模型是为了改变组织的行为以及以预测的结果来改善组织的行为，传递新的知识和见解，以及会不会适应业务的发展的需要才是它的衡量尺标。

二、智慧博物馆的大数据模型

通过业务需求分析构建的业务模型、通过数据组织构建的数据模型、用于大数据分析和挖掘的算法模型，以上三部分构成智慧博物馆大数据模型完整体系。既然数据可称之为资产，那么数据和其他资产一样，也是有生命周期的。只有充分地认识数据特有的全生命周期，才能更好地描述、量化、管理和应用数据。

数据的生命周期这个概念其实是根据科学研究的流程发展衍生而来的，它跟其他资产的生命周期不一样，数据的生命周期是一个迭代过程。不过针对不同的业务领域，数据的生命周期可能会有一些不同。特定的数据所经历的生命周期其实是由实际的业务场景决定的，不是所有的数据都会完整地经历每个阶段。对于智慧博物馆的数据生命周期，一般分为数据采集、数据存储、数据管理、数据分析、数据应用五个阶段，这五个阶段形成一个循环闭环（图2）。

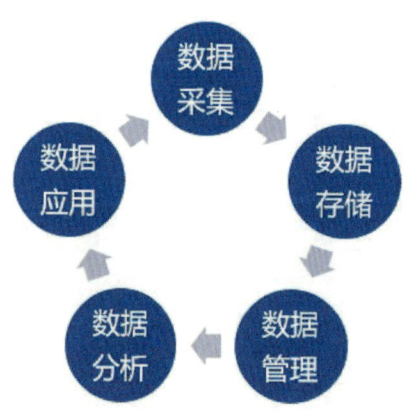

图2　智慧博物馆数据生命周期模型

（一）数据采集

数据采集是做大数据的第一步，是产生原始数据的阶段，通过数据采集使事物由现实世界进入到数字世界。采集的数据包含系统生成的数据，也包含人工采集的数据。

数据采集的范围很广，包括一些图片数据、CT扫描数据、激光扫描数据、环境监控数据等，也包括从业务系统中抽取的数据。智慧博物馆有很多业务系统，如藏品征集系统、藏品修复系统、智慧库房管理系统等等，从这些系统的数据进行抽取和聚合也是数据的采集。换一种角度来说，也可以从静态和动态两方面来看数据采集，对于馆藏文物、展览、基础设施的采集属于静态数据采集，对于线上线下等围绕人的行为具有较大变化的数据采集可归类为动态数据采集。

数据采集的工具多种多样，各行各业更是各不相同，博物馆特有的采集工具如文物的CT扫描设备、激光扫描设备、摄像头，对于一些业务系统的数据抽取工具一般比较通用，像kettle、RestCloud、Datastage都是数据抽取聚合所用的工具。数据采集系统则是一个整合很多采集工具和软件形成的集成系统，有时候也可能是一个纯软件系统。

以图3中的数据采集融合系统为例，从社教活动、预约服务、藏品管理等系统中采集数据，并通过API接口、ETL数据推送、共享交换平台、直报系统填报、数据库对接这几种方式接入归集库中。数据采集的原则是"业务需要的、有价值的，而且能够采集到的数据，才是我们确定要去采集的数据"。藏品相关的数据则是博物馆数据中最有价值、最值得去采集的。

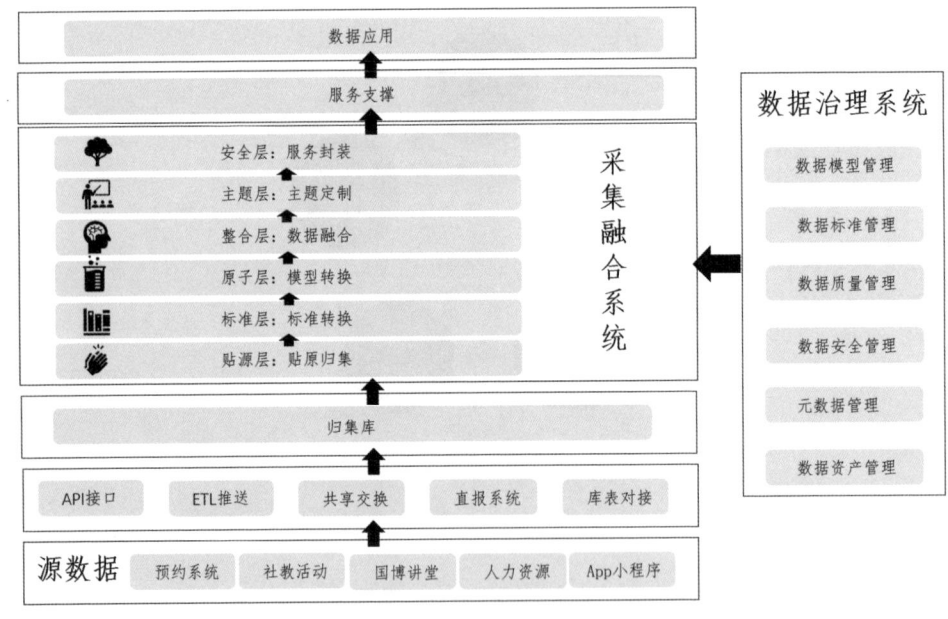

图3 数据采集融合系统

博物馆的藏品经历的每一个阶段所产生的数据信息都将是历史的见证。若藏品毁坏了，我们从它身上采集到的数据仍然对历史和社会发展、人类文明进步发挥重要作用。所以，在智慧博物馆的数据采集中，围绕藏品的登记、征集、保管、修复、展览等等的一切数据的采集（图4），都是至关重要的。

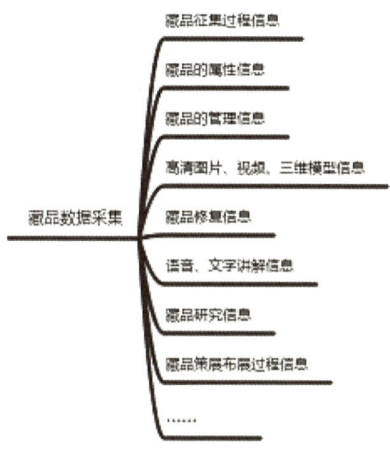

图 4　藏品数据采集

（二）数据存储

数据采集有两个方法，一是将现实世界感知成数据，二是将业务系统中的数据抽取（图5）。大数据的数据存储定义指非动态数据以任何数字格式进行物理方式的存储，这些数据的特点是海量、多源异构。

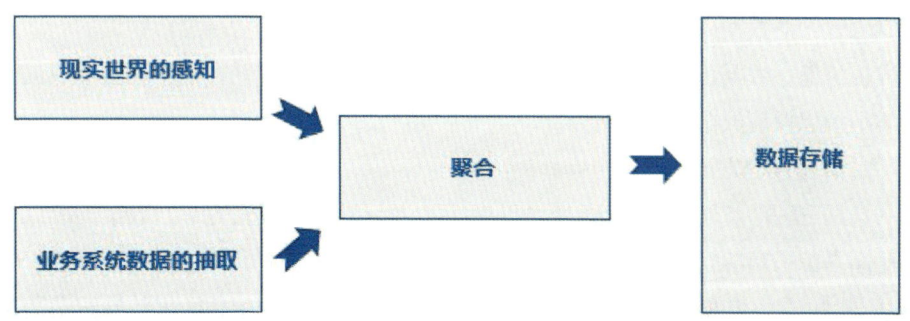

图 5　数据采集与数据存储

数据的多源主要指数据来源多样化，如数据可能来自应用系统、遥感影像、问卷调查、GPS信息等等。异构则主要是指数据结构上的差异性。

可以把纷繁复杂的数据归为三大类，它们都有相应的数据存储模型。这三类数据分别为结构化数据、非结构化数据、半结构化数据。其中，结构化数据是指那些关系性很强的数据，它们遵循统一的标准模型或模式。非结构化数据主要是指像视频、图像、语音这些数据，数据结构不规则或者不完整，基本都需要经过分析处理才能被使用。而半结构化数据，它有一定的结构，但关系性又不是很强，如Json和XML都属于半结构化数据，它们处理起来比非结构化数据容易一些。

针对这三种不同的数据需要用不同的存储策略和存储模型。结构化数据处理起来比较简单，一般直接存储在关系型数据库中，如MySQL、oracle、SqlServer。不过根据数据的用途不同，关系型数据库还可以分为事务型数据库（有时候也叫操作型数据库）和分析型数据库。

事务型数据库主要是实时响应，面向应用的数据库，响应及时性要求很高。分析型数据库则主要应用于在大量数据中分析规律，一般存储的数据时间跨度长，数据量大，对实时性要求不高，主要用来对历史数据进行分析。这类数据库可以作为智慧博物馆中的另一种数据存储方式，用来负责利用历史数据对博物馆各主题域进行统计分析。非结构化数据一般使用文件系统进行存储，目前基本都是使用分布式文件系统进行存储，如HDFS、Ceph。半结构化数据可通过XML格式来组织并存储到文件系统或数据库中。

（三）数据管理

将海量数据高效组织起来的形式就是数据建模。数据是一种资产，数据的管理其实与管理资产和物品有很多相似之处，都要制定一系列的策略、流程、制度等去监督、协调各个职能部门如何使用数据。但与资产不同的是，数据需要专门的治理控制团队针对数据去审计、治理和控制，这样才能保障它作为智慧博物馆的一项资产发挥价值。数据管理的核心是保证数据安全和数据质量的前提下，通过对数据的科学组织以保证数据的有效利用。

1. 数据管理方式

数据管理涉及面很广，比如数据的编目、检索、权限设置等等。数据的编目可类比图书馆书籍编目，按照一定的标准和规则，对数据进行分析、选择、描述、分类并予以记录，向使用者提供获取数据可访问性和定位等内容。数据的检索帮助使用者把数据库中存储的数据根据业务需求查找出来。数据的获取一般都需要分级分权限管理，必要的时候可能还需要多级的申请审批和记录审批记录，特别是一些重要的数据。

总之,数据的管理方式种类繁多,不同数据的管理级别也都不相同,需要每个博物馆根据自己的内部管理流程和业务的不同采用不同的管理方式,但最终的目的一定是安全高效。

2. 数据模型管理

数据管理主要包括数据模型管理、数据标准管理、数据质量管理、数据安全管理、元数据管理、数据资产管理(图6)。数据模型管理是模型构建重要的部分,包括根据业务需求构建业务模型,根据业务逻辑形成概念模型、逻辑模型、物理模型等。

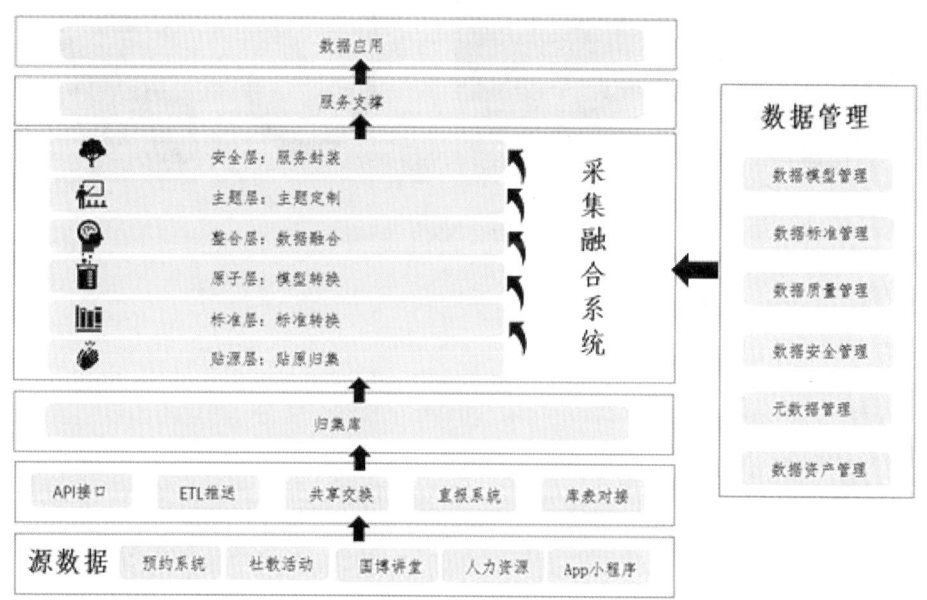

图6 数据管理

(1)数据模型管理:业务模型

生成业务模型即针对业务进行建模。对于博物馆来说,构建业务模型需要梳理业务目标,确定组织架构,确认岗位职责,了解业务流程、业务对象等等。

(2)数据模型管理:概念模型

在博物馆中,博物馆数据概念模型即将藏品及藏品基础属性、观众及观众基础属性、楼宇及楼宇基础属性等抽象成概念型数据进行表达描述。其中涉及的概念有实体、属性、联系、E-R图、指标体系等。

1)实体、属性和联系:实体

实体—联系方法是研究模型时常用的手段。概念模型中,实体是指客观存在并可相互区别的事物称为实体,可以是具体的人、事、物或抽象的概念。在博物馆中实体有多种形式和多种状态,其中藏品实体是博物馆最主要、最重要的实体。博物馆中的实体包括藏品、观众、展览、楼宇等,也包括在博物馆中涉及的藏品属性、藏品子属性、相关事件等(图7)。

图7 博物馆中的实体——藏品

2)实体、属性和联系:属性

实体所具有的某一特征成为属性,一个实体可以由若干个属性来刻画,这种属性是描述藏品的数据即元数据——关于数据的数据。元数据是指专门用来描述数据(数字对象)的内容、特征和属性,并对数据进行管理和结构化的数据。藏品元数据就是描述藏品的数据,既可以是单一的目录、图像、数值或多媒体数据,也可以是多个单一藏品相关资源组成的资源集合,或者是对这些资源生产、加工、使用、管理、保存等过程及过程中所产生参数的描述。

3)实体、属性和联系:联系

现实世界中事物内部以及事物之间的联系在信息世界中反应为实体内部的联系和实体之间的联系。所谓实体内部的联系是指组成实体的各属性之间的联系,而实体之间的联系是指不同实体集之间的联系。实体型之间的联系有三种:一对一联系、一对多联系和多对多联系(图8)。

4)E-R图

数据建模中常用E-R图(实体—关系图,图9)来表示概念模型关系。方形表示实体,菱形表示联系,椭圆形表示属性。实体与实体之间的联系可以是一对一,也可以是一对多。简单的E-R图如图2-7所示。

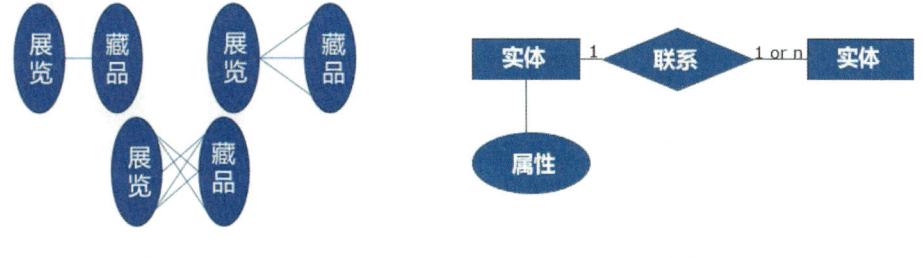

图 8　实体之间的联系　　　　　　　　图 9　简单的 E-R 图

以中国国家博物馆"古代中国"展厅为例，古代中国展厅展出经典青铜器后母戊鼎、虢季子白盘和四羊方尊等，这边是一对多的关系。大盂鼎与大克鼎既可以在国博"礼和万方——商周青铜器特展"展厅展示，也可以在上博"鼎盛千秋——上海博物馆受赠青铜鼎特展"展厅展示，这便是多对多的关系（图 10）。

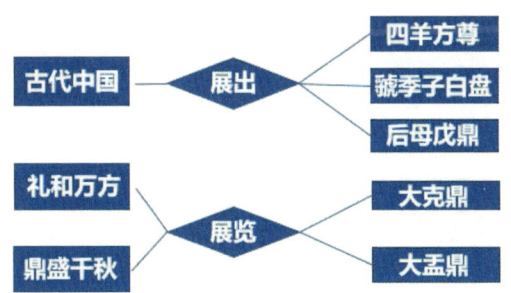

图 10　以国博展厅与藏品为例

5）指标体系

2001 年，国家文物局发布《博物馆藏品信息指标体系规范（试行）》（文物博发 [2001]81 号），清晰定义了藏品实体的各项属性。信息分类与指标体系结构如表 1-1 所示，通过层级分类法，可将博物馆藏品信息指标分为指标群、指标集和指标项三个层级，清晰表现了指标的体系结构。藏品信息指标体系包括 3 个指标群、22 个指标集、139 个指标项。该规范也规定了指标的编码方法。

在国际上，藏品指标也存在一个概念参考模型——CIDOC—CRM[①]。CIDOC 概念参考模型表述了一个"文化遗产信息本体"的概念，是为文化遗产文档中描述

---

① CIDOC-CRM 是一个适用于文化遗产领域的统一的全局信息参考模型。

的模糊和明确的概念与关系提供了定义和规范的架构。"本体"就是用来描述概念、实体及它们之间关系的表现形式的概念模型。CIDOC—CRM 提供一个通用并且可扩展的语义框架，使任何文化遗产信息都能用该框架描述，从而推动文化遗产信息的共享共识。这个模型建设目的是成为领域专家和开发者阐述信息系统需求的通用语言，并且能够作为构建概念模型的准则指南，现在看来已颇有成效，而且通过这种方式，为不同的文化遗产信息资源提供了必需的"语义连接"。

以越王勾践剑为例，依据 CRM 参考模型可以绘制的语义图（图 11）。越王勾践剑出土于荆州江陵望山楚墓群，该文物类型为考古挖掘品，因类属人造兵器故在 CRM 标准中其用类别 E22 人造物来表示，其与勾践以事件和出土地为联系建立关系。越王勾践以卧薪尝胆绝地反击，三千越甲强胜吴的事件闻名，记入语义图中，勾践的出生和死亡可以进一步绘制更详细的语义图。

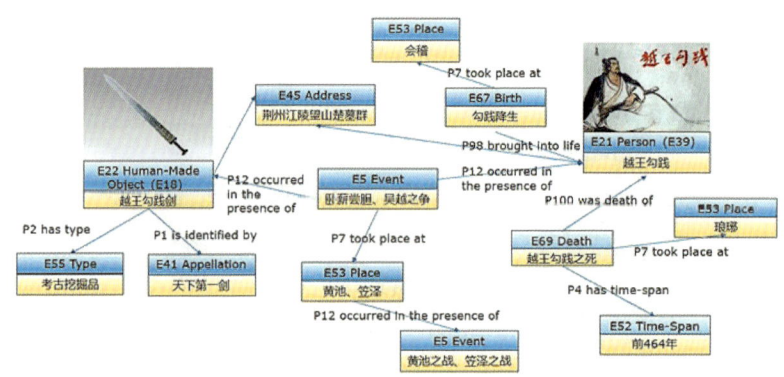

图 11　CRM 参考模型语义图实例

（3）数据模型管理：逻辑模型

逻辑模型按计算机系统的观点进行建模，将概念设计的内容转换为与数据模型相符合的逻辑结构，也是将概念模型转化为具体的数据模型的过程。进行逻辑结构设计时，首先应按照概念结构设计阶段建立的基本 E-R 图。其次按选定的管理系统软件支持的数据模型（如，层次 / 网状 / 关系 / 面向对象等），最后转换成相应的逻辑模型。

（4）数据模型管理：物理模型

数据模型的最后一步是构建物理模型。物理模型就是针对上述逻辑模型所说的内容，在具体的物理介质上实现出来，对逻辑数据模型选取合适的物理结构。针对博物馆多源异构数据，一般采取分级分类数据存储的方式。对于结构化的数据采取数据库存储的方式，则需要定义数据表，比如藏品信息表、观众信息表、设备信息表等。对于非结构化的数据，文件系统的存储方式是其更合适的存储策略。数据建模的四步是通过建立数据科学模型的手段解决现实问题的过程，实现了现实世界到信息世界到机器世界的转变。

（四）数据分析

数据分析是指用适当的分析计算方法将收集来的大量数据进行分析，挖掘数据价值，发挥数据的作用。为了提取有用信息和形成结论而对数据加以详细研究和概括总结的一个过程。数据分析目前一般采用分布式处理，就是把庞大的数据集分成多个较小的数据集来处理，这样能加快大数据的处理速度。

数据分析算法则多种多样，需根据实际业务需要进行选择使用。现在已经验证的典型成熟算法有卷积神经网络（CNN）、循环神经网络（RNN）、生成对抗网络（GANs）、深度强化学习（RL）等。在博物馆中，大体可以分为两类分析手段：第一种是设计算法模型，第二种是构建知识图谱。

（五）数据应用

数据应用是指通过多种形式对数据进行呈现或帮助管理层及业务部门进行决策辅助。数据应用案例可谓琳琅满目，各博物馆的数据也都不同，随着技术日新月异，数据的应用手段和呈现方式越来越多，如博物馆网站、APP，多媒体技术和虚拟展示、用户喜好推荐等，都是数据的应用（图12）。

图12　数据应用案例

如果博物馆在数据分析时已经有了藏品的知识图谱，再结合观众的数据，就能够给观众提供个性化的推荐和观展体验。从数据到知识到智慧，从采集数据形成知识图谱到提供个性化观览，生命周期模型提供了构建思路（图13）。

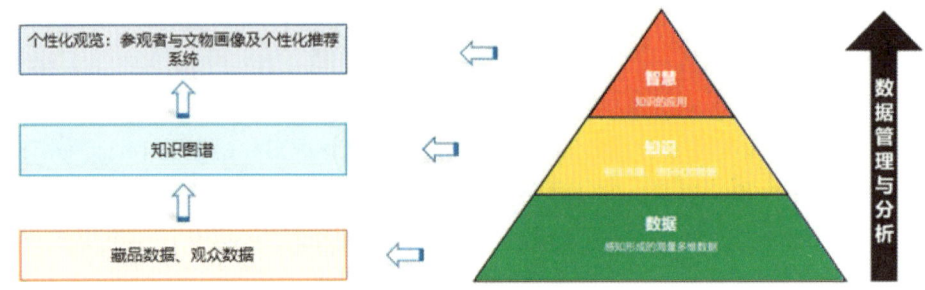

图13 生命周期模型实例

综上所述，数据生命周期模型整体通过数据采集、存储、管理、分析、应用等设计了业务模型、数据模型和算法模型，构建了博物馆数据模型完整体系。

三、中国国家博物馆的实践

（一）数据采集

中国国家博物馆（以下简称"国博"）主要通过专业设备进行高效原真数据采集和应用系统数据抽取两种渠道获取数据。国博主要从社教活动、国博讲堂、预约等系统中采集数据。

图14展示的是国博正在使用专业设备采集文物数据，目前已经采集近170万条二维数据，6000余件藏品的三维数据。

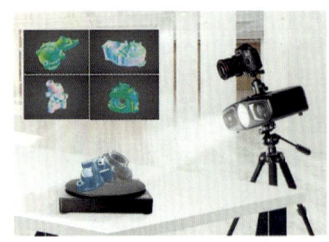

图14 专业设备采集文物数据

（二）数据存储

结构化数据和非结构化数据的存储方式不同，一般情况下，结构化数据采用数据库进行存储，非结构化数据采用文件系统进行存储。国博使用 Gauss200 数据库对结构化数据进行数据存储。对于非结构化数据，国博使用文件系统进行存储。

（三）数据管理

国博在数据管理的过程中引用了 56 个国家标准和 49 个行业标准，同时建立了人员主题库、和藏品主题库，构建相应的知识图谱。在系统管理方面，国博使用数据资源管理系统、藏品管理系统、文物保护修复系统和藏品征集系统进行藏品数据全流程管理。

数据资源管理系统主要以解决非结构化数据的采集、编目、存储、审核、发布以及检索、利用等业务流程为目标，内容包括三维模型、二维影像、音视频、展览全景漫游数据等。

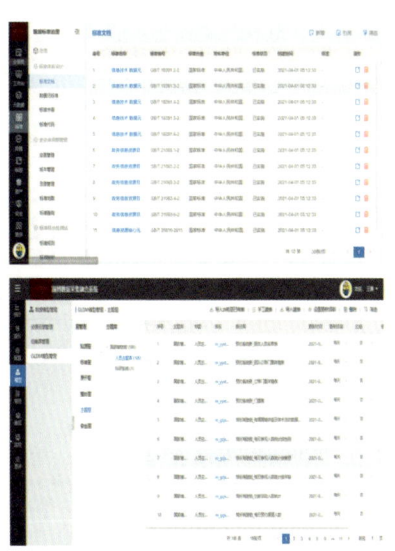

图 15　数据标准管理与主题库建设

藏品管理系统（图 16）不仅实现合理的账目管理功能，通过对藏品编目信息、方位信息、动态信息、相关资料信息、完残信息等的管理，生成藏品总账、各分类账，同时支持账目查询、导出或打印各种报表。实现了多维度的统计功能，实时统计当前藏品的各种动态信息，用户可根据需求选择多种统计指标以及统计标准，生成各类统计报表。此外，藏品管理系统在合理的权限管理的限制内，针对各种不同业务需要的用户群，也能提供便捷友好的藏品查询功能，包括藏品信息查询、账目查询、出入库记录查询等。

图 16　藏品管理系统

文物保护修复系统（图 17）主要存储文物修复信息，包括文物评估、检测、修复、验收等数据。这有助于主动构建国博修复保护技术和知识体系，提升文物修复人员的业务能力。藏品征集系统（图 18）囊括线索管理、鉴定管理、报批管理、专家库管理等内容，有助于文物征集工作开展，同时完善了国博收藏体系和结构。

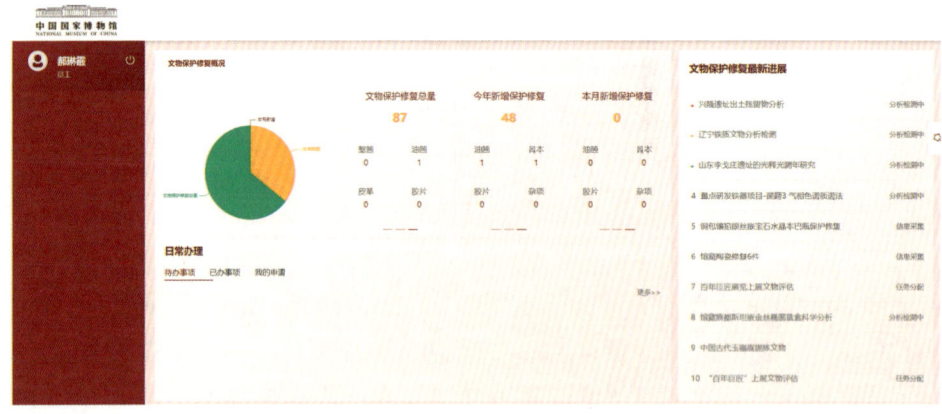

图 17　文物保护修复系统

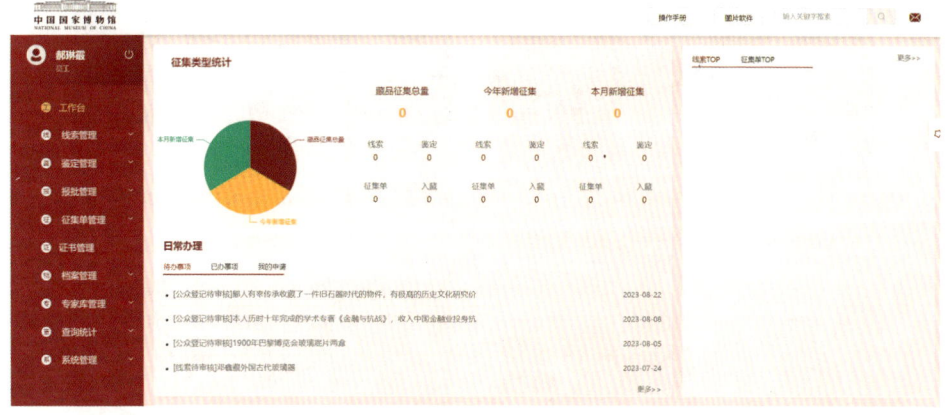

图 18 藏品征集系统

（四）数据分析

国博开发了一套甲骨文检测识别分割原型系统，可以对输入的甲骨拓片图像，进行甲骨文的检测、识别、分割、版面分析和识别校正。其中的检测识别和分割结果能够有较高的识别率，同时对拓片上的甲骨文单字单独在列表中进行展示，具有很高的便利性。通过甲骨数据定性测试对拓片上的甲骨文字符基本完成检测，并且字符定位的位置具有较高的准确度。对每个框里的甲骨文字符，检测和识别的准确率均能达到较高水平。

（五）数据应用

国博通过虚拟展厅、数据开放共享、开放授权、AR、VR等形式展现藏品信息。如图所示，国博开放了"金瓯无缺——纪念台湾光复七十五周年主题展"、国博云端、全球博物馆珍藏展示在线接力、东方红线上展览等67个虚拟展厅（图19）。用主题展览弘扬中华优秀传统文化和社会主义核心价值观，并积极推动文物保护成果创造性转化。

国博在官网上分期分批对社会公布馆藏藏品目录，重点包括藏品的名称、时代、普查编号、图像等信息，目前已公布78万余件。此外国博还对文物使用进行开放和授权，将所有数据分权限查阅和使用，做好数据的权限设置与授权管理，确保每个用户角色只能查看和使用自己权限范围内的数据。这不仅实现数据资源的集中管理、集中授权、数据共享，提高数据资源的使用效率和共享水平，提升文物数据的展示和传播功能，强化国博数据运营管理能力和价值创造能力，还提升国博数据资

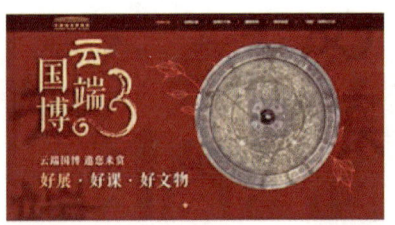

图 19　国博数据应用案例

源核心能力,推动中华文化"走出去"。

虚拟现实技术已成为建设智慧博物馆的关键技术。近些年来,由于新技术的飞速发展,虚拟现实技术广泛应用于博物馆的文物保护、展览展示、社会服务等方面已成为博物馆发展的新趋势。国博积极采用 AR 等技术,开放了扫图识文物等功能,将文物活化利用,让游客能够身临其境的感受文物,使文物突破时空的障碍,实行全覆盖(图 20)。数据的应用让观众在三维空间中纵览国博全貌,在虚拟空间中畅游展览展线,在增强现实中探索无限可能。

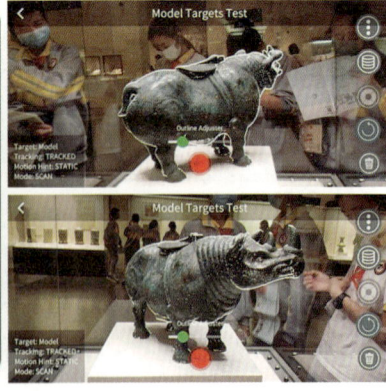

图 20　VR 应用——错金银云纹青铜犀尊

智慧博物馆大数据模型的构建服务于国家文化大数据体系建设，为落实国家文化数字化战略提供了基础支撑，将数据进行采集、存储、分析、管理、应用后赋能业务建设，进一步促进博物馆高质量发展。

（本文系国家文化和旅游科技创新工程项目"基于云端融合的博物馆智慧服务体系创新研究与应用示范"［课题编号：cxgcxm2021-083］阶段性研究成果。）

作者简介：
李华飙，中国国家博物馆数据管理与分析中心主任、正高级工程师。
郝琳霞，中国国家博物馆数据管理与分析中心助理工程师。
赵慧，中国国家博物馆数据管理与分析中心工程师。

参考文献：

1. McKinsey Global Institute. Big data: The next frontier for innovation, competition, and productivity [R]. New York: McKinsey Global Institute, 2011.

2. 李华飙：《智慧博物馆大数据模型的构建》，2020年，第6期。

3. 戴畋：《博物馆文物数字化影像元数据的研究与应用》，2020年，第6期。

4. 国家文物局：《博物馆藏品信息指标体系规范（试行）》，2020年。

5. 国际博物馆协会：《ISO 21127 国际文献工作委员会概念参考模型》，2023年。

中国美术馆藏品智慧化管理建设

——基于中国美术馆藏品智慧管理系统

张希丹

中国美术馆是中国唯一一所国家级美术馆，1958年开始建设，1963年对外开放，是当时向建国十周年献礼的首都十大建筑之一。经过近70年的努力，中国美术馆的藏品数量已经近14万件。在美术馆领域，中国美术馆的藏品数量已经是全国美术馆藏品总量的五分之一，几乎涵盖了近现代以来中国美术史上的代表艺术家、代表流派的代表作品，同时，还有丰富的民间收藏、经典的古代藏品和国际藏品，如毕加索、达利、安迪沃霍尔、利希滕斯坦、珂勒惠支等。

随着科技型智能社会的发展，新的社会条件和观众需求对美术馆发展提出了新的挑战。出现了展示空间虚拟化的趋向，智慧博物馆概念应运而生。智慧博物馆涉及的内容多样，尚在快速的发展当中，利用数字技术控制展场环境、越来越方便的网站、虚拟展厅、APP、公共社交平台等，物联网、云计算、大数据、移动互联、多媒体交互、人工智能、虚拟现实、区块链等多种新技术也都在努力和智慧美术馆挂钩。美术馆正在不断打破实体的围墙，不但可以走进来，还可以带出去。虽然观众不能将藏品带出去，但他们可以将藏品以信息、衍生品、趣味应用的方式带出去。

这样的生态系统显示出无论是实体的美术馆，还是虚拟的美术馆，处处离不开藏品的智慧化管理。库房工作紧紧围绕藏品，无时无刻不在生产数据，藏品本体信息、管理信息、研究信息，但同时，他们也希望更快速智能地调用这些数据，以便更安全、更高效地进行藏品出入库工作；修复室、摄影室也一样，他们在工作中产生修复数据、图像数据，但同时也希望更全面清晰地记录这些数据；而美术馆各业务部门产生的是研究数据，展览信息、研究信息、衍生品信息、公教信息等等，他们生产数据的同时，也有着更大的需求，希望更多更迅速更方便地了解藏品信息，以满足他们的相关活动。

可以说，美术馆是藏品数据的生产者，也是藏品数据的使用者。为了更加智慧化地进行藏品管理，满足不同人群对藏品数据的需求，中国美术馆与技术公司合作开发了中国美术馆藏品智慧管理系统。

一、建设背景

开发中国美术馆藏品智慧管理系统的前提是中国美术馆已经进行了标准的藏品信息采集。文物博物馆领域数字资源建设开始较早，从 20 世纪 80 年代便开始。21 世纪初，财政部、国家文物局联合启动了"文物调查及数据库管理系统建设"项目，经过 10 余年，基本廓清了全国文物系统馆藏珍贵文物的家底。

2012 年 10 月，国务院印发《关于开展第一次全国可移动文物普查的通知》。文化系统所属各级美术馆被列入普查范围。2013 年 11 月，文化部印发《关于开展全国美术馆藏品普查的通知》，通过普查全面掌握我国文化行政部门归口管理的各级各类国有美术馆藏品数量分布、本体特征、人文信息和保存情况，目标是总体评价国有美术馆藏品现状，为科学制定收藏、保护规划提供依据，规范美术馆收藏登记和藏品管理，加强藏品科学保护和利用，推动美术馆专业化建设。

21 世纪以来，国内美术馆事业蓬勃发展，格局不断完善，专业化建设和公共文化服务能力都有很大提升。但是，藏品的信息化管理却不容乐观，存在投入不足、家底不清的情况。藏品数字资源的采集比较分散，标准不一，存储散乱，难以为行政管理、保护研究和公众服务提供准确的资源支撑。资源闲置、信息孤岛的状况较为明显。

在这种局面下，中国美术馆扛起了引领全国美术馆开展藏品普查的大旗。在中国美术馆设立了全国美术馆藏品普查办公室，成立了由馆长牵头的领导小组，参与起草了《全国美术馆藏品普查工作标准》和《全国美术馆藏品普查工作规程》，在全国美术馆范围内，进行了沟通协调、人员培训、数据保存等工作，同时还完成了多家美术馆的对口帮扶计划，保证了文化与旅游部政府网站全国美术馆藏品普查子网站的正常运营和维护。

有组织保障、经费保障、统一标准、基础培训、质量监督，是此次全国美术馆藏品普查的特点。通过此次普查，基本上掌握了我国境内文化行政主管部门归口管理的国有美术馆藏品的数量分布、本体特征及人文信息，帮助各地美术馆建立了稳定、安全、直观的藏品数据框架，提升了他们的业务规范及管理水平，为今后拓展藏品资源运用打下了坚实的基础。

与全国各地的美术馆相比，中国美术馆藏品数量巨大——几乎占全国美术馆藏品总量的五分之一；种类多——涵盖国、油、版、年、连、宣、漫、水粉水彩、素描、摄影，更有丰富的民间美术，这导致了中国美术馆的普查难度非常大。中国美术馆克服人手不足，场地有限，日常工作繁重的重重困难，在毫不影响其他工作进行的同时，坚持高于全国普查的标准开展藏品信息采集，经过近5年的不懈努力，圆满完成普查任务，采集到十余万件藏品的标准化信息，并完成相应的登录、审核及上传工作，为藏品数据库的建立打下了坚实的基础。这些信息数据，是利用新技术、新思路对中国美术馆藏品家底进行的一次盘点，采集数据标准、有效，图像清晰，可满足今后相当长一段时间内的业务需求，无论是各种方式的信息提取——展览策划、画册出版、多媒体宣传、文化产品开发等等，都可从中受益。中国美术馆的藏品信息管理迈上了新的台阶。

二、建设目标

中国美术馆藏品智慧管理系统是一个递进式、逐步拓展的系统。设计之初，中国美术馆从六个方面设立其建设目标。首先系统应该是一个高效的、标准的、可扩展的开放式系统架构，相关的功能模块可以通过不断的更新改造相互挂靠链接；第二系统要贴合中国美术馆实际藏品管理和应用的工作流程，真正做到智慧化管理，而不仅仅只是一个电子账本；第三制定藏品著录信息、声像资源、藏品利用等对象的元数据标准规范，并在该标准规范的指导下建立关系型和非关系型的藏品数据库；第四是系统要对藏品普查产生的大量数据及后续对持续不断新入藏作品采集的数据，藏品频繁利用带来的数据进行科学存储与容灾备份；第五，放弃传统管理模式，进行系统功能定制，全新考量功能关系，对藏品从征集、保管、到展览、研究、日常维护、修复等全流程信息，进行统筹考量；第六，系统要与现有OA系统无缝对接，实现协同高效合作，而不是相互制约；第七，通过搭建安全的数据传输网络，系统最终能够实现PC端、移动端、手持扫描设备等多点应用终端的互联互通。

三、服务对象

第一阶段，系统平台首先为中国美术馆内专业人员服务，主要用于征集部、典藏部、展览部、研究部、修复部、事业开发部等部门，满足馆内不同部门对藏品的信息需求，包括采集录入、检索、应用等。

第二阶段，系统会在综合考量著作权法等法律法规的基础上，与官网对接，逐步向社会公众开放，促进藏品活化的同时也可以发挥专业观众对藏品的鉴赏、评价、研究的主观能动性，扩大藏品数据生产范围，利用大数据平台对公众的反馈进行深度挖掘，进一步提高藏品管理和应用的智慧化程度。

与文物类博物馆不同，美术馆与当下结合紧密，处在持续不断的藏品征集过程中，受著作权法的影响比较大。中国美术馆收藏工作开展得较早，藏品著作权情况较为复杂，大致上可分为已过保护期，未过保护期但与艺术家或家属有约定，未过保护期与艺术家家属无约定，佚名著作权属不明等几种情况，因此在数据开放的同时要注意尊重和保护相关著作权人的利益，不能一蹴而就，无差别开放藏品相关数据信息。广泛互连，资源共享是信息社会的重要发展趋向，在这样的社会发展大背景下，梳理藏品著作权属情况，根据不同情况，有针对性地开展藏品数据信息的应用是十分必要的。

四、总体设计

基础环境层，该层通过构建虚拟专用网络，将数据传输环境从公网剥离，保障数据安全；充分利用现有硬件资源和软件资源，构建私有云存储，提高数据安全和服务质量。

通过对数据资源的有效分类，建立完善的元数据管理规范，从而更加合理有效地实现资源的高效利用。

应用支撑层提供统一的技术架构和运行环境，为平台建设提供通用应用服务和集成服务，为资源整合和信息共享提供运行平台。

业务应用层是最核心的层级，主要包括藏品信息管理系统、声像资源管理客户端和移动端APP三大业务系统。作为核心业务层，其系统是需要分步实现的。其中，藏品信息管理系统是对藏品的著录信息进行全面的登记，对藏品利用过程进行跟踪，如出入库、维护、借出、参展等。也会对藏品进行统计管理；声像资源管理客户端主要针对普查过程中采集的大量高清图像数据，对图像进行信息扫描、定位、登记、归类、入库，并为需求方提供素材服务；未来的移动端APP是针对移动场景，通过 VPN 访问虚拟专网，实现藏品管理和移动办公的无缝对接，并保证数据安全。

服务层是利用业务应用层平台为系统用户提供全方面服务，录入、查询、统计、评价、制表等等。

五、主要功能

藏品信息管理系统主要功能模块包括藏品管理、藏品利用、库房管理、账目管理、统计报表、规章制度、辅助管理、系统管理八大功能模块，进入系统后首先呈现的是工作桌面菜单，提供公共的藏品检索页面及藏品预选栏功能，拥有直观的消息通知及预警功能。

藏品管理是藏品信息管理系统的核心模块，根据实际需求，开放给征集部、典藏部的工作人员使用，内容包括藏品本体信息、藏品管理信息相关的一些功能模块。需要说明的是，这些模块是相互并列的关系，实际当中会根据需要开放或关闭。这里简要介绍一些功能模块：

藏品征集主要是实现收藏部对藏品收集情况、征集过程中各类信息的记录，确保藏品征集过程业务信息存档与追溯，相关信息准确可靠，实现藏品规范入藏，统一管理。

藏品征集模块主要包括征集申请、来源、附件下载等功能。征集记录主要包含两个方面的内容，一方面是征集作品的本体信息，包括名称、尺寸、年代等指标项，这些指标项会随着征集完成流转到下一环节，不用二次录入，提高工作效率；第二个方面是藏品征集的管理信息，包括发起征集清单、来源、专家库、专家随机抽取、专家评议、征集经费、征集人、征集日期、征集经过、收藏号、版权归属等指标项，以及征集过程中产生的文档附件等相关信息。

藏品著录模块主要针对既有藏品的信息著录以及检索查询。藏品信息的展示方式主要分为两种，列表模式和缩略图模式，可以根据需要自由切换。藏品检索方式方便灵活，可以根据藏品的类别进行检索，也可以根据藏品的名称、作者、年代、主题等信息进行全文检索，还可以根据藏品著录信息进行高级检索，检索结果可以导出和打印。

值得一提的是，在藏品著录模块，藏品所有关联的所有信息都可以在藏品详细信息页面查看，包括全指标项著录信息、图像信息、出入库信息、入藏信息等等。

藏品利用模块包括"藏品展览""声像采集""藏品维护""藏品修复""声像提用"几个子模块，所有业务模块在新建时都以项目业务信息加藏品清单目录的形式体现，单据提交后会增加"流转记录"模块。除"声像提用"业务，其他业务藏品只有在库状态才可被利用，如果藏品是被占用的状态，系统会有提示，包括占用的单据编号和项目名称，则该作品不会被加入到藏品目录。

（一）藏品展览

根据展览的性质，藏品的利用可分成不同的类别，本馆主办本馆展出、本馆主办外馆展出、外馆主办本馆展出、外馆主办外馆展出等等。不同的展览类型有着不同的藏品利用程序。因为要与办公 OA 系统的审批流程区隔，以减少因为功能重合而带来的繁琐，该模块只开放藏品数据的流转，即发起项目，制作清单，通知库房，直至藏品确认出库，改变藏品在库状态。展览的相关信息也会在这个环节被记录，包括展览名称、展览时间、展览地点等，由此产生的相关文档，现场照片等都可以附件的形式上传，最大限度地保存相关资料，为大数据的形成及之后的数据整合关联创造条件。

（二）声像采集

声像采集模块包括藏品采集申请、采集记录详情查看、采集藏品目录、采集记录单、导出、打印、查询等功能。藏品采集记录包括采集时间、采集人、采集尺寸、采集图片格式、采集藏品记录等指标项信息。采集的图像资源会在系统中与藏品进行绑定关联，统一管理，从而满足馆内外绝大部分藏品图像需求，比如官网、APP、短视频、宣传片、纸媒的宣传册等。利用系统智慧管理的藏品图像会按照藏品登记号、分类号、藏品名称、年代、尺寸、收藏年代的规则命名，这种命名方式也是定制化的，通常情况下，一些管理系统采用的方式是系统自动命名，可能是一串数字或字母，这种方式，在图片利用时会带来很大的麻烦，需要专人对这些图片重新辨别命名，数量很大的情况下是非常不便的，即使数量少，但提用次数多，也会带来很大的麻烦和重复的工作，提用速度也并没有本质的改变，并不是真正意义上的智慧化管理。

（三）藏品维护

藏品维护的信息是藏品智慧化管理的重要内容。维护时间有长有短，也会影响藏品是否能被提用。在此模块下，系统设有维护清单、维护时间、维护地点、合作单位、操作方式、维护前状况、维护后状况、经手人、批件、工作影像等相关附件等指标项。

（四）藏品修复

中国美术馆设有专门的藏品修复部，内设油画修复工作室、中国画修复工作室。修复是藏品保护的重要一环，必须被清晰地记录。此模块设有项目名称、目录、负责人、修复时间、修复人、修复过程描述、修复报告、批件及工作影像等指标项。

（五）声像提用

模块主要包括藏品声像提用申请、声像提用目录、智慧匹配、导入、导出等功能。声像提用申请包含提取人、提取时间、提取规格、提取原因等信息。

（六）藏品出入库

此模块记录藏品流转的信息，包含项目名称、出库清单、提取日期、提取原因、双方经手人、预计回库时间、实际回库时间等信息，同时系统会自动提示已不在库而不能提用的作品。系统会根据出入库藏品所在库房，自动生成不同库房的出入库清单，方便库房管理人员打印查看。

（七）库房盘点

藏品盘点分成普盘和抽盘两种，此模块可记录相关信息，比如根据比例随机抽取盘点目录、抽取盘点监督人、盘点时间、盘点人、盘点结果导出等。

（八）统计报表

利用系统智慧化地管理藏品总账、分账，准确、形象地出具相关统计报表，包括列表、详单、导入、导出、打印、查询、分类报表、声像资源报表、藏品利用报表等功能。藏品列表主要展示藏品基本信息，详单显示全部信息，包括本体信息、管理信息、研究信息。

（九）规章制度

系统录入了中国美术馆在藏品管理方面的相关规章制度，征集工作管理办法、专家委员会工作细则、藏品管理办法、库房管理办法、影像信息管理办法等。

六、系统特色

系统最大的特色体现在系统功能上的定制，在数据流转上的定制。定制体现在系统的方方面面。如可以使信息流转标准化，馆内使用藏品数据资源的部门很多，各部门使用的表达方式和制表不一样，经常带来重复的劳动。在系统中，制定标准的藏品信息数据和同一的表格，并通过信息的自动流转，减少中间环节，极大地提高工作效率。

系统引入虚拟库房概念，也是其一个重要的特点。在实际工作中，藏品类别并不一定与库房完全挂钩，一个库房可能会分管几个类别，甚至多个类别，如果系统只以类别划分，则不能完全帮助库房工作人员，虚拟库房将实体藏品库房虚拟化到系统中，可以帮助库房实时掌握库房藏品信息和状态，促进账物相符。

七、基于系统的典藏活化

近年来,中国美术馆基于系统广泛应用藏品数据资源,呈现基础性、多元化、高端化等特点。

首先,中国美术馆在网站、移动客户端播放数字文化产品,吸引大量粉丝关注和互动,显著提高了文化传播的效能。特别是疫情期间,联合各大媒体,邀请观众在线观展;推出云课堂,开展馆长直播讲解等各种活动都有赖于藏品信息化、智慧化的管理。

其次,中国美术馆还以藏品信息数据为依托,建立"典藏活化系列展览"品牌,加强馆际交流,将各馆经典藏品请进来,送出去。通过一个个精彩的展览,将更多更好的藏品呈现在观众面前,以满足观众日益增长的文化需求。比如 2020 年举办的"向捐赠者致敬——中国美术馆藏捐赠作品展",2021 年举办的"在激流中前进——中国美术馆藏黄河题材美术精品展"等等。

以"在激流中前进"展览为例,策展团队从馆藏作品中梳理出展现黄河文化的作品 130 余件,涉及 100 余位艺术家。展览规模较大,筹备期只有 3 个星期,从藏品选取、查看状况、装裱、运输,到展览报批、展场设计、宣传册设计制作,如果没有强大的藏品信息化支撑是很难想象的。展览后期大规模的媒体宣传也有赖于便捷的藏品信息资源的智慧化管理。

典藏活化的方式是多种多样的,不仅限于展览和媒体多样化层面,丰富的衍生品也是重要方面。中国美术馆作为文化和旅游部首批确认的 7 家文化创意产品开发试点单位之一,几年间,共设计艺术衍生品 1400 余款、实现投产 180 余款专项经费文创产品,注册原创图像版权 200 余项。中国美术馆借助藏品信息化,梳理出世纪之风、古代经典、路德维希捐赠国际作品、民间美术、民俗非遗等几条主线,并在经典藏品 IP 化研究实践过程有所创新和突破,得到市场和消费者的检验。

作者简介:张希丹,中国美术馆典藏部副主任。

博物馆智慧化陈列展览的探讨与实践
——以天津国家海洋博物馆为例

黄克力

本文在提出对博物馆智慧化陈列展览概念、特点和问题的基本认识与探讨基础上，以天津国家海洋博物馆"海洋天文"和"海洋灾害"展厅在智慧化陈列展览方面的实践探索和相关的智慧化虚拟展陈模块建设情况为例，介绍了当前博物馆智慧化陈列展览设计实践中，对于不同主题类型展览的差异化策划思路和智慧化设计路径，同时也总结了关于博物馆陈列展览的智慧化建设的一些经验和思考。

一、思路聚焦：关于博物馆智慧化陈列展览的认识与探讨

博物馆是城市文明的核心场域，蕴藏着被公众理解、阅读和品味的文化内力。随着"互联网+"时代的来临，数字化、智慧化已经成为国家规划的一部分，其内容越发深度的联结大众生活，也对新时代博物馆智慧化事业的发展产生了重要影响。而智慧化陈列展览，作为博物馆智慧化建设中最直接触达观众体验的部分，更是受到了广泛关注。

"十四五"以来，文博行业领域内的一系列重要政策文件，都对博物馆智慧化陈列展览的发展趋势与规划提出了要求，尤其是中央宣传部等九部门《关于推进博

物馆改革发展的指导意见》（文物博发〔2021〕16号）、文旅部《"十四五"时期文化产业发展规划》（2021）、国务院办公厅《"十四五"文物保护和科技创新规划》（国办发〔2021〕43号）等文件，分别从科技支撑、传播优化、文化目标等多个方面，指出了新时代博物馆发展中重要的智慧化应用场景，同时将智慧化陈列展览体系的建设，延伸为横跨技术、文化、服务、管理、展示、传播等若干领域的复合概念，使之成为综合利用数字媒体、体感交互、虚拟现实、增强现实等前沿技术，结合跨媒介、新媒体的感知呈现形式，为参观过程提供拟真、沉浸、互动、新鲜的文化感知体验，从而激发公众自发参与文化思考和探索体验的一种创新展陈设计与实现形式。

简单来说，博物馆智慧化陈列展览的主要特点，主要表现在以下几方面：一是数字科技赋予展览空间新的表达方式；二是交互体验引导观众对展览主动探索；三是沉浸氛围营造引人入胜的叙事语境。具体而言，智慧化陈列展览首先通过在展示空间的构建和体验形式的设计中引入更多数字技术，为观众提供有别于传统展厅空间的观展氛围，而后经由交互性体验，进一步引导观众对展览主动探索，带来数字化、沉浸式的信息感知，其过程强调在互动参与中获得知识信息，旨在引起观众主动探索展览内容的兴趣。因此，智慧化陈列展览的主题策划和叙事方式，一般都主张从观众视角与感受出发，注重在沉浸式氛围中营造身临其境、引人入胜的叙事语境。其建设往往需要回答以下问题，即智慧化陈列展览的导入是否能够帮助观众更好的理解展览意图和融入展览氛围，启发观展动机，拓宽信息通道，激发学习兴趣？其内容的营造是否能够引导观众在参观体验中更好地完成个人知识体系的确认、强化与拓展，实现展览内容与参观者个体认知间的思考链接和意义建构？它的最终呈现又是否能够使博物馆展览从单一向度、被动接受的传播场景，转变为交互呈现、多元阐释的对话场域，有效提升博物馆文化传播与教育普及的效能，更好实现博物馆作为终身学习场所的教育职能？

天津国家海洋博物馆在自身陈列展览的智慧化建设过程中，也对上述概念、特点和问题进行了深入研究与探讨，并最终通过围绕海洋文化的不同叙事主题策展实践，探索和印证了智慧化陈列展览在当前博物馆建设中重要的赋能意义。

二、营建之道：天津国家海洋博物馆智慧化陈列展览的探索与实践

天津国家海洋博物馆是集收藏、展示、研究、教育于一体的，我国唯一的国家级、综合性海洋博物馆，是经国务院同意，国家发展和改革委员会正式批复的国家

重大项目，由自然资源部与天津市人民政府共建共管。该馆位于天津滨海新区中新生态城，占地面积15万平方米，建筑面积8万平方米，展览展示面积2.3万平方米。展陈设计以"海洋与生命"为核心命题，通过海洋自然生态、海洋人文历史、海洋科学技术等多个维度诠释海洋与生命、海洋与人类关系的全貌，共设6大展区16个展厅，并设有教育中心和对公众开放的4个科研工作室。

天津国家海洋博物馆的展陈策划中，始终秉持"海洋之辽阔即是题材之广度"这一思路，在海洋自然生态类展览中构建了远古海洋、今日海洋、龙的时代、海洋灾害体验厅、蓝色家园、航海发现之旅等多维度诠释海洋生态变迁的主题；在海洋人文历史类展览中呈现了中华海洋文明一、二、三篇章及航海主题文化空间等记录中华民族向海而生、与海和谐共生的内容；在海洋科学技术类展览中，诠释出从风帆到行轮、筑梦极地、海洋天文等展现中西方海洋科技进步和人类不断探索未知的故事。这些跨度极大，甚至迥然相异的题材和内容，给了我们探索和实践智慧化陈列展览不同适配性和可能性的空间，其中比较有代表性的，是海洋天文和海洋灾害两个展厅的策划设计。

笔者认为，智慧化展陈的核心意旨是展览，一切智慧化考虑都应为展览内容和展览效果服务。因此，面对海洋天文和海洋灾害两个展厅在文化底本演绎、空间内在需求、信息感知方式等方面的差异，策展团队有针对性地选择了不同的智慧化陈列展览建设策略。其中，海洋天文展厅侧重视觉冲击和互动体验营造的感官审美，海洋灾害展厅侧重体验感知和氛围沉浸构筑的情感共鸣。

（一）在有形与无形间凝练感官之美——海洋天文展厅

海洋天文展厅以远洋航海与天文观测的故事为开篇，向观众展示了中西方文明在海洋科学技术方面的发展历史与技术进步，讲述了人类在群星指引下，乘风破浪、航行开拓的可敬故事，以及从蓝海走向星海，探索辽远宇宙的动人历程。整个展览分为星汉灿烂、日月之行、起航时代、遨游太阳系等几大部分（图1），采用蓝色为主色调，在以深色环境光营造了深邃空间氛围的同时，借助交互媒介、多媒体展项、大型灯箱、星体艺术装置和星空灯带等设计，为观众营造了海洋与星空神秘、幽渺的沉浸式参观氛围。

由于海洋天文题材涉及的内容距离大众生活比较遥远，因此传统展陈形式很难激发观众关注和探索的热情。为此，策展团队尝试以人类海洋活动中的天文学发现与发明为线索，运用智慧化、故事化的展品组合与氛围化、情境式的环境再现，打造静态与动态、时间与空间融合的交互叙事体系。

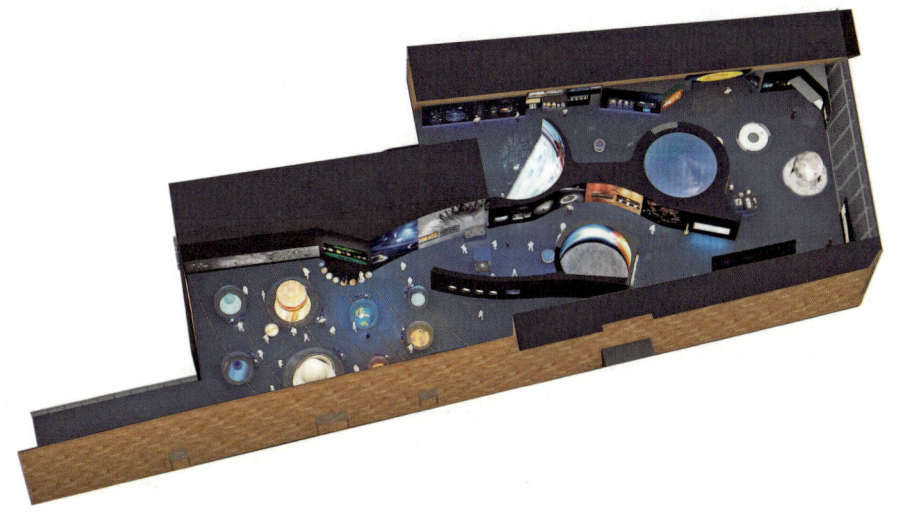

图1 海洋天文展厅轴测图

这样的设计,有助于观众从陌生、未知的"试探观看"走向知识、情感的"沉浸参与",从视觉的审美体验引发观展的"心流"建构,笔者将之总结为"在有形与无形间凝练感官之美"。

其中,有形是指在技术层面,通过导入智慧化陈列展览手段,构建出主次分明、情境丰富、多元互动的视觉层次,实现海洋天文故事"场景"和"全貌"的沉浸式呈现。无形,则是利用可见、可感、可触的智慧化体验,引导观众从浅层观看转向深度感知,在完成预设的知识传播目标之余,实现美好、独特而回味悠长的想象空间。

例如,海洋天文展厅的序厅设计有一块以"人类航海发展史"为主题的弧幕投影,观众站在屏幕前仿佛驾驶着船在茫茫大海上前行,以第一视角体验几百年来航海与天文的密切关联。这一设计以富有冲击力的视觉氛围和故事情境,吸引观众驻足观看,在展览之初就引导观众进入到关注和探索的心理基调当中。而在海洋天文展厅第一展区"星汉灿烂"中,则更为显著的运用了智慧化陈列展览手段,设计了综合应用雷达感应、触控互动和拼接屏幕技术的"中西方星空对比"展项。通过在拼接屏上进行触控操作,观众可以借由动画形式认识西方十二星座与中国二十八星宿的对应知识(图2),感受不同文化背景下人类探索遥远未知时共同的智慧与思绪。

图 2 "中西方星空对比"展项

"日月之行"是海洋天文展厅的第二展区（图3）。其中"日"的部分，由一面长达 4 米的投影墙面和四分之一切面的太阳结构模型组成，该装置通过对太阳动力观测台的太阳活动影像进行实时导入和同步播放，将遥远、专业的天文知识以影像化的体验呈现在观众面前。而"月"的部分，则以一件直径达到 3 米的月球模型为主展品。该模型依据 2010 年嫦娥二号采集的月面数据进行精细建模和复原，建成时是当时全国最大的根据真实数据建造的月球实体模型。通过这个模型，观众可以轻易分辨出环形山、月海、月溪等大部分月面的特征地形。这一展项也提示出智慧化陈列展览建设的更多可能，即科技的应用不仅表现在展陈手段的创新上，传统展陈形式通过前沿科技成果的赋能，也能够展现出更富有吸引力的展示效果。

在展示人类探索宇宙历程的"起航时代"展区，策展规划以互动体验装置为主。观众不仅可以通过触控拼接屏幕，完成对长征二号 F 火箭的虚拟拆解，观察其内部构造（图4）。更可以通过集全息投影、3D 打印、异面投影等多项前沿技术于一体的"火星千年梦"展项（图5），尝试体验人类改造火星构想的全过程。

球幕作为模拟天空状态的最佳沉浸式展项，也是海洋天文展厅中的亮点。海洋天文厅内的球幕影院（图6）采用地平穹幕影院形式，直径 8 米，建成后是当时全国唯一的可通过平板电脑实时操控的天文球幕。除了进行普通球幕影片的播放外，该球幕还能够为观众提供"每月天象"、实时天文讲解等互动教育活动。支持其科技感和艺术沉浸体验的，除了 2 台高对比度的天文馆专业 4K 激光投影系统外，还

图 3　海洋天文展厅"日月之行"展区

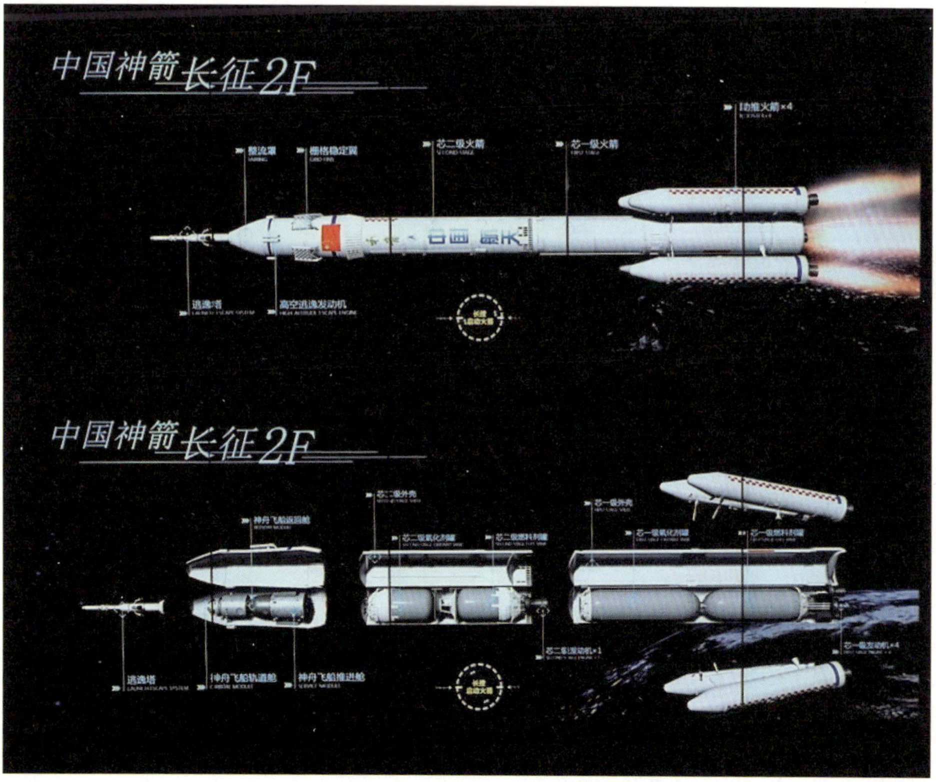

图 4　长征二号 F 火箭的虚拟拆解

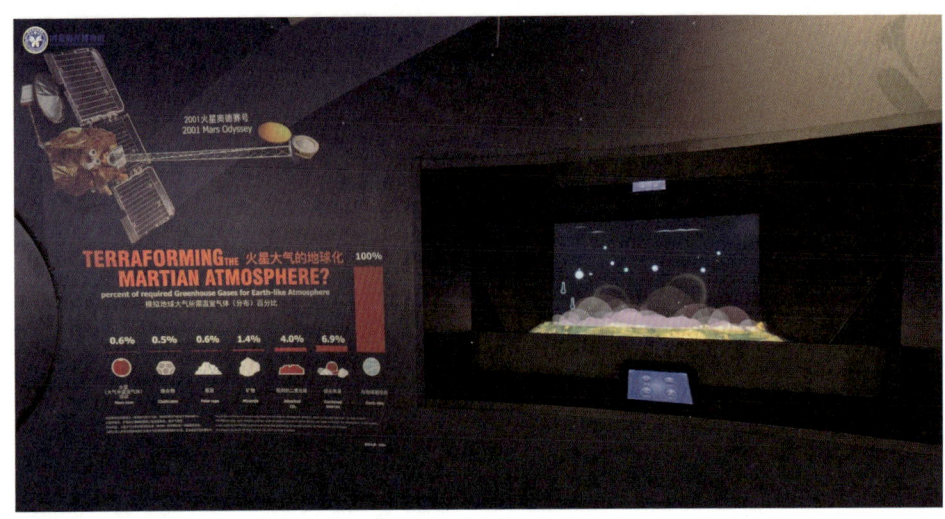

图 5 "火星千年梦"展项

有庞大的系统数据库。通过数据同步，系统能够将最新的天文模型和数据导入后台并展示。如在输入空间站轨道数据信息之后，后台即可模拟出对应的空间站位置，且以该视角呈现在近地轨道环绕地球一圈的体验。这样的设计，将距离遥远却又令人好奇的空间站以接近真实的视觉体验拉近到普通观众的感知范围当中，不仅营造出沉浸式的展示效果，更激发了观众的民族自豪和爱国热情。

除了智慧展陈带来的科技感，策展团队也关注对宇宙浩渺的氛围感营造。海洋天文展厅的"遨游太阳系"展区（图7）中，智慧化陈列展览手段便是为"氛围"服务。该展区的焦点区域结合灯光设计、装置艺术、灯箱展示、互动体验于一体，场景上方的灯带营造出银河系繁星点点的美景，下方设计的装置艺术展柜则反映出太阳周围近九十颗大小不同的恒星的相对位置。

这一部分的核心，是一面接近10米长的银河系图景墙。画面中接近上亿颗的星点，呈现了从地球的视角观测到的真实银河系图景（图8），其中还镶嵌欧洲南方天文台观测成果的视频展示，动态、全面的展现了银河系的瑰丽景象。在震撼的视觉效果之外，这一场景还特别设计了四个探秘洞，可以看到银河系中一些有趣的细节。比如由于过于靠近黑洞而被撕裂的恒星，大麦哲伦星云的内部细节，具有奇异螺旋结构的红巨星以及人类想象中未来仙女座星系与银河系融合的画面。科幻感、神秘感十足的宇宙图景却通过小小的探秘洞进行展示，这一对比有效激发了观众的好奇心和求知欲，也让观众通过探秘，获得了专注与沉浸带来的快乐。

图 6　海洋天文展厅球幕影院

图 7　"遨游太阳系"展区场景

图 8　地球观测银河系全景图（局部）

"遨游太阳系"展区氛围感营造的重头戏，是八大行星的展示空间（图9）。通过行星的等比模型，为观众构建了一个亦真亦幻的星球时空。当观众走入其中，除了视觉感知的震撼之外，还有"触摸太阳系""异世界体重计"等有趣的互动展项（图10），帮助观众从感官之美的惊艳走向探索欲望的满足。

图 9 太阳系"八大行星"场景

图 10 太阳系"八大行星"场景中的互动展项

"触摸太阳系"是反映太阳系综合信息的互动体验墙面,采用雷达感应装置和投影设计,观众触摸墙面不同星球,就能够展开详细的星球体积、距离等参数,帮助观众更加直观地了解太阳系行星的科学信息。"异世界体重计"的互动项目,则更加凸显趣味性。它采用感应装置和投影互动,观众站在代表不同行星的圆形区域内,就能够知道自己在其他星球上的体重。这个展项将智慧化展陈的方案转化为与观众拉近距离的有趣体验,也使展览的氛围从遥远的星辰大海重新回归人类的本体价值。

除了具备智慧化要素的展项设计之外，海洋天文展厅在一些视频媒体的传统展示中也导入了前沿技术，以进行更加丰富翔实的内容支持。比如，展厅接入了欧洲南方天文台"甚大望远镜"的360度摄像头数据，能够在北半球的白天实时展示南半球的星空数据，让白天参观博物馆的观众也能感受到实时观星的乐趣。再如，为了更好地模拟和阐述地球上所能看到的流星群，展厅同步了来自国际流星雨联合会的数据，实现了对流星体的互动模拟。观众可以选择一年中出现的任何一个流星群，观察其起因、分布以及和地球的交汇情况。

这些智慧化展陈技术的导入，不仅增强了海洋天文展厅的科学性、丰富性和互动性，更构建了神秘、辽远却又与人类生存息息相关的空间氛围，让观众在有形的展项和信息之外，感受到无形的触动和感慨。

（二）在融合与整合下启发情感共鸣——海洋灾害体验厅

与强调未知神秘和探索挑战的海洋天文展厅不同，海洋灾害体验厅（图11）旨在通过沉浸体验、复原场景、视频展示等多种形式，向观众介绍飓风、海啸、赤潮等海洋灾害及相关的防灾减灾知识。这一展厅展示的内容与现实生活有一定关联，但仍与日常活动距离较远，涉及的科学理论也比较专业和抽象。因此，在策划设计中，笔者带领策展团队将智慧化陈列展览的手段与传统展示媒介进行了结合，期待营造出观众与展览"同频共振"的展陈氛围。

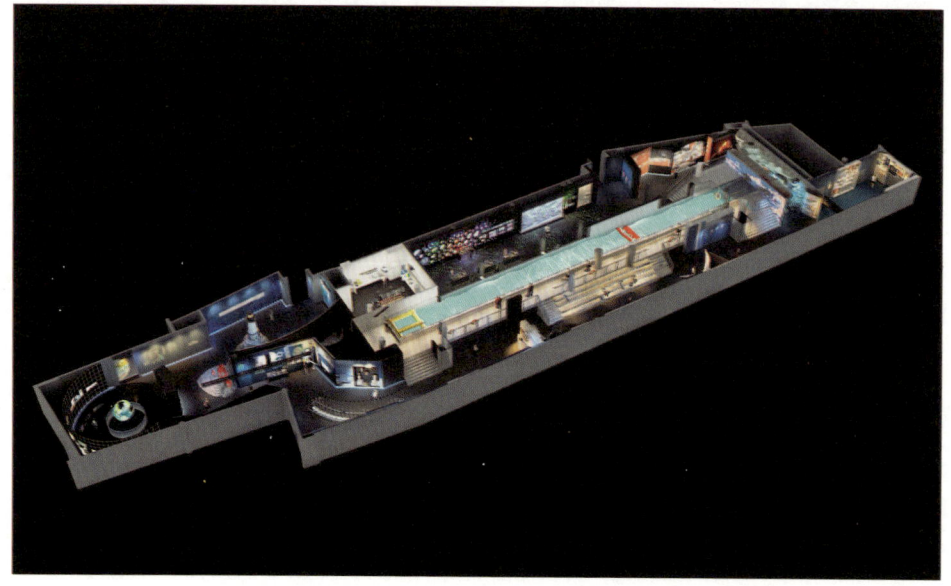

图11 海洋灾害体验厅轴测图

图 12 "动态星球"艺术装置

在具体实施中,该展厅的建设以导入精准、活态的相关科研数据,并将之进行形象化、故事化、体验化的塑造,笔者将之概括为"在融合与整合下启发情感共鸣"。其中,融合指的是将展览本身与公众感受进行融合,即实现展览与观众的"共鸣"。正如美国人弗里曼·提尔顿曾提出的"激发观众的注意,与观众产生联系,揭示意义"的阐释三原则,在海洋灾害体验厅展陈设计中,也关注利用探索利用智慧展陈技术,塑造出吸引关注、产生共鸣,启发探索的进阶观展环境。

而整合,则是指不仅要在形式设计上带给观众感官冲击,也要关注在内容上提高观众的认知效能。为此,策展中一方面注重展览引用数据的实时化和精准性,强调科学的严谨;另一方面考虑不同观众群体对展览内容和知识层次的需求,通过"活"的研究样本,如"真实"风浪以及活体海洋微生物等,把抽象的科学知识以具象的智慧展陈进行演绎,降低观众认知成本,强化展览科普效应。

如海洋灾害体验厅的第一展区"动态星球"中,就设计了一颗采用柔性 LED 屏制作的,直径两米的地球艺术装置(图 12)。通过展示地球的不同圈层信息和接入自然资源部卫星数据的实时全球海洋风场信息,该装置直观展示了地球各圈层之间的能量交换,也为开启关于海洋灾害的科普之旅奠定了基础。

在展厅的第二展区"风起浪涌"中,则设计了一件融合智慧技术的实物展品——实时水文互动装置(图 13)。24 根柱体中,每根柱体内的水位都会根据每小时的潮位信息进行显示。平日里可以清晰展现一天中的涨落潮;而在天津当地遭遇温带风暴潮时,因风暴增水导致的明显的潮位变化也能够一目了然。这一装置通过导入外海观测平台数据并实时传送到展厅,实现了智慧化的数据同步,清晰、及时、准确地向观众展示了海洋潮汐和风暴潮带来的影响。

图 13　实时水文互动装置

与此同时，该装置后台还储存了历史风暴潮的潮位信息，观众在触控屏幕上进行数值设置后，就可以在装置上观看模拟风暴潮效果。同时在这一展区，还设计了讲解台风形成、结构和影响的互动屏幕装置，对台风与风暴潮的关系进行了同步解读，并接入了自然资源部的附近海区风浪实时预报，以可视化形式，更加准确、明晰地展示来自海洋的信息。

位于海洋灾害体验厅中心的，是展厅的核心展项——波浪模拟制造机（图14），简称造浪池。该造浪池长 50 米、宽 3.5 米、高 2.3 米，能够通过数据中心模拟孤立波、规则波、聚焦波等多种海浪模式的生成，直观展现巨浪的生成与破坏力量。在这一展项的智慧化设计中，一方面设置了智能显示屏，通过多个摄像头的同步触探，实时呈现每次演示波浪的频率、波高、波形等信息。另一方面还引入了我国在"一带一路"海外工程中使用的双联块体防波堤，向观众直观展现了工程防浪的原理和作用，配合海浪发电机，能够对潮汐能发电等知识原理进行展示。

为了更加直观、全面地展示海浪生成的过程，海洋灾害体验厅的造浪池（图15）还安排了多个角度的观赏点位，使观众最大程度感受到海浪真实作用的景象，增加科普教育的在场感、体验感以及观众对海浪灾害的切身认识。

围绕核心展项，策展团队还设计了位于造浪池侧面的开放式 4D 体验剧场（图16）。结合台风过境完整阶段的视频画面和情景化的实体造景，4D 剧场运用情景模拟的展示手法，整合声光电感应系统及动感平台，构建了一个突破时间、空间限制的拟真氛围，让观众亲身感受到"风吹雨淋"的台风体验。

情景模拟的展示手法，也表现在展厅的"山崩海啸"展区中。这一展区模仿岩洞设计了一条"岩窟隧道"，配合红、蓝两色的波状光影，渲染出陆地和海洋间相

图 14　波浪模拟制造机（造浪池）展项

图 15　波浪模拟制造机（造浪池）侧视效果

图 16　海洋灾害 4D 体验剧场

依相生、相互影响的关系。隧道中设计有展示过去 11 亿年中大陆板块构造发展和陆地海洋分布变化的古地球板块运动互动展项，以及展示全球地震火山信息实时数据的互动展项，这些数据将地球活跃的岩石圈活动具象化地呈现在观众面前，也让观众认识到自然灾害其实并不遥远。

除此之外，展区还设计了一面 6 米长的等比缩放全球海洋和陆地地形模型，可以直观展示海底火山地震带、海洋大陆板块构造及海床地形、深度等互动内容（图17）。同时展区还设计了三块小型互动屏幕，展示了全球变暖造成的海平面上升情况，以及过去一百年来全球气温变化趋势。依托大数据的精准追溯，目前导入的数据能够精准展示到以月为单位，也成为科技发展赋能智慧化展示陈列建设的一个例证。

在融合与整合下启发情感共鸣，表现在海洋灾害体验厅的智慧化设计中，不仅体现为视知觉的震撼和科普力的到达，也同样体现在氛围感的认同和探究欲的触动。如海洋灾害体验厅的最后一个展区"海洋生态灾害"（图18）。就通过灯箱墙、海洋微生物活体观察和生物实验室三个部分，构建了一个氛围感浓厚的完整展示环境，启发了观众对于海洋科研的好奇感和探索欲。

这一部分展区的智慧化展示陈列手段，主要体现在科研逻辑的闭环和对观众自主探究精神的启发上。在设计中，生物实验室通过智慧化监测实现藻种培植、卤虫

图 17 地球测深模型交互展项

图 18 "海洋生态灾害"展区

孵化等培育工作，并将之应用于展区中面向观众公开的显微镜观测展项，形成了稳定的实验室循环。不仅打破了过去显微镜下观察载玻片的传统，更通过可以观看的实验室实际工作过程，大大提高了公众对于海洋生态研究的兴趣，实现了博物馆智慧化陈列展览"提升文化传播与教育普及效能"的初衷。

（三）探索无边界的博物馆——天津国家海洋博物馆的智慧化虚拟展陈建设

除了在具体展厅的策划中应用智慧化展示陈列手段，国家海洋博物馆也同样重视线上资源建设工作，着力打造全景海博智慧互动服务平台。通过"云"展览（图19）为观众提供了全面了解和体验博物馆的线上渠道。目前国家海洋博物馆所有的常设展览，都开设了高清数字展厅浏览的功能，为不能到馆参观的观众提供了便利。

基于海洋博物馆建筑结构和陈列展览主题，馆内还设计了一款移动端AR互动导览游戏《寻海》（图20）。《寻海》设计有人文和海洋两个主题，观众可以通

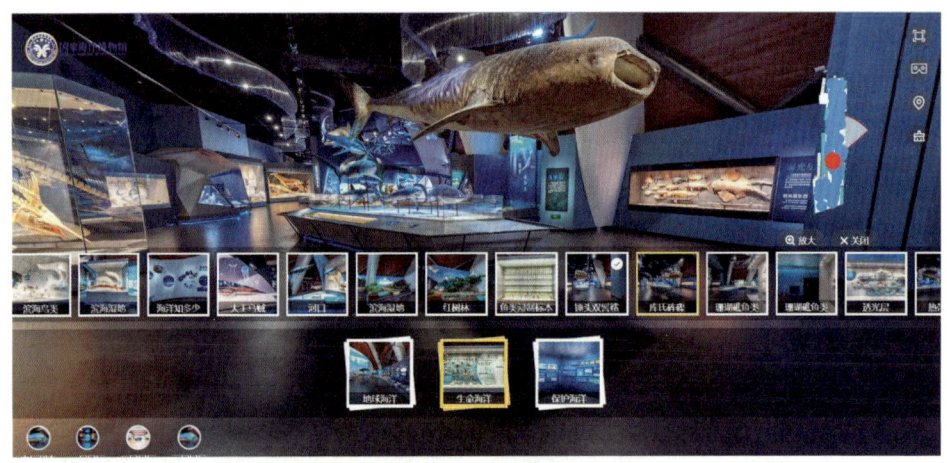

图19 国家海洋博物馆今日海洋展厅"云"展览

过自己的移动端设备与馆内导览导视屏幕进行线索联动，将参观体验从展厅实体扩展到虚拟世界。在趣味性、互动性、探索性于一体的交互游戏过程中，为观众提供多感官、多角度、全方位、立体式的参观感受，不仅激发了观众主动探索的观展热情，也进一步丰富了国家海洋博物馆智慧化陈列展览的内容。

从国家海洋博物馆"海洋天文""海洋灾害"两个展厅，以及全景海博智慧互动服务和《寻海》APP的案例可以看出，智慧化手段的广泛应用不仅拓展了陈列展览形式与手段的创新边界，同时也冲破了时空与介质的壁垒，让博物馆的展示和演绎由传统表达和单向输出，走向了情境展演与互动沉浸的新阶段。

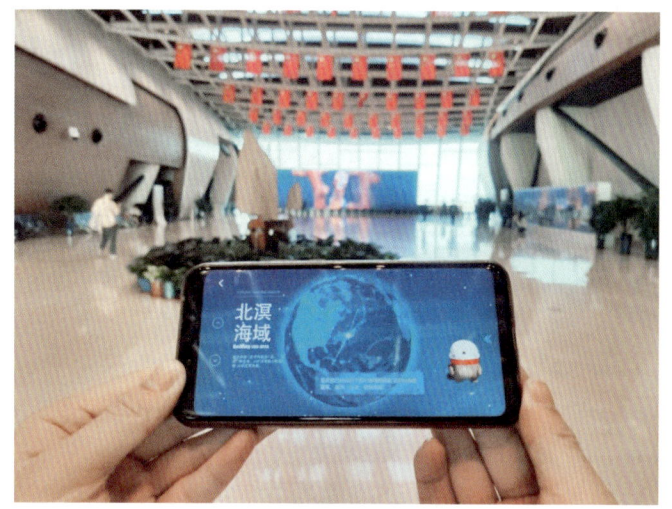

图 20　移动端 AR 互动导览《寻海》

三、结　语

借助大数据、物联网、云计算、虚拟现实、增强现实、混合现实等新兴技术，博物馆智慧化陈列展览实现了以"关注观众体验"为核心的展陈模式的升级，也给博物馆的策展思路和形式创新提供了更多可能。随着技术发展的日新月异，智慧化陈列展览正在让藏品"开口说话"，让展览自我演绎，让参观过程变得更智慧、更震撼、更奇妙、更接地气。

当然，目前博物馆智慧化陈列展览的发展也依然面临诸多挑战，例如技术手段与内容呈现之间取舍和平衡的标准尚在摸索，技术快速迭代对博物馆策展应变能力的考验也应重视，智慧化陈列展览相关的人才储备更需加强等等，这些都需要在不断的实践中探求和积累。但可以相信，作为智慧博物馆建设过程中的重要构件，未来的智慧化陈列展览，定当在不断的探索和尝试中，呈现出更多富有创意、引人入胜的展陈模式，将更多观众带入到博物馆叙事的场域语境当中，推动博物馆更好的实现其作为公共文化记忆之场的教育、传播与服务责任。

作者简介：黄克力，国家海洋博物馆名誉馆长，中国自然科学博物馆学会副理事长，技术工作委员会主任。

河南博物院智慧博物馆建设实践与探索

马萧林

河南博物院 1927 年创建于开封，1961 年迁至省会郑州，1994 年新馆开工建设，1998 年 5 月 1 日正式对外开放。院区占地面积 126 亩，建筑面积 5.5 万平方米，建筑群取"九鼎定中原"之寓意，体现中原文化源远流长、博大精深的特征。2009 年入选首批中央地方共建国家级博物馆。

河南地处中原，是华夏文明和中华民族的重要发祥地，从夏朝至北宋的 3000 多年里，有 20 多个王朝建都于此，留下许多珍贵文化遗产。河南博物院得天独厚，馆藏文物 17 万多件，尤以青铜器、陶瓷器、玉器、石刻等考古发掘品最具特色。珍贵文物数量多、种类全、是见证华夏文明起源、形成与发展轨迹，展示中国古代历史脉络的文化艺术殿堂。

2020 年 9 月，河南博物院主体建筑又以新的姿态向社会公众呈现，同时河南博物院推出了具有新时代特点和体现深厚文化内涵的系列展览。其中的"泱泱华夏择中建都"陈列面积 4000 平方米，展出文物约 5000 件（套），着重展示中原文化在中华文明体系中的母体地位和在黄河文化发展中的核心主干作用。

一、河南博物院信息化发展历程

河南博物院信息化建设起步较早，1994 年就开始了信息化建设，伴随着我国博物馆建设的发展历程，先后经历了博物馆信息化建设，数字博物馆建设的发展阶段，目前正在进行智慧博物馆的布局与建设。

1994 年河南博物院开启信息化建设；1997 年藏品管理系统、图书管理系统、资料管理系统、楼宇自控系统、安防与消防系统建成并投入使用；1998 年河南博物院网站开通，全国首次馆藏文物标准信息研讨会在郑州召开，河南博物院在国内文博界首次提出并建立了馆藏文物信息标准体系报国家文物局；2003年馆藏文物数据库建设；2009年陈列多媒体管理系统建成并投入使用；2011年RFID观众统计及票务分析系统、文物保存环境监测系统建成并投入使用；2014年数字资产管理系统、文物历史地理信息系统建成并投入使用；2015年河南博物院微信公众号正式开通；2017年馆藏文物三维数据采集工作正式启动；2018年河南博物院微信公众号开通；2019年河南博物院微博、抖音正式开通；2020年观众导览系统、多媒体集控系统提升改造、OA协同化办公管理系统建成并投入使用。

二、河南博物院智慧化博物馆建设的布局

"互联网+"本身就是一种跨界，是变革，是开放，也是一种融合。我们所处时代面临着巨大的变化，便是背后的驱动要素与跨界的关系密切。跨界是一种普适智慧。首先必须跨越思维之界，跨界应该成为一种行为方式，跨界考验的是系统的重组能力。

经过多年发展，河南博物院智慧建设在数字化的基础上，逐渐形成了以河南博物院数字信息为支撑，以阐释、传播中原文化为导向，以"智慧化保护""智慧化管理""智慧化服务"为发展方向，以"互联网+"、跨界融合为发展理念，以创新为驱动的发展模式的智慧化建设布局。

服务对象：对外服务社会公众（国内、国外），对内服务馆内业务及工作人员，强调信息采集和处理的变革，运用物联网等新技术形成博物馆新的基础设施，强调博物馆运行模式的变革，基于更全面的信息和更强的处理能力，形成数据驱动型发展模式；立足藏品资源优势，深耕文化内涵，创新性、多元性讲好文物故事。

这其中，创新驱动的关键要素包括三类：资源、客户、创新。河南博物院有着丰富的文物资源优势，现在我们在积极开展跨界融合的基础上，深耕文化资源，以创新发展为驱动，活化文物资源，积极开展跨界融合，探索智慧化发展的新路径，积极推动河南博物院与社会、与社会公众的广度的，不同层次的连接，构建与社会与公众之间的新型的发展关系。

三、河南博物院智慧化建设的总体架构

河南博物院信息化建设经历了前期的系统建设和数据采集，逐步形成了目前的以河南博物院数字信息为支撑的，以智慧化保护、智慧化管理、智慧化服务为导向的河南博物院智慧化发展的总体架构（图1）。

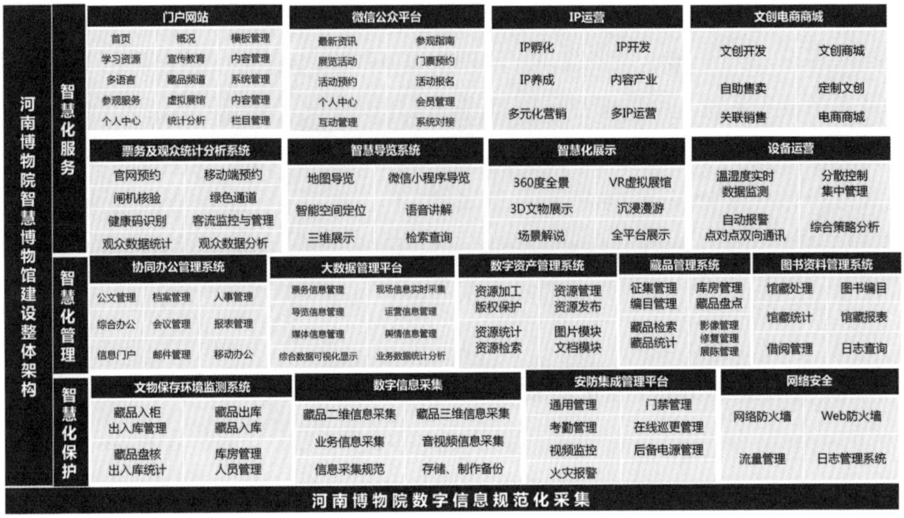

	门户网站		微信公众平台		IP运营		文创电商商城	
智慧化服务	首页 / 概况 / 模板管理 / 学习资源 / 宣传教育 / 内容管理 / 多语言 / 藏品频道 / 系统管理 / 参观服务 / 网上展馆 / 内容管理 / 个人中心 / 统计分析 / 栏目管理		最新资讯 / 参观指南 / 展览活动 / 门票预约 / 活动预约 / 活动报名 / 个人中心 / 会员管理 / 互动管理 / 业务对接		IP孵化 / IP开发 / IP养成 / 内容产业 / 多元化营销 / 多IP运营		文创开发 / 文创商城 / 自助售卖 / 定制文创 / 关联销售 / 电商商城	
	票务及观众统计分析系统		智慧导览系统		智慧化展示		设备运营	
	官网预约 / 移动端预约 / 闸机核验 / 绿色通道 / 健康码识别 / 客流监控与管理 / 观众数据统计 / 观众数据分析		地图导览 / 微信小程序导览 / 智能空间定位 / 语音讲解 / 三维展示 / 检索查询		360全景 / VR虚拟展馆 / 3D文物展示 / 沉浸漫游 / 场景解说 / 全平台展示		温湿度实时数据监测 / 分散控制集中管理 / 自动报警点对点双向通讯 / 综合策略分析	
	协同办公管理系统		大数据管理平台		数字资产管理系统		藏品管理系统		图书资料管理系统
智慧化管理	公文管理 / 档案管理 / 人事管理 / 综合办公 / 会议管理 / 报表管理 / 信息门户 / 邮件管理 / 移动办公		票务信息管理 / 现场信息实时采集 / 导览信息管理 / 运营信息管理 / 媒体信息管理 / 舆情信息管理 / 综合数据可视化展示 / 业务数据统计分析		资源加工 / 资源管理 / 版权保护 / 资源发布 / 资源统计 / 图片模块 / 资源检索 / 文档模块		征集管理 / 库房管理 / 编目管理 / 藏品盘点 / 藏品检索 / 影像管理 / 修复管理 / 借阅管理 / 展陈管理	馆藏处理 / 图书编目 / 馆藏统计 / 馆藏报表 / 借阅管理 / 日志查询
	文物保存环境监测系统		数字信息采集		安防集成管理平台		网络安全	
智慧化保护	藏品入柜 / 藏品出库 / 出入库管理 / 藏品入库 / 藏品盘核 / 库房管理 / 出入库统计 / 人员管理		藏品二维信息采集 / 藏品三维信息采集 / 业务信息采集 / 音视频信息采集 / 信息采集规范 / 存储、制作备份		通用管理 / 门禁管理 / 考勤管理 / 在线巡更管理 / 视频监控 / 后备电源管理 / 火灾报警		网络防火墙 / Web防火墙 / 流量管理 / 日志管理系统	
	河南博物院数字信息规范化采集							

图1　河南博物院智慧博物馆建设整体架构图

（一）智慧化保护——构建数据支撑的保护体系

sky一卡通综合管理平台——数字化技术为博物院安全保驾护航。2020年主展提升改造后再度面向社会公众开放，同时还完善了文物保存环境无线监测系统、安防消防集控系统等，利用先进技术强化文物安全保护力度。河南博物院安防sky一卡通综合管理平台采用模块化设计，能够对各个智能化子系统进行综合管理，可实现展区及库区的实时监控与报警，全面数据检索、统计与共享，同时可进行日志管理，事件跟踪，安防工作动态分析，保证多级数据安全。整个安防系统通过数字化、网络化、集成化组成一套完整的、高科技的、智能的安全技术防范体系。各个子系统既能独立完成各自的功能，也可以相互联动工作，技术强化文物安全保护力度。

各子系统及能独立完成系统功能，也能形成统一的系统之间的联动功能；充分体现系统对事件的快速反应能力。整个安防系统通过数字化、网络化、集成化组成一套完整的、高科技的、智能的安全技术防范系统。各个子系统既能独立完成各自的功能，也可以相互联动工作。

空调自控系统——协调优化运算实施对河南博物院场馆监测与控制。为了确保藏品的储存质量和观众有一个良好的观览环境，河南博物院对主展馆及文物库房构建了温、湿度自控系统，以实现针对不同藏品满足不同环境要求的空气温度、湿度的适应性调节。

位于主展馆控制中心内的DCS自控系统上位机大屏幕能及时地对主展馆及文

物库的暖通空调和相关机电设备进行清晰地集中监测与控制。通过监测诸如组合式空调机组、新风换气机组等设备的各种运行工况（如温度、湿度、流量、空气压差和末端设备开启等状态），以及制冷机组、循环泵等各相关设备的运行状态、报警和安全和能源使用状况，同时通过综合自动策略分析以及对设备实施有效的控制与管理，使各机电设备运行达到最佳状态并实现节能。系统还可以监测各机电设备和传感器的实时运行数据和曲线，并能在控制系统上修改各控制点的目标值；切换自动和手动控制。

文物保存环境监测系统提升藏品预防性保护水平。河南博物院文物保护建立有监测系统：《河南博物院文物保存环境监测管理系统》和《河南博物院文物保存环境监测可视化平台》，采用无线传感网络技术，在院区、展厅、展柜和文物库房部署140余个多参数监测终端，监测参数包括温湿度、紫外、光照、二氧化碳、甲醛和有机挥发物等，提升了河南博物院预防性保护工作水平。文物保存环境监测区域包括室外气象站、主展馆内所有展厅、西配楼展厅、重点文物展柜（包括金属、彩陶、甲骨和字画等）、精品临展厅和文物库房等。

馆藏文物藏品数字信息采集。智慧博物馆建设的基础是藏品信息的数字化采集，多年来，河南博物院以馆藏重点文物为工作重点，梳理文物保护需求，积极开展藏品数字信息采集工作，规范信息采集标准，加强藏品信息库建设，信息采集制度建设，统一藏品信息的加工、存储，以及规范化管理。组织开展了院藏文物的文物三维信息采集与建模项目，为院藏珍贵文物的开展数字保护、研究、利用夯实数据基础。

（二）智慧化管理——数据驱动发展路径的探索

智慧博物馆是一项系统工程，智慧博物馆建设重要的是观念、管理方式的转型，需要转变传统协作管理模式，推动博物馆内部人、财、物管理制度的体系化、流程化、标准化、精准化，创新分工明确、快速响应、高效协作的工作模式，提高管理效能。

河南博物院智慧化管理立足数据资源，探索智慧化管理的业务发展模式。着重从大数据管理平台建设，协同化办公，河南博物院数字资产管理等层面开展，重新对业务流程进行梳理，拟定与量化工作标准，让全馆信息能够实现平行、上下流动，实现信息的互通、开放、共享。

大数据管理平台探索数据驱动的发展路径。河南博物院坚持需求驱动和业务引领的原则，建设大数据可视化管理平台，将博物馆的游客、票务、运营、现场、导览、舆情、媒体等管理内容进行统一可视化呈现，辅助决策和综合运维，大幅提升了博物馆的信息化管理水平与公共服务水平。管理平台建立"物、人、数据"三者之间的双向多元信息交互通道。大数据管理平台以智慧博物馆融合平台为核心，实现数据互联互通与联动，并通过集成大数据分析、精准信息推送等手段提供丰富的应用和运营服务。

舆情实时监控防范与化解矛盾。河南博物院舆情工作开展的着力点在于加强网上舆情风险的研判预警和联防联控，建立重大网络舆情应对处置联合值班制度及协同工作机制，推动事后管理向过程治理转变、多重管理向协同治理转变，实现线上线下一体化治理，网络信息发布与发布主体同步治理。

主展馆开放期间，实行舆情监测平台全天候不间断监控及线上线下（展厅实地调研）、多平台（官网、微博、微信）、多部门（各部室、网信办、主流媒体）联动工作，通过定量、定性研判，客观把握网络舆情的核心诉求，以包容、担当、服务的姿态，回应并引导网络舆论。遇重大突发事件和群众关注热点问题，协同网信办及主流媒体主动策划、精心设置议程，对舆情走势和网络舆论进行正向引导。

业务协同化办公探索智慧化管理。2020年，在智慧化管理方面，积极探索协同化办公，积极展协同化办公平台建设，探索科学、规范化管理，标准化管理，协同化办公，数据驱动决策的发展路径。2020年11月，河南博物院办公管理平台上线试运行。共推出PC端和移动端两个版本，推出功能模块14个，11类48条工作审批流程，实现了的在线公义审批、财务审批、人事考核与管理、会议管理、数字资源使用管理等，全院线上协同化办公，过程透明，痕迹保留，逐步实现办公方式由传统向线上无纸化办公转变，初步实现了博物院在办文、办事、沟通、协作、共享的管理需求，办公平台的综合数据分析也将为管理与决策提供数据支撑。

数字资产管理系统——全院多类型数字信息的标准化、规范化管理。"博物馆数字资产"是指博物馆单位拥有或控制的、以电子数据的形式存在的、在日常活动中持有的、以备对社会发展服务的海量数据资源的集合。博物馆现有各类数字资源，如：藏品影像、新闻影像、三维数据、音频、视频、工作文档和软件资产等，经过规整和审核确认，只要符合"资产"概念的两个标准——导致未来经济利益、成本和价值能可靠计量，和一个内涵——对未来文化和知识所创造的艺术内涵和科学价值，都可纳入"博物馆数字资产"的管理范畴。

经过多年的发展，河南博物院积累了文物影像、新闻影像三维数据、音视频、工作文档和软件资产等一系列数字资源。2013年河南博物院开启数字资产管理系统建设。

博物馆数字资产管理系统是一个面向博物馆业务的数据整合平台，包含10大模块34个子功能模块。

数字资产管理系统强调的是博物馆数字资产的数据标准化和物、数据信息的关联性。通过将博物馆采集的文物关联信息，以技术手段进行数据关联、存储并统一标准，提高博物馆各类数字资源的利用效率，从而实现国内外馆际数字资产的信息共享交互，并促进文物知识体系的建立。

藏品、图书资料管理系统——构建博物馆藏品智慧保护管理体系。河南博物院自新馆筹建之时便开始藏品、图书资料管理系统建设，1997年藏品管理系统和图书资料管理系统正式运行。2022年，河南博物院着重对藏品和图书资料管理进行了功能提升，提升的藏品管理系统和图书资料管理系统规范了院藏文物及图书资料信息的科学、规范化管理，加强了对藏品及图书资料的规范化、流程标准化的管理，大大提升了工作效率，同时也提升了院藏数字资源的共享与利用水平。

藏品管理系统：以河南博物院藏品资源为中心，开发基于藏品相关业务管理的云应用，科学管理藏品的征集、登编、保管和研究。实现整体可视化业务数据分析和统计；应用访问不同馆、所管理部门，在统一的应用系统上实现自身相关业务应用；按照不同的业务部门、人员应用权限，配置不同的数据安全访问机制；着眼于博物馆信息化管理提升和文物保护管理发展需要，充分考虑现有业务需求扩展和技术发展趋势要求；在技术设计理念上体现可持续发展思想，为技术发展预留提升空间（系统升级、功能拓展、云平台集成等），为藏品保护、研究、利用以及具体流程的变化预留可扩展接口。

图书资料管理系统：图书资料管理系统为院藏图书及的资料的管理、借阅、编目、提借、盘点、注销、文献预订及采购等日常工作提供服务。建立完善的图书、资料管理档案，提高图书资料信息的共享与利用。系统实现双屏界面编目、总分馆书目数据清理等功能。通过编目工作建立完善的馆藏纪录，提供多种有效手段辅助编目。准确定位文献的典藏位置，可进行书目、期刊、非书资料的检索查询（热点关联检索、显示详细查询结果）；实现新增流通点、中央书目库检索点等功能；进行馆藏的登记、分配、剔除、调拨、清点、注销与恢复或彻底删除、统计等工作。

（三）智慧化服务——创新型、全流程数字化服务的实践

通过多年的数字化建设，河南博物院逐步构建出了全流程的智慧化的公众服务体系，实现精准、智能、多源、互动的模式，传播中原文化。多角度，多方式，多渠道，提多元的服务，为观众提供方便快捷的参观互动体验，保持和提升观众的关注度和参与感。

智慧票务预约——"以人为本"，为观众提供更为便捷的服务。2011年，河南博物院票务与观众统计分析系统投入运行。2020年，提升后的票务预约与观众

统计分析系统投入运行。票务预约实现了线上多渠道预约，同时开辟绿色通道，服务老年人，以及特殊人群。

观众统计分析系统。该系统通过票务预约及人脸识别等技术获取游客参观数据，对参观人数、游客性别、年龄、停留时间等数据进行统计和分析，通过大数据技术，对公众群体参观路线、观展时段的数据进行归纳、整合和分析，判断展览的展示效果，并预测出公众的文化趋向，为博物馆策展提供决策依据，为博物馆开展多样化、多元化、差异化特色化服务开辟了新途径。

智慧导览系统——优质的交互体验，人性化的功能设计。河南博物院在开放之时同步推出多媒体导览系统，为公众提供参观导览、地图导航、实时定位、语音讲解，三维展示等服务。

智能导览系统为公众提供博物院精品文物的在线语音讲解服务，对展线上200余件博物院精品文物提供文字、图片、音频、视频、三维欣赏等全方位深度地展示与讲解服务，深度介绍藏品的丰富的文化内涵，历史文化价值，让文物说话，帮助公众更好的理解文物，感受中原文化。观众可通过扫描文物说明牌上相应的二维码直接获取该文物的相关信息和导览信息，并可通过互动窗口随时发表观展感想。

智慧化展示——立足藏品资源，开展多样化的数字展示，提升观众的观展体验。2015年7月，河南博物院主展馆因抗震加固工程而闭馆。5年后的2020年9月24日，涅槃重生的河南博物院主体建筑又以新的姿态向社会公众呈现，同时河南博物院推出了具有新时代特点和体现深厚文化内涵的系列展览。其中的"泱泱华夏 择中建都"陈列面积4000平方米，展出文物约5000件套。该陈列是近年来河南博物院转变理念、开拓创新，围绕中原文明的特征、内涵、制度等相关内容展开，通过运用阐释、分析、比较等方法，将中原文化的源头性、核心性、连续性、融合性和创新性引向深入的一项重要实践。

博物院开放后，展厅多媒体数量较之前更多，形式更多样化。为帮助公众获得最佳的观展效果，博物院结合不同的展项，不同主题，充分利用多元的数字进行数字化展示，共同搭建博物馆面向参观者的多媒介延伸平台。仅"泱泱华夏 择中建都"展线中共安排42项数字化展项。在实施过程中，还注意多媒体展示点与周边其他展览设施的衔接过渡，体现出与陈列设计的空间完美结合。

打造"互联网+"的融媒体传播体系。新媒体时代，河南博物院紧抓机遇，积极打造融媒体平台，充分利用官网、微博、微信、抖音、今日头条、B站等各类新媒体实现信息资源的优化整合，打破博物馆文化传播的时空限制，促进中原文化、黄河文化得到全方位、多角度地解读和传播。

2015年，河南博物院微信公众号开通，目前关注用户103.09万。2019年官方微博自开通以来，平均每月阅读量为166万，粉丝32.3万。河南博物院头条号、抖音账号自2019年1月注册并运转，现有抖音粉丝14.2万，头条粉丝3.5万。新媒体使公众获取博物馆的文化信息更为便捷。

河南博物院立足资源优势，深耕与挖掘文物内涵，跨界融合，讲好文物故事，打造文化IP。顺应当前的考古热与博物馆热，河南博物院的引导与专家解读；央视国家宝藏、开讲了、学习强国、央视人民网等平台的应用；由唐宫夜宴、元宵奇妙夜引发的博物院寻宝、博物院打卡热。

文化IP1：从《国家宝藏》到《中原藏珍》。《国家宝藏》热播，河南博物院观众量比平时增加了大约1/3。平时日均观众量3000人左右，周末日均5000人左右。节目播出后，观众人数大约达到了七八千。春节期间，日均观众量最高时达到16000人。

2019年两会期间，河南博物院联合大河网等推出的《中原藏珍》系列短视频，之后又推出了10分钟以内《中原藏珍·讲述》系列长视频，2021年推出《红色记忆》系列文物纪录片。《藏珍》目前已推送150集，《讲述》24集，并成功登录学习强国平台进行推送。成为全国文博界"网红"产品。2020年6月，获"中华文物全媒体传播精品（新媒体）"入围项目第一名；9月，获"河南省2019年度'五个一百'网络正能量精品推选活动"——百项网络正能量专题奖；10月，获全国"网聚正能量 奋进新时代"第五届"网络正能量专题活动"奖。

文化IP2：从春晚《唐宫夜宴》到河南博物院《元宵奇妙夜》。2月10日，河南卫视2021年春晚《唐宫夜宴》成功出圈。统计发现，在微博平台，与河南春晚有关的话题有17个，总阅读量达25亿，总讨论量达到108万，5次登上微博热搜榜，节目视频播放量共计20.4亿。

河南卫视元宵奇妙夜播出后，河南卫视元宵奇妙夜、河南元宵晚会审美在线、河南元宵晚会是实景拍摄3个话题在播出当晚上了热搜。其中河南卫视元宵奇妙夜该话题吸引了4.7亿人的关注，23.3万人讨论。《唐宫夜宴》凭借5G+AR等科技因素实力出圈。用电视化表达给节目二次包装，利用抠像、三维、AR等虚拟技术，使观众看到的是演员在舞台录制和棚内录制后进行技术合成的结果。

云传播助力：通过电视端、移动端等多种渠道同时播放，借助网络与公众互动交流，使互联这个最大变量，变成博物馆发展的最大增量。既有主流媒体的口碑加持，也有大V或自媒体等的二次创作与传播，形成了去中心化的裂变式的传播路径。又引来海量网友参与，同时博物馆及电视台借助热潮，回应网友，拉近了与用户的云交流。

文化IP3：数字化引领新国潮——模拟考古坑—考古盲盒—线上考古。河南博物院专门在东配楼开设了博物馆社会教育体验厅，开放含研学活动教室、文物保护观摩体验、田野考古体验、古代天文科技展示及自主学习五大功能区为一体的1400平方米的全新综合实践体验中心。

"考古盲盒"是河南博物院推出的文创产品，它将考古工作的特点和盲盒的特殊属性两相结合，在对文物背后的故事进行深入挖掘和阐释的基础上进行的创造性转化。文物形象借盲盒形式出圈，让曲高和寡的文物"活"起来，更贴近社会大众。"河南博物院考古盲盒"及"盲盒玩出考古快乐"的话题坐拥数千万的阅读量和3万多的讨论，一举将关键词"河南博物院"送上了同城榜的热搜首位。2021年国庆假期，河南博物院在支付宝地下室推出"在线考古盲盒"博物馆小程序，吸引超200万人打卡抢购，其访问量和收藏量在景区小程序上双双领先。

文化IP4：多元化的"华夏古乐"立体化展演。2000年成立以来，河南博物院华夏古乐团一直致力于对中原音乐文物进行复原研究，对古代乐谱、服饰以及演出场景进行舞台化复原和重构，并创新性地将现代音乐加入到了古朴悠远的古乐中，在传承弘扬传统文化的路上永不停歇，特别是近几年来，除院内日常展演外，古乐团还开发、排演了多部舞台艺术精品项目，推出了不同主题的音乐会，逐渐成为中原文化对外交流的特色品牌，迄今已演出上万场。

全方位整合藏品及相关文化资源，多视角、跨领域、开创性地策划具有人文情怀的展览品牌。博物院近年来立足精品陈列，将科学研究、陈列展示、社会服务、文化传播、文化创意等进行充分结合，全方位展示与传播文化。2016年推出的精品陈列"谁调清管度新声—丝绸之路音乐文物展"即是这一理念的探索与实践。出版了《谁调清管度新声——丝绸之路音乐文物》全媒体图书，该图书嵌入了17个二维码，将古乐复原演出视频转化成网上版本，读者可扫码观看、感受古代音乐文物的魅力。

2021年3月5日，华夏古乐团用复原的音乐文物演奏根据影视作品《长安十二时辰》插曲改编的《清平乐》，当晚话题"#河南博物院复原古乐器演绎清平乐#"占据了微博热搜要闻榜和同城榜首位，阅读量1.2亿，讨论1万，再次引发网友对河南文化的热烈讨论和赞赏。

作者简介：马萧林，河南博物院院长。

湖北省博物馆的信息化建设

方 勤 杨理胜 赵明明

2011年，投资逾10亿元的湖北省博物馆三期改扩建工程奠基，2021年12月20日，湖北省博物馆新馆开放。新馆新建总面积达6.8万平方米，其中文展大楼4万平方米（图1）。新馆扩建工程完成后，湖北省博物馆总建筑面积达到11.38万平方米，在全国省级博物馆中居于前列。

图1 湖北省博物馆全景图

湖北省博物馆新馆开放后，共有 12 个常设展览、1 个数字馆、1 个社会教育中心、3 个临展厅。南主馆以专题展览为主，北主馆以通史展览为主，东馆为数字博物馆和社会教育中心，西馆为临展馆（图2）。展览总面积从原有的 1 万平方米增加到 3.6 万平方米，展陈文物从之前的约 1 万件增加到 2.5 万件以上。

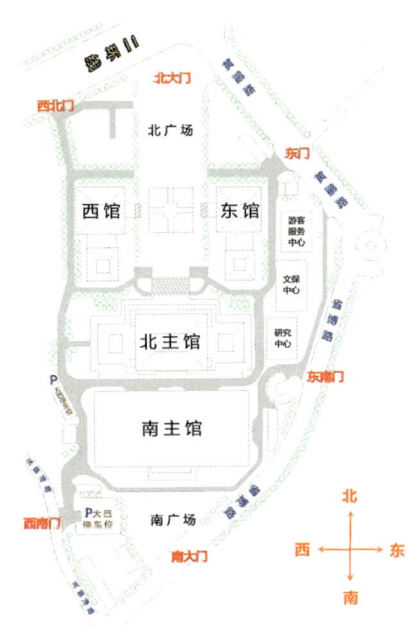

图 2　湖北省博物馆平面图

2016 年，湖北省博物馆开始编撰三期新馆的信息化建设方案。几年来，从弱电智能化设计到智慧博物馆相关平台的建设，湖北省博物馆召开多次专家评审会，方案历经多次打磨，最终定稿，目前正在分布实施。本文所呈现的，是疫情大背景之下、湖北省博物馆新馆筹备期间湖北省博物馆在弱电智能化以及软件系统建设方面的点滴经验。

一、5G 基础设施建设

作为工信部指定的首批 5G 规模试点城市之一，湖北武汉在 5G 技术应用方面一直位居全国前列。2019 年 4 月，全国首个"5G 北斗"创新实验室、湖北首家 5G 智慧医院相继落户武汉，2019 年 10 月，第七届世界军人运动会（Military World Games）在武汉举办，各行业的 5G 应用也正在紧锣密鼓地筹备当中。

新馆建设的良好契机，5G时代的社会需求，试点城市的特殊关照再加上军运会的绝佳机遇，给湖北省博物馆的信息化建设带来了千载难逢的机会。在此背景下，契合时代潮流、引进外资、合作共赢成为了湖北省博物馆信息化建设的必然选择，也成为了公司、企业和科研院所展示自身实力的必然选择。

图3　湖北省博物馆5G智慧博物馆启动仪式　　　图4　"乐"主题VR体验

2018年11月29日，湖北省博物馆、中国移动湖北分公司联合推出具有全国示范性的"5G智慧博物馆"（图3）。2019年5月，湖北省博物馆率先在全国博物馆实现5G网络全覆盖。根据签署的战略协议，双方共同打造高端手机应用"智慧博物馆APP"、亮点展馆"数字三峡""楚文化车马坑"以及VR展示"乐·兵"（图4）；共同探索5G智慧博物馆应用，共建5G智慧博物馆。湖北省博物馆与中国移动的合作，在促成5G技术拉动文物、文化呈现手段转型，并在全国乃至全球的文博单位确定规范，树立标杆，推动行业的发展与升级方面做出了探索。

二、门票预约系统建设

作为新馆信息化建设的重中之重，湖北省博物馆门票预约系统的建设早在2019年就已启动。

湖北省博物馆门票预约系统，在业务方面综合考量了观众参观流量、票务预订方式、入馆检票流线、观众群体属性、门票管理制度等各个环节，力求通过信息化、互联网等技术手段为观众提供便捷的入馆预约及检票服务。在设计方案上，湖北省博物馆考虑的主要功能有如下五个方面：

一是票务预约功能：票务系统具备便捷的线上预约入口，方便观众通过电脑、手机快速查看票务信息进行预约；支持活动、临展预约及线上支付，保证应对各种馆内门票的预约。

二是快速检票功能：根据场馆情况合理进行闸机、手持检票通道设计，保证观众检票通道的合理规划，并能够快速检票，避免观众拥堵。采用身份证、二维码、人脸识别等无纸化检票方式，提供便捷服务能力的同时，减少纸质门票带来的成本，响应国家节能环保要求。

三是人工取票功能：票务系统的设计也考虑到老年人、国外友人等各种观众群体，避免手机操作不便、不具备标准证件等问题。针对此类观众开通取票窗口提供人工取票服务及指导，保证所有观众群体的快速入馆参观。

四是票务管理功能：系统支持票务信息的添加、删除、修改功能，能够对线上门票信息、数量、预约须知等进行合理、灵活的管理。

五是数据统计功能：票务系统应能够自动统计票务信息，对观众年龄、来源地、入馆时间、门票信息、预约量、爽约量、票务年/月/日数量进行统计和可视化展示，并可生成 excel 报表，为博物馆开馆运营提供科学的数据基础。

2020 年 8 月，湖北省博物馆与美团签署合作协议，由美团全额出资建设湖北省博物馆门票预约系统。除湖北省博物馆官网、官微和上级主管部门要求对接的平台之外，美团成为湖北省博物馆唯一门票预约合作伙伴，合作期为 5 年。除此之外，双方另行签署了保密协议，基于本次合作，双方均应遵守国家关于个人信息保护相关的法律法规，严格保护所获得的相关用户信息和数据，并不得进行任何形式的非法使用或买卖，因泄露用户信息造成的损失，由责任方承担相应责任。

湖北省博物馆与美团签约，使湖北省博物馆成为全国首家与美团合作的博物馆。此后，美团在湖北又与宜昌博物馆、武汉革命博物馆、黄麻起义和鄂豫皖苏区纪念园、李先念纪念馆、李时珍纪念馆签约；在全国范围内与陕西历史博物馆、辽宁省博物馆、甘肃省博物馆、上海历史博物馆签约等，开启了与全国文博界的合作。

湖北省博物馆与美团的合作，源于馆方想打破一馆一预约的方式，希望利用更大的互联网平台带动湖北省博物馆流量。之所以签约 5 年，一方面在于湖北省博物馆对馆方门票预约系统的建设资金预估，另一方面在于美团对建设资金投入与产出的考量。可以说，湖北省博物馆与美团的合作，开启了文博跨界合作的新模式，此种"借鸡生蛋"的做法，给各博物馆的信息化建设提供了参考。

2020 年 10 月，湖北省文化和旅游厅与美团签署战略合作协议，宣布双方将在后疫情时代文旅消费复苏、文旅新基建、智慧旅游、乡村脱贫等方面展开深入合作，以振兴湖北省文旅产业为着力点，共同探索湖北省疫后振兴的新通路。合作协议签署以后，双方共同推动湖北省内智慧旅游建设，共同推进湖北省新基建智慧旅游数字化发展，助力湖北打造智慧旅游目的地。

三、语音导览建设

湖北省博物馆新馆共上线了"自助导览服务驿站"、E 导览、AR 眼镜导览、智慧导览四种导览设备。

"自助导览服务驿站",是湖北省博物馆主推的导览品牌。该设备通过展厅内布设的定位传感器触发语音导览机,自动播放讲解内容;观众可以在导览机输入展品讲解编号,按兴趣收听讲解内容。自助导览服务终端系统的运行状况,观众的租赁情况,观众的参观行为,都可上传至后台管理系统,通过管理后台进行实时监控,参观数据进行分析。

为方便观众,湖北省博物馆在南区入口部署了 7 台自助导览服务终端,在北区出口放置自助归还柜。观众到馆后,通过手机扫码,自助租赁导览设备。观众携带智能导览机可以自主参观,自动接收文物的专业讲解内容。参观结束后,无须返回南区入口,在北区出口的自助归还柜处归还设备(图 5、图 6)。

图 5　导览租赁设备一组

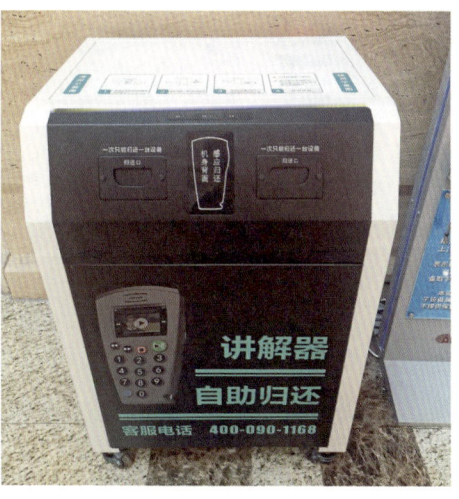
图 6　导览归还设备

此外,"自主导览服务驿站"的后台,可以对观众收听文物展品、导览机租赁等情况进行记录统计,并可进行可视化分析(图 7、图 8、图 9)。

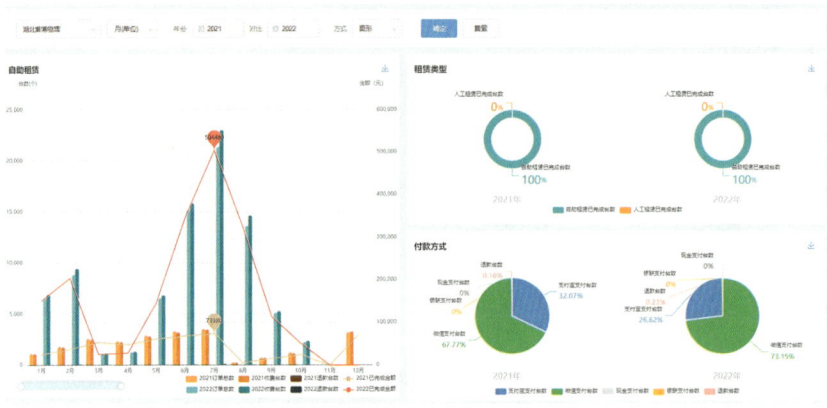

图7 文物展品收听情况可视化分析

图8 观众数据可视化分析

图9 多媒体导览机租赁可视化分析

从馆方角度看，以上四种导览方式，各有所长，可以互补。"自助导览服务驿站"，以设备租赁为手段，是传统的导览方式，也是观众最常用、最普及的导览方式，湖北省博物馆放在南馆大厅最为显著的位置；E 导览的导览方式和"自助导览服务驿站"有相似之处，但在寻人、地图等功能上又有其特色，可补充传统导览设备之不足。AR 眼镜导览，内容开发上主要针对青少年观众，专家版、专业版、儿童版的内容设计，能够避免一份讲解词针对所有人的尴尬；智慧导览以二维码扫描为主，针对的是习惯于扫码导览的年轻人，可投其所好，精准推送。

为了让观众充分了解四种导览方式，湖北省博物馆特别设置了一站式扫码登录界面，观众扫码后可以看到四种导览方式的不同之处，从而做出个性化选择。

除了"自助导览服务驿站"以外，E 导览、AR 眼镜导览、智慧导览都是通过合作方式引进。这三种导览方式，由对方全额投入设备及人员费用，由湖北省博物馆提供场地，双方以分成方式进行利润分配。此种建设模式，既能兼顾到馆方投入，也能通过外资引入的方式弥补建设资金的不足。

值得一提的是，馆方与引进的三家导览公司签署合作协议时，首先明确合作期限为三年。三年后，将视对方给馆方创造效益的多少做出评估，排名最后的公司馆方不予续签合同。自合作开始后，为增加收益，E 导览、AR 导览雇员在湖北省博物馆搭台租赁各自产品，并且在美团等互联网平台进行网上销售。此举大大调动了导览公司的积极性，有效提升了馆方的公共文化服务水平，也增加了馆方的收入。

四、VR 全景建设

湖北省博物馆开馆时间为 2021 年 12 月 20 日，正处于后疫情时代。为支持武汉防疫工作，湖北省博物馆在新馆开放后门票限额。为满足观众参观博物馆的愿望，湖北省博物馆 VR 全景上线。

湖北省博物馆 VR 全景，无缝衔接了六个展馆的全部展示区域，使观看者足不出户，在线就能体验新馆的整体设计规划，以及浏览新馆所有藏品的展陈及介绍。同时，一些重点文物有信息标注，比如文物的尺寸显示等。通过点击重点文物上标注的热点，可以进一步跳转到文物的详细介绍页面。文物的介绍也提供多种展现形式，有图文介绍，也有三维模型展示，进一步完善了文物的可读性，让大家能够更直观地了解文物藏品。

湖北省博物馆的 VR 全景展示，采用 720 度全景漫游的方式。通过现场采集实景照片，使用像机拍摄的水平方向 360 度、垂直方向 180 度的多张照片拼接成一张全景图像，利用得到的全景图像，再通过计算机图形图像技术构建出全景空间，让使用者能全方位720度浏览整个场景，仿佛身临其境一般。新馆5个展厅共采集并制作点位640个，形成较为密集的覆盖。部分重点文物以三维方式进行呈现，方便观众一站式浏览。从全景到三维模型的多维度展示，可以带领观众沉浸式体验博物馆（图10—1～6）。

与传统的三维建模技术相比，720度全景具有制作简单，数据量小，系统要求低等优点，容易在Web端实现，便于网络分享传播。同时，因三维全景采用真实场景，因此更具真实感。显示方式还提供VR模式，能通过VR眼镜来进行观看，进一步提升了沉浸式的体验。

图10-1　VR显示模式

图10-2　新馆VR全景浏览

图 10-3 文物尺寸标识

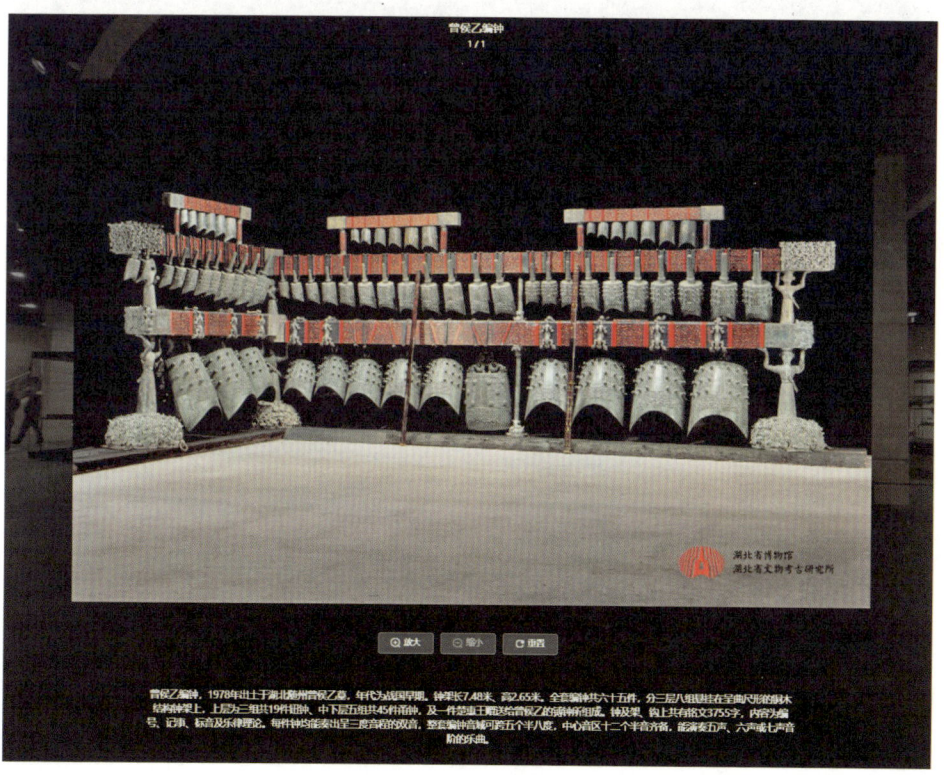

图 10-4 编钟图文介绍

图 10-5　曾侯乙的墓室模型

图 10-6　曾侯乙的墓室三维还原

五、数字三峡建设

"永远的三峡——三峡文物保护利用数字展"是湖北省博物馆打造的第一个线上、线下一体化的数字体验馆（图 11—1~6）。三峡文物保护，涉及 1128 处文物点，300 多家单位，7000 多位文物保护工作者，10 万工人。展览以三峡工程为背景，展示三峡文物保护工程的过程、收获、影响及模式，力求让观众对这一"世纪工程"有所关注和了解。

"三峡文物保护利用数字展"依托数字展图像化、互动性、沉浸式的特点，借助 GIS、VR/AR、互动体验、融合投影等技术，构建了线上虚拟展示平台和线下纯数字展示馆，多角度展示长江三峡（湖北库区）的自然风景、历史文化和考古工作者在三峡文物保护过程中的贡献。与此同时，湖北省博物馆搭建了综合运维管理系统，实现线上虚拟展示平台和线下数字展示馆的后台数据与设备的协调统一管理。

　　"三峡文物保护利用数字展"，在形式上，突出数字展的趣味性、拓展性。发挥数字展图像化、互动性、沉浸式等特点，达到"好看、好玩、有意思"的展陈效果。湖北省博物馆搭建了三峡数字资源知识库，将三峡考古丰富的文物资料、遗址档案、考古资料、研究资料，运用大数据和知识图谱技术，建立三峡数字资源知识库，为虚拟展示提供数据支撑，实现对展览中所涉及的数字资源的统一管理、对数字展示馆多媒体设备的统一管控，同时通过严格的权限配置，保障数据安全和系统安全。

图 11-1　《百年三峡梦》纪录片呈现三峡工程百年历程，展示百年三峡梦

图 11-2　智能交互大屏互动展示 1087 处规划文物点

图 11-3　基于考古发现的亚洲象、犀牛、华南虎等动物骨骼标本，结合三峡地形地貌设计彩绘互动系统，观众可将作品上传朋友圈

图 11-4　智能交互大屏展示高保真文物三维模型

图 11-5　通过数字解构复原、3D 打印沙盘、三维动画等方式呈现中堡岛遗址面貌及考古发掘

图 11-6　《巴东旧县坪》古建 VR 虚拟漫游，呈现北宋官府气派

六、经验和总结

作为人民群众密切关注的文化机构和窗口单位，博物馆与5G的融合，是传统与现代的融合。换而言之，如果说博物馆的藏品代表历史之诗，那么5G就是远方之路。这同样是一起诗与远方的结合。

近年来，博物馆日益成为社会各界人士参观游玩的必选之地，与之相关的企业也纷纷与博物馆合作，寻找商机。湖北省博物馆与中国移动、华为合作，由对方全额投入解决5G基础设施和5G展示；与美团合作，由对方全额投入解决湖北省博物馆门票预约系统问题；与各家导览公司合作，由对方全额投入，并通过合作分成方式解决、弥补各年龄、多层次的观众对导览内容和形式的需求。以上手段和方式，既可以节约馆方在信息化方面的投入，又可以通过借势的方法调动第三方的积极性，不失为后疫情时代的理想选择。

党的十八大以来，大数据、区块链、物联网、人工智能、元宇宙等概念不断出现，智能化即将走入寻常百姓家，劳动力和收入的变化将时刻影响着百姓的道德观和价值观。博物馆作为文化传播的使者，应积极主动思考社会问题的解决并探寻文化前进的方向。博物馆存在的意义在于给观众营造一个舒适的空间，满足其文化需求与心灵建设的需求，当观众来到博物馆小憩之时，他们可以突破阶级与阶层的观念，超越贫穷与富裕的差别，进而从"人性"角度去求同存异，直面内心。从这个角度来说，博物馆的信息化建设，会一直在路上，充满时代色彩，具备精神考古属性。

作者简介：
方勤，湖北省文物考古研究院院长。
杨理胜，湖北省博物馆信息中心主任。
赵明明，湖北省博物馆后勤部主任。

智慧博物馆时代的观众高质量服务

——以山西博物院"博物馆感知定位与个性化导览"为例

张元成　杨　敬

作为华夏文明的重要发祥地，山西雄踞华北，历史悠远，底蕴丰厚。山西有着丰富的文化遗产和文物资源，全面而生动地诠释了中华文明起源和发展的基本历程，在今天国家强调创新、协调、绿色、开放、共享的发展背景下，山西的发展也愈发需要文化的滋养和支撑，增强文化自觉和文化自信，保护好这些弥足珍贵的文化遗产，并不断地从中汲取滋养和力量，以激发社会的文化创新和活力，打造文化新山西。而山西博物院将在山西建设文化强省中承担重任，发挥重要作用。

山西博物院是全省最大的文物收藏、保护、研究、展示、教育和文化传播中心，现有馆藏文物50余万件，荟萃了全省文物精华。山西博物院基本陈列以"晋魂"为主题，精选4000余件珍品文物，紧紧抓住山西历史文化长河中的"亮点"来重点展示，并打破传统陈列模式，以物代史，史物结合，形成了具有鲜明个性，广受赞誉的陈列风格。山西博物院以精致的陈列、人性化的服务、一流的设施赢得业内同仁和观众的一致好评。

作为全国首批智慧博物馆建设试点单位之一，山西博物院坚持贯彻落实"让文物活起来"的方针，始终秉承"以人为本、服务至上"的发展理念，不断推动自身职能的转变，更加关注并致力于服务观众能力的提升。特别是，在科学编制了《山西博物院信息化发展及智慧博物馆建设三年建设规划》后，按照规划的步骤安排，稳步推进智慧博物馆建设。其中，综合业务信息管理平台、票务管理系统、图书文献管理系统、藏品管理系统等业务平台已投入使用，智慧安消防实现一体化管理，为更好地提供个性化、高质量观众服务提供了保障。

当然，博物馆真正能够吸引观众的，不能只是各种技术的堆砌，而是要如何利用技术手段实现创造性转化、创新性发展，更加突出"以人为本"的服务理念，从观众多元需求的角度去探索更加高质量的服务模式，提升服务效能，并从众多博物馆中脱颖而出，是山西博物院一直在努力探索的方向。下面就以"山西博物院感知定位与个性化导览"APP的研发为例，来探讨信息化、智慧化博物馆建设背景下如何为观众提供高质量文化服务。

一、建设背景

山西博物院是山西省最大的文物征集、收藏、保护、研究和展示的公共文化服务机构，承担着传承中华文明和山西历史文化的职责使命，现有馆藏50余万件，其中青铜、瓷器、石刻、佛教造像、壁画、书画等文物颇具特色，吸引着各地观众前来参观。随着近些年"博物馆热""文物热"持续升温，山西博物院观众参观接待压力不断增强，人工讲解、租赁导览机等博物馆传统导览方式已经很难满足观众多样化的体验需求，亟待寻求模式创新、符合数字化时代观众信息获取习惯的导览方式。

为了更好地提升观众接待服务水平，从时间、空间维度拓展观众对于馆展览内容、文物知识的可获取性，山西博物院分别对观众导览需求、博物馆导览先进案例和技术做了充分的调研。观众需求方面的调研结果显示，到馆后观众对参观路线规划、目标展品位置信息的获取需求最为迫切；基于费用、时间成本考虑，相当比例的观众更希望能利用自己携带的手机、平板电脑等移动设备获得参观路线、展品知识等信息，而不是馆内需要租借使用的导览设备。博物馆导览先进案例和技术调研结果显示，结合微信公众号、小程序、手机APP等方式为观众提供资讯和导览服务，在一定程度上能够满足观众的信息获取需求。但在这种模式下，观众的参观路线和知识获取都只能局限于馆方发布的范围，无法按照个人偏好深入地了解更多相关知识，定制个性化的参观路线，全面地参观和了解到自己感兴趣的文物。

通过对调研结果的分析，山西博物院认为推进博物馆智能导览发展亟须解决的问题主要有两点：一是如何基于观众在馆的具体位置和观众真实兴趣，为观众定制个性化的参观路线；而是如何拓展观众获取的知识维度，推动观众的文物知识体系完成由点到线再到面的构建。想要解决以上两点问题，就必须借助新技术增强博馆的导览服务能力，实现博物馆导览方式的创新。因此，在参考相关案例的基础上，山西博物院结合了融合定位、大数据分析、知识图谱等新兴技术，建设了面向移动端智能导览服务系统。

二、总体目标和建设思路

（一）总体目标

利用大数据、云计算、融合定位、知识图谱、人工智能等技术，按照易用、先进、安全、实用、可扩展、易维护等原则，建设面向移动端智能导览服务系统，打造友好易用、精准服务、开放互联的博物馆数字化社会服务平台。实现观众服务精细化、信息获取个性化、导览路线定制化、知识展示多维化，进一步提升观众参观体验，完善博物馆服务内容，提高博物馆管理运行效率。

（二）建设思路

本系统基于模块化设计思想，将面向移动端智能导览服务系统中的各种系统及相关支撑应用进行模块化封装，并将这些模块化封装后的数字化应用进行集成，使其相互之间能够进行数据的交换、通信、调用，将较细的服务进行有序组合，降低了应用开发和集成的复杂度。采用统一开发的设计架构，预留充足的扩展接口，各类应用可以通过这些应用标准化接口快速接入，并可形成高度融合的其他创新应用。同时根据系统建设规划进行了总体架构设计，系统采用分布式模块设计模式，对系统功能进行弹性化部署和分步骤的建设。

具体建设思路如下：

第一是部署设施。进行软硬件设备部署并搭建系统配置部署、数据通信等所必需的基础环境。

第二是建设平台。建设无线定位系统。完成无线定位系统定位引擎和应用软件建设，为博物院观众的精准定位、人机交、线路导航、位置搜索、兴趣定点位分析、轨迹回收、信息推送讲解、导览终端监测和追踪任务提供支持，实现对人员和设备的实时定位和监控管理。

建设数据连接中间层。建设数据连接中间层，使从各系统采集的数据统一汇聚，并实现对大数据的管理、挖掘、分析，支撑各系统的数据展示和应用。

第三是打造应用。打造具有山西特色，彰显山西文化，发挥宣教作用的山西博物院导览 APP，需要从观众服务和馆方管理两个角度入手。

打造观众服务应用。观众服务应用包括智能移动导览系统、知识图谱系统，该应用擅于帮助观众定制个性化导览规划，能够拓展观众知识获取维度，提供智能问答服务，挖掘观众真正的兴趣点，构建文物知识网络。

打造馆方管理应用。馆方管理应用包括跨平台统一发布系统、会员管理与分析系统。跨平台统一发布系统主要作用是将馆内各类信息资源发布至各个终端。会员管理与分析系统则是通过有线或无线的网络传输方式，采集智能导览系统、无线WIFI定位系统等客流量数据、观众行为数据，对观众信息数据进行分析，从而帮助博物馆合理运营与管理。

第四是构建体系。构建自主可信的安全体系和全面规范的标准体系。

三、底层架构和主要技术

（一）底层架构

山西博物院根据自身特色和实际需求，进行面向移动端智能导览服务系统底层架构设计和开发，平台架构分为四个层次（图1）。系统分别由系统支撑层、数据层、应用管理层和表示服务层，另外平台底层架构的设计严格遵守相关的安全体系和技术标准。

图1　山西博物院面向移动端智能导览服务系统底层架构图

基础设施层

包括基础软硬件设备和网络基础设施，基础软硬件设备包含服务器、智能手机、无线接入点等，本次项目提供的设备包含本地户 IP 认证接入设备和多模定位基站；网络基础设施包含与互联网和局域网等相关的设施，为系统各类应用提供配置部署、数据通信等所必需的基础环境。

资源层

支撑系统各类应用的核心数据需求，加速各类应用的实现、标准化和互联互通，为系统的快速建设和推广提供强大的支持保障。各种类型的信息资源库的集合即面向移动端智能导览服务系统综合数据库，存放系统相关数据，整合后统一管理的数字化资源与权威性规范标准数据等。

支撑层

构建并实现对面向移动端智能导览服务系统的支撑平台。通过无线定位系统和数据中间件实现工作人员、管理人员对系统的权限管理、数据管理、系统管理等。

业务应用层

实现博物馆内各类服务与管理的应用系统建设。包含智能移动导览系统、知识图谱系统、跨平台统一发布系统、会员管理与分析系统等服务应用，满足广大市民、观众、工作人员、政府门户的使用需求。

安全体系

博物馆面临的安全方面的风险随着数据数量和种类的增多而更加复杂。在安全体系建设过程中包括物理、网络、系统、应用、数据和管理等方面的安全问题。

标准体系

统一的标准是系统建设的根基，必须构建全面规范的标准体系，统筹本馆的数字化建设与应用。该体系应包括统一的安全规范、统一的管理制度、统一的开发规范、统一的文档规范、统一的运行规范等。

（二）主要技术

山西博物院面向移动端智能导览服务系统在建设开发中利用了多项技术，除基本的 Web Services、AJAX(Asynchronous Javascript And XML)、工作流、HTTP 协议等基础开发技术外，还创新应用多模式融合的无线定位、知识图谱构建等技术。

多模融合无线定位技术

无线定位是指在无线移动通信网络中，通过对接收到的无线电波的特征参数进行测量，利用量到的无线信号数据，采用特定的算法对移动终端所处的地理位置进行估计，提供准备的终端位置信息和服务。当前室内定位技术成熟且模式多样，包括 WiFi、蓝牙、超宽带、惯性导航、地磁导航等，这些技术被纷纷应用到博物馆的导览服务中。但随着博物馆室内环境越发复杂，馆方人员对定位定准度要求不断提高，观众对导览服务水平的期待值加大，单一的定位技术已经无法满足以上需求。因此，山西博物院在此次建设中选择了将多种室内技术融合的新型室内无线定位技术。

山西博物院融合了 WiFi（IEEE802.11b/g/n）、低功耗蓝牙 BLE4.0 无线定位技术、多模定位辅助设备、电子地图采集制作等多项软硬件技术成果，通过开发专业的无线定位引擎，建设覆盖全馆无线定位系统，不仅仅使观众能够在参观的过程中便捷地享受到高质量的网络接入服务能力，流畅获取并传播博物馆文物讲解语音及相关视频等多种内容，更能够提供高精度的定位服务在建筑面积达数万平方米的博物馆场馆建筑和各个展厅内来去自如，清楚认知当前位置及各个展厅及场馆服务设施的具体位置，获取最佳路线。该系统还可实时回传数据，使博物馆管理人员能够在实时准确掌握场馆内部情况，全面把握观众数据，为博物馆决策提供数据参考和事实依据。

知识图谱技术

随着移动设备普及和互联网技术的发展，博物馆的导览服务载体发生变化，导览服务逐渐转移至智能手机、平板电脑等移动设备的应用程序上。导览服务的形式和内容也从单向传输型导览向双向互动型导览转变，从内容型导览向参观规划型导览转变。种种转变对博物馆导览服务和信息推荐提出了更高的要求，由于始终难以避免数据稀疏性的问题，在技术上，博物馆不再满足于较为常用的基于内容和协同过滤的推荐算法，而是转向利用知识图谱相关技术加强博物馆的导览服务能力。

知识图谱 (Knowledge Graph, KG) 最初是 Google 用于增强其搜索引擎功能的知识库，三元组是知识图谱的通用表示方式。本质上，知识图谱是一种揭示实体之间关系的语义网络，可以对现实世界的事物及其相互关系进行形式化地描述。知识图谱中包含的实体之间丰富的予以关联，可以弥补传统推荐算法的不足之处，为其提供潜在的辅助信息来源。

山西博物院基于知识图谱底层技术，构建了一套知识图谱引擎。引擎可给导览 APP 提供所需的数据内容，并可提升基础数据资源质量：处理多媒体数字资源、复杂多模态数据、跨模态数字资源关联匹配、数据脱敏、多模态数据等。同时还构建一套文物标签体系，利用文博专有领域知识进行数据本体模型创建，利用人工智能命名识别等技术进行数据提取、知识实体的构建，将文物相关的自然环境、历史文献、考古资料、学术资料等文物内容进行挖掘、组织和结合，形成一套知识库。

山西博物院将知识图谱技术应用至导览系统中,可以使智能导览系统表现出精确性、多样性、可解释性等特点。关于精确性,知识图谱为实体引入了更多的语义关系,有助于深层次地发现博物馆观众真实兴趣。关于多样性,知识图谱提供了实体间不同的关系连接模式,有利于挖掘高阶的连接关系,拓展观众知识获取范围和维度。关于可解释性,知识图谱可以连接用户的历史行为信息和推荐结果,给出推荐的原因,从而增强用户对推荐结果的接受度。

四、重点打造

基于观众需求调研和技术可行性评估,山西博物院智能导览APP为观众重点打造了以下服务功能板块:

(一)观众导览功能板块

基于知识图谱构建的智能导览板块,可结合定位系统和观众信息馆里和分析系统能力,搜集分析用户信息,为观众提供不同形式的个性化导览服务。

经典路线自主选择。观众可按照自己喜欢的形式选择馆方精心安排的参观路线,包括精品路线、全景路线、亲子路线等(图2)。

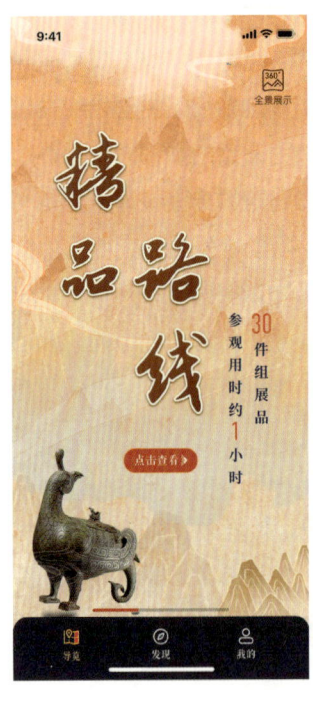
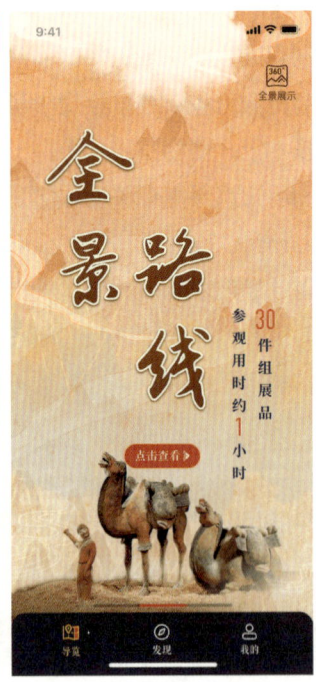
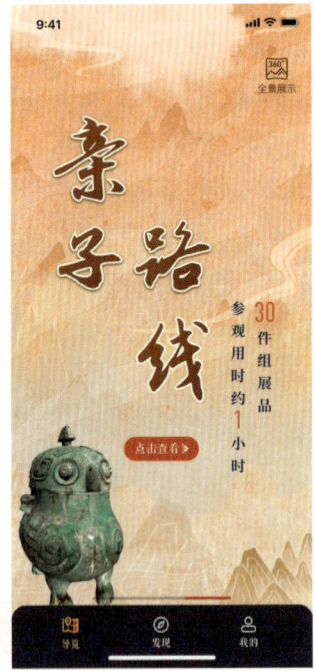

图2 多种经典路线选择

文物知识图谱展示。观众可在 APP 内查看精品路线、亲子路线、全景路线、兴趣推荐路线中的文物知识图谱和文物简介（图4）。

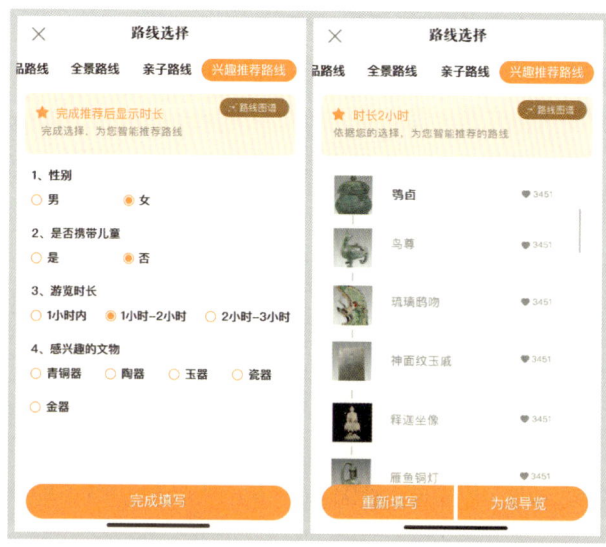

图 3　观众兴趣路线推荐

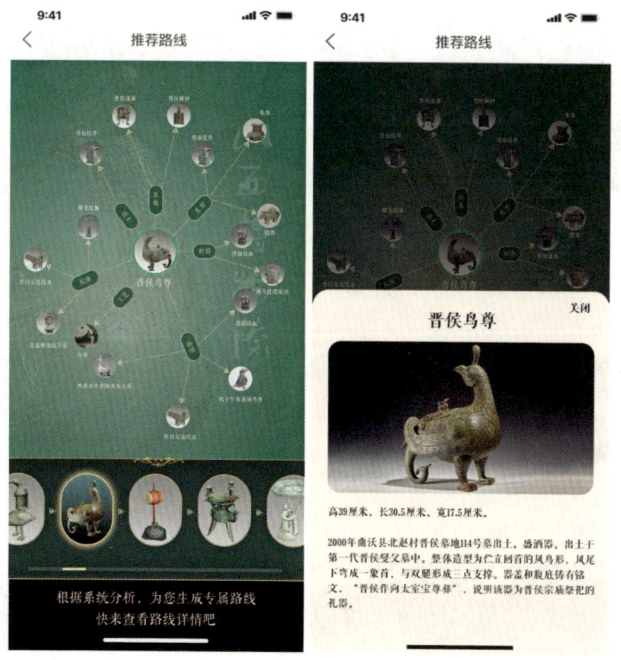

图 4　文物知识图谱查看

（二）信息发布功能板块

基于跨平台统一发布系统，博物馆工作人员可以将本馆相关的信息资讯发布在智能导览APP上，具体包括展览活动图文信息、问卷信息、地图路线信息等内容，可以为博物馆参观观众提供帮助和指引（图5）。

（三）知识获取功能板块

基于通用文物知识图谱和语义检索服务引擎，借助精准语义网检索技术，观众可以搜索任意实体类型和知识关系，并通过逻辑关系自由拼接搜索条件，从而精准搜索所需文物实体及其相关知识。

知识图谱查询。为了方便观众获取更多感兴趣的文物相关知识，拓展知识获取维度，导览APP首页即设置知识图谱总谱入口，点击即可进入知识图谱查看详细信息（图6）。

文物内涵深入解读。山西博物院利用多来源信息建立知识图谱并深化挖掘，观众可以在导览APP内获取藏品的文字描述，图像、网络上的相关音视频信息等，深入解读文物内涵（图7、图8、图9）。

图5　导览APP首页信息发布示例　　图6　知识图谱界面

图 7　文物音频信息展示　　　图 8　文物 3D 信息展示　　　图 9　文物高清图片展示

（四）智能问答功能板块

基于通用文物知识图谱和智能问答服务引擎，智能导览 APP 实现文物知识、参观咨询智能问答，提升信息服务的精准性和智能性。

五、承载意义

以"无线定位系统、知识图谱系统、智能移动导览系统、跨平台统一发布系统、会员管理与分析系统"为主要内容的山西博物院面向移动端智能导览服务系统，将为山西博物院建设一个先进易用、内容丰富、功能全面的智能导览服务系统平台，形成以数字化、网络化、智能化为主要特征的场馆综合服务管理体系，该平台的建设在多个层面都发挥着重要的作用和意义。

（一）提升博物馆管理和观众服务水平

随着经济不断发展，人民生活水平的提高，广大群众对于精神文明的重视程度也在不断加强。越来越多的人选择走进博物馆、参观博物馆、了解博物馆，尤其在近几年形成了"博物馆热""文物热"等风潮。这些现象一方面鼓舞着博物馆进一步开放和发挥自身的展示、宣传、教育职能，另一方面也给博物馆的管理运营、观众服务带来了巨大的压力和挑战。面向移动端智能导览服务系统建设是山西博物院在面对挑战和高压下选择的最具可行性的智慧化解决方案。无线定位系统、跨平台统一发布系统、会员管理与分析系统、知识图谱系统的应用能够使管理人员对博物馆相关的人、事、物产生的所有信息进行细致的管理，方便信息的调取查询，并能够辅助管理决策，从而提高博物馆的管理和运营效率。基于知识图谱构建和智能导览服务系统打造的导览APP，则为观众提供了更便捷的线上信息获取途径和更多样的线下导览形式，不仅可以满足不同层级观众的多样化需求，还能降低观众接待人员的工作压力，提升山西博物院观众服务的整体水平。

（二）为博物馆行业提供新技术应用研究案例

2021年5月，中央宣传部等九部门发布《关于推进博物馆改革发展的指导意见》，该文件在改革创新、开放共享、强化科技支撑等方面都给出了具体的指导意见。其中强调要大力发展智慧博物馆，以业务需求为核心、以现代科学技术为支撑，逐步实现智慧服务、智慧保护、智慧管理。

山西博物院积极响应指导意见，结合本馆实际情况，深挖博物馆导览发展中普遍遇到的行业痛点，积极探索和引入多模融合定位、知识图谱构建、大数据分析等技术，设计出完整的技术应用和智慧导览服务提升方案。在面向移动端智能导览服务系统建设和应用过程中，山西博物院积累的大量的经验，形成了体系化、标准化的建设框架，并且总结了相关的安全和标准规范，可为其他博物馆提供技术应用研究案例，发挥借鉴作用。

（三）发挥国家级博物馆的社会影响力

山西博物院是全省最大的文物征集、收藏、保护、研究和展示的公共文化服务机构，承担着传承中华文明和山西历史文化的职责使命。2008入选首批国家一级博物馆，2009年成为11个中央地方共建国家级博物馆之一。面向移动端智能导览服务系统的建设，使山西博物院拥有以陈列教育、观众服务和场馆管理业务为核心的面向多层次受众的兼具先进性和可持续发展能力的现代化服务平台，加强了山西博物院作为国家级博物馆的社会影响力，并聚集了一批忠诚度较高的"博物馆文化粉丝"。

本次系统建设及未来对系统应用持续扩展，能够不断推进山西博物院现代化、规范化服务体系发展，完善山西博物院的现代化服务职能，显著提高本馆在国内外博物馆行业中的社会影响力，强化其在综合类场馆中的地位。

（四）打造传播山西特色文化的国际窗口

作为三晋文化的传承者、垦拓者、引导者，山西博物院并未局限于本馆信息资源的传播共享，而是通过面向移动端智能导览服务系统平台的聚合作用，整合山西博物院精品文化资源，链接山西历史人文相关信息，连接博物馆与观众，促进优质文化、旅游资源和博物馆资讯共享，成为传播山西特色文化、中华悠久历史文化的窗口。

作者简介：

张元成，山西博物院党委书记、院长。

杨敬，山西博物院办公室副主任。

参考文献

1. 赵菁、赵靓：《中国国家博物馆导览系统观众需求分析》，《博物院》，2021年第5版。

2. SINGHAL A.Introducing the knowledge graph: things, not strings, Official google blog, 2012, 5: 16.

3. XU Z L, SHENG Y P, HE L R, et al. Review on knowledge graph techniques, Dianzi Keji Daxue Xuebao/Journal of the University of Electronic Science and Technology of China, 2016, 45(4): 589-606.

4. 罗承天、叶霞：《基于知识图谱的推荐算法研究综述》，《计算机工程与应用》，第1—13页。

5. http://kns.cnki.net/kcms/detail/11.2127.TP.20220927.1333.002.html.

6. 《国家文物局：关于推进博物馆改革发展的指导意见》。

http://www.ncha.gov.cn/art/2021/5/24/art_722_168090.html

传统文化沉浸式展览的诠释与解读

郑 晶

随着国家大运河文化带和大运河国家文化公园建设的推进，扬州中国大运河博物馆（以下简称"中运博"）于 2021 年 6 月 16 日建成开放。中运博作为大运河文化带和大运河国家文化公园建设的标志性项目，以及新时代文旅融合在大运河文化展示中的创新性尝试，将全流域、全时段、全方位展现中国大运河的历史和文化，呈现运河文化的博大精深、运河两岸的美好生活、运河全线的文化遗产和全球运河城市的交流互鉴。中运博的定位是展示中国大运河作为文物保护单位、世界文化遗产地、国家文化公园的价值和作用，以及大运河给人们带来美好生活的专题博物馆。中运博以差异化视角的策展理念，立足于观众的体验，以多元的展示手段，满足观众多样性的参观需求，将 14 个展览展示空间设计得主题鲜明、风格迥异、展示手段丰富且充满趣味，给观众带来了最佳的体验效果。自 2021 年 6 月开馆一年以来，中运博全年接待观众近 120 万人次，吸引了无数观众前来打卡参观，成为了热门的旅游目的地。

2021 年，九部门联合发布的《关于推进博物馆改革发展的指导意见》中特别强调"科技＋博物馆"带来的不仅是展示与传播方式的改变，也深刻地改变着学术研究的方式和面貌，要强化科技支撑，从而有力支撑数字展览的发展，形成突破的态势。中运博把科技手段高质量地运用到展览展示中，"河之恋""运河上的舟楫""大明都水监之运河谜踪"是中运博的三个数字化展厅,中运博的策展团队从物证聚合开始探索数字介入,在形式上进行创新,以"实体体验+虚拟体验"营造出展览的"沉浸"氛围,让观众观"虚"感"实",带来了全新的博物馆体验方式。

如何让大运河这个线型的文化遗产新生焕发?如何让沉寂在历史典籍中的运河文化复苏生花?如何让典藏在博物展馆中的古代文物点睛成生?中运博应用全域投影实时渲染、720°沉浸式场景交互剧场、实景游戏互动解密等高难度复合型展示手段,打造国内独具创新性和互动性的文化教育体验,讲述运河千年史诗。

一、数字沉浸展览的虚实结合探索

(一)展览定位的形成

舟楫展以大运河上舟楫的演变体现运河带来的美好生活为目标要求,展现大运河促进神州南北交融后的文化、经济、生活、艺术的繁盛风貌(图1)。展览以物化的舟楫为主题,最终升华至精神层面的对"美好生活"为感知目标,通过展示运河上百舸千帆的盛世之景,让观众切身感受"运河带来的美好生活"。针对展览以大小舟楫为知识传递媒介的需求,经过调研论证,决定通过复原建造一艘严格遵从非遗保护原则,以传统技艺制作的实体大船,配以近百艘等比例缩小复原制作的船

图1 2号厅"运河上的舟楫"

模，采用传统船模展陈+数字沉浸的融合方式，活态化展示古时的大运河。土建阶段就对馆内展厅划分了不同的层高和空间预留。舟楫展的主展品是一艘长20米的大船，需要15米以上的空间承载、预留足量荷载，因此，设计预留了最高处17米，总体面积865平方米的合适展厅空间，以便展项设计时可利用空间层高特征，带来独特的参观视角，打通参观视线限制，营造内容丰富、趣味盎然的观展体验。空间划分上，分成了2个部分。第一部分空间高11米，以78艘船模为展示主体，再现运河上百舸千帆的场景，第二部分空间高17米，以现场复原康熙时期的沙飞船为媒介载体，结合数字技术，打造沙飞船数字沉浸式实体体验，让观众虽置身实体空间，所见所闻却如"穿越"到了清代，泛舟大运河上，览尽两岸盛世美景，切身感受当时的百姓美好生活。

（二）知识体系的构建

舟楫展策展时，从古代绘画、文献资料、古籍方志和文物藏品中收集整理大运河变迁从古至今的舟楫考证，并积极利用数字古籍库的快速检索筛选功能，在展览时间紧、任务重的情况下，极快地收集了大量有针对性的珍贵史料，并通过分类、归纳、解读、精炼、关联等，构建起本展览的知识体系，支撑展览全方位地阐释运河上舟楫的各项内容和知识，对进一步完整编写展览大纲和叙事主线起到了积极的帮促作用。通过知识体系，一为主要展品船模提供了可信依据，实现展览"全方位展现运河带来的美好生活"的目标，为数字沉浸式体验奠定了故事脚本的基调。二为传统展陈中的展板、知识窗、说明牌等提供了丰富详实的考证。展厅串接放置了6个多媒体互动触摸屏。屏幕内容与船模展示互为补充，内含78艘展品船模的全部知识结构，具备以时代为主线，以动力、性质、航域、文献依据为分类原则的船模关联知识查询体系。利用增强现实（AR）技术，在实体船模上数字化叠加显示船的构造、楫的用法等，知识解读简单直观，一目了然。作为帮助观众穿透展览知识体系的媒介与工具，它们让观众在与展品的互动探索中寻找到个性化的知识入口，以图、文、视频、三维动画等多元数字形式，使得观众在体验中学习，在互动中创造，在保护中利用。三为沉浸式数字展项重构大运河提供了内容依据，成为让观众身临其境，沉浸体验"运河带来的美好生活"的必备条件。在运河全段考证后，以信息化方式建立建筑、码头、商铺、人物、船只、故事等分类资源数据库，从中挖掘后虚拟浓缩再造了"杭州—苏州""扬州—淮安""天津—北京"三段运河风光带，利用三维建模技术，复原并构建了拱宸桥、保俶塔、阊门、文昌阁、天宁寺、文峰塔、河下古镇、漕运总督府、盐场盐垛、漕运码头、燃灯佛塔、崇文门等近百个不同风貌的地标建筑群，梳理的多条叙事线中巧妙穿插纺织嫁衣、沙飞戏曲、水上婚礼、祭祀河神、皇会献艺、漕运码头等十余个主要和辅助故事。南北迥异的场景、古色古香的店铺、丰富多样的舟楫、各具特色的城市、千姿百态的人物……通过数字技术一点一滴地重构起清代运河南北沿线繁盛的城市风貌，展现出当时富足的百姓生活状态、强盛的经济文化实力。

（三）虚实结合探索

数字展沉浸体验的真实感必须在设计制作中尽量去除技术表象化，这是数字展示技术如何更好与展览内容、空间整体融合的要点和难点。舟楫展深化设计中，在数字沉浸式展区的介入方式上做了创新，在兼顾传统展陈叙事方式的前提下，巧妙地重构空间和展线，将数字展合理的"藏"在展线中，有序地展开叙事，牵引观众的注意力和情绪传递知识，保证展览整体融合后的观众参观获得感。

在沙飞船数字沉浸式虚拟体验空间内构建了一圈投影有效总面积达551.7平方米的巨型环幕（图2），上空19台环形投影、6台水面投影结合，营造出一个超过3个IMAX标准巨幕的数字虚拟空间，现场大量采用合理隐藏设备和投影光路的超融合拼接、遮罩等技术，巧妙地去技术化，让观众忘记设备具象的存在，得以专心沉浸在数字内容中。穿过沙飞船内部，观众慢慢走出船舱，来到船头甲板处，原本狭小闭塞的船内视角被椭圆形的数字巨幕瞬间打开，观众此刻极其自然地被吸引，被"穿越"，在虚实结合叙事中达到展览设计的情绪高潮，在体验中享受审美和价值观的双提升。

图2　2号厅"沙飞船"

二、科技+艺术+文化的完美体验

"河之恋"展览以"水""运""诗""画"四个篇章,阐释中国大运河文化(图3)。"水",从自然的角度,展现出水的不同形态,或静谧,或狂躁,或奔放;从历史的角度,展示与水息息相关的人类生活,以及社会变迁发展的历程。"运",通过河、城、疆三个情景点,以及沿岸的交通枢纽、城市、粮仓等意象,展现水运带来的民运、国运变化。"诗",通过诗词展现运河沿岸的经济生活、民生变化、文艺勃兴等,如同多面镜一般,多角度反映大运河的发展变迁。"画",则采用"古今画卷"的形式,让大运河的宏观画卷在时空中相遇与碰撞。

图3 8号厅"河之恋"

"水""运""诗""画"四个篇章共同打造出虚拟空间体验,采用"科技+艺术+文化"的裸眼技术理念,突出声、光、电、形、色等方面的流动效果,营造出富有创意、极具新意的沉浸式体验。观众在展厅内可与运河的自然、历史、文化、艺术、现实等元素进行穿越时空的对话,在互动中强调画中景、景中画的时空表现,以及"炫"中有"雅"的风格追求。展厅根据空间特点设计影片脚本,以互动多媒体和沉浸式体验作为展区主要的呈现内容。展览空间内采用无隔断和造型艺术布局，充分实现空间与影片双重意义的无缝衔接，多媒体影片的结尾亦是开始，展厅空间的任何地方都可以是参观的起点。展览设计从大运河文化的特殊性出发，提炼出"水""运""诗""画"四个章节的象征意义，通过抽象化、符号化的多媒体语言勾勒出对"流动的文化"的唯美想象。空间顶部悬吊凉亭艺术装置，在亭顶造型的结构骨架间，金属纱网"织出"古代凉亭半透明的立体轮廓。艺术装置对原有形态的提炼性表达与多媒体影片的核心理念相契合，两者形式的互补为观众创造出更大的想象空间。写实的自然人文风光与抽象的视觉艺术相结合，共同构成震撼的视觉画面——展现千年运河，畅想美好未来。

三、游戏型教育模式的构建

（一）游戏型教育模式的引入

随着新媒体等数字技术蓬勃发展以及网游、手游等游戏走入大众的日常生活，围绕游戏化学习的实践和研究在世界范围内蓬勃兴起，成为了教育领域重要的发展趋势之一。从建构主义学习理论、玩乐理论、多元智能理论到沉浸理论等，对教育游戏的理论和应用分析，国内外已经做了很多研究并得出了相对成熟的理论实践结果。参考这些相对成熟的理论实践，游戏型教育模式应当首先要明确用于博物馆教育目标的游戏设计理念，从中提炼教育功能与价值相匹配的游戏或游中学体验项目。基于上述因素的综合考量，"探索大运河——青少年互动体验展"确定为面向12周岁以上青少年群体的互动解谜展览。展览采用青少年喜闻乐见的"密室逃脱"的形式，以引人入胜的剧情，打造了一个以解谜为线索的沉浸式空间。通过这样的形式，以一个人游历大运河的视角，梳理大运河简史，了解与大运河有关的古代科技，感受因大运河而兴起的城市美景，领略大运河上林林总总的风物与人群，思考大运河给国家、城市和人究竟带来了什么？青少年观众需要在展厅中找到相关知识，才能在剧情及道具的引导下开始解谜，层层通关。最终在通过全关的过程中，既能参观完整个互动体验展，又能收获有关大运河的相关知识。整体用游戏的感性契合青少年学习主体的心理特征，用博物馆教育的文化特性将其不断引向理性，让展览游戏和博物馆青少年教育能够相辅相成。"探索大运河——青少年互动体验展"首先借鉴教育游戏设计的相关理论，兼顾趣味性、知识性和探索性；其次从契合教育游戏中青少年的互动设计策略设计出发，规划与架构教育和游戏的良好结合；从而界定教育型游戏内容与形式，以《监水司》为剧本梗概，综合多种游戏元素，尝试总结出这类以故事为主线的博物馆教育型游戏模式的合理应用方式（图4）。

图 4　13 号厅"大明都水监之运河迷踪"

（二）互动游戏设计与教育内容开发

当下阶段由于受到世界文化遗产保护、文旅融合、青少年馆校教育兴起浪潮的影响，我国的博物馆青少年教育可谓是方兴未艾，更需要向多元融合和外向拓展方向发展，将博物馆转变成青少年多元化教育更加重要的教育基地，成为博物馆的未来教育主流方向之一。因而互动游戏设计与教育内容开发必然成为"探索大运河——青少年互动体验展"的重中之重。

"探索大运河——青少年互动体验展"秉承多重设计指导原则，明确以青少年为中心的用户体验设计，教育性与游戏性兼顾的设计理念，以故事形式呈现的游戏空间是让青少年公众作为"游戏玩家"参与其中，互动沉浸式体验设计有助于他们在游戏过程中自动应用自身能力，学习认知和解读运河文化。大运河的历史文化积淀深厚，可作为游戏内容的知识点很多。所以，在搭建整体游戏框架时，选择以"大运河上的古代科技"为主要切入点。首先，大运河上的古代科技涉及数学、物理、历史、人文等多学科，有益于启发青少年的学科兴趣。其次，中国古代科技成果中有诸多大型机械，能在游戏中构建互动性强的机械装置，优化体验感。再次，大运河上的古代科技是大运河文化的重要组成部分，也有着很强的现实意义。另外，基于互动游戏设计的多重指导方针，该展览跟常规展览完全不同，其更像是一间开在博物馆内的大运河主题沉浸式密室，不仅设计有逼真的场景还原，炫酷的沉浸式数字化展厅，还配套有剧情和谜题，让青少年能迅速代入角色参与互动，继而根据提

图5 青少年观众根据剧情指引,参与展厅游戏中

示信息,层层解谜过关。互动游戏题材以历史文化故事类别为依据进行选择,原创了非虚构类的剧本《监水司》,体现大运河独特魅力。青少年观众会根据剧情的指引,参与到展厅游戏中来(图5)。

(三)游戏化凸显教育内容的核心

大运河,肇始于春秋,完成于隋,在唐宋时得以兴盛,于明清繁荣至极。为了能够建成这条运河,并让船只得以顺利通行,古人设计出了一个又一个卓越可行的方案,他们开拓水源、设置水柜、建立闸坝、分离河运,才有了这条世界上最长的运河,这条运河也是中国古代最伟大的水利工程。因此,在游戏每个单元框架上需要借鉴游戏交互机制,密室游戏的设计上凸显大运河知识的细节与特点,细致推敲复原场景与机关开发进行系统知识传递,将重点教育内容持续而全面地传递给青少年,并且投入到互动游戏中去凸显潜移默化的影响力。

此外,展览配套的解谜游戏,还有非虚构历史剧情贯穿始终。随着青少年观众一步步解谜,推进剧情的发展,剧情中贯穿的知识线是古代运河管理机构的运转(图6)。作为互动游戏的有效衔接与总体交互,复原场景与机关开发引入对应的游戏元素，侧重对展览知识的探索性参与，融入整个展览的每个主要游戏环节，有效提升了趣味性与体验性。其结合游戏交互机制的演绎，突破了时空限制，用全新的方式向青少年传达了"探索大运河——青少年互动体验展"的核心教育内容：它是世界上最长的运河，也是中国古代最伟大的水利工程。一条大运河，二千余年文明史。

图 6　青少年观众一步步解谜，推进剧情的发展

以运河的文化特征属性表达指导具体的游戏单元设计与教育内容，为博物馆的多元化数字建设提供了一个新的思路，拓展了大运河博物馆进行蕴含运河文化传承的渠道，也为参与游戏的青少年提供一种更良好的参与体验，提升他们的自主探索学习兴趣，令他们在学习到相应运河知识内容的同时了解到在两千余年的时间里，大运河并非一成不变。人们因为需要开凿人工运河，于是政治、经济、文化等的互补交流就循着河流而扩展。因为这扩展，又带来了新的沟渠之延伸穿凿，运河也随着社会发展而发展。

新时代信息社会中成长起来的新一代博物馆受众对于知识信息的获取习惯发生了根本改变，数字信息技术工具的使用成为他们感知世界的基本能力，数字技术成为美好生活不可或缺的一部分。随着技术的发展，场景驱动和创新成为产业的发展驱动力。多场域沉浸式体验边界正在不断延伸，并不断融入文化产业，提升观众黏性。沉浸式展览在博物馆界正广泛被应用，且所占的比重逐年攀升，博物馆作为保护和传承人类文明的重要载体，随着数字技术的应用普及与观众行为方式的变化，对于数字化建设的不断深入探索成了新形势下博物馆发展的关键。在博物馆行业，沉浸式体验可利用多种数字化手段激活馆藏资源，为博物馆的创新发展提供了新的方向。

作者简介：郑晶，扬州中国大运河博物馆馆长。

科技力量让博物馆"活起来""智起来"

——记中国电信博物馆信息化创新之路

周雪峰

中国电信博物馆是中国电信集团有限公司所属的国家级电信行业综合性博物馆，国家二级博物馆，是全面展示中国电信行业发展历史的窗口，全国电信文物收藏、保管、展览、研究的专门机构，传播电信科技科普知识的文化场所，全国爱国主义教育、科普教育和企业文化教育的基地。中国电信博物馆在行业主管领导的要求下，以及集团公司领导的支持下，发挥集团在网络、云计算、AI、系统集成等技术资源优势，结合自身特点需求，在智慧博物馆建设领域进行了有益的尝试。

一、建设前信息化状况

网络状况有待改善。中国电信博物馆展厅铺设两条500M互联网专线用于展览，并在展厅内布设了移动室分设备，提供了基本的4G/5G覆盖，但是并没有进行移动网络优化，对满足智慧化建设需求还有差距。未实现线上云展厅与线下数字导览的组合应用，线上线下馆内智慧化体验缺失。馆内展厅与公共区域安防措施智能化及文物库房智慧化需求迫切。馆内票务、人员监管，档案管理等业务停留在传统模式，智慧化建设基本处于空白。

二、智慧化建设实施路径及技术特点

（一）优化移动网络覆盖

网络是实现智慧化建设的基础，中国电信博物馆在电信、移动、联通的支持下，对三大运营商的 4G/5G 网络进行了优化，使其在展厅及公共区域的移动信号进行了优化，使其 4G/5G 上下行速率都是优良，为智慧化应用打下良好网络基础。

（二）以手机端智慧化应用为突破口

博物馆智慧化建设涉及服务、管理、保护等多方面，如何在现有资源的情况下，做出合理建设规划成为需要解决的重要问题。中国电信博物馆结合自身实际情况，以智能手机为载体，通过云计算、AR/VR、AI 等技术提供线上线下信息化体验，使观众通过手机就可以实现自助参观博物馆（图1），大大提升了观众的线上线下参观的便利性。

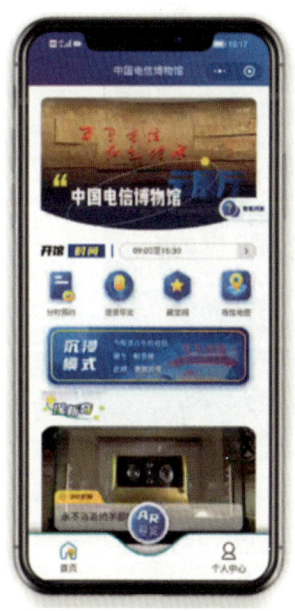

图1　中国电信博物馆基于微信平台开发的"百年电信"小程序

（三）以微信小程序作为手机智慧化应用平台

博物馆手机端智慧化应用主要是智慧化 APP、微信小程序两种方式。智慧化 APP 端特点是功能强大、能充分利用手机操作系统的各项功能，尤其是在 AR/VR 场景展示、图像 AI 识别等方面具有很大的优势。微信小程序因为平台限制原因，在 AR/VR、图像识别等方面不如 APP 快捷，但是更加符合观众参观习惯，并且易于挂接在博物馆微信公众号上。通过综合衡量采取了微信小程序作为承载平台（图2）。并通过技术手段解决了图像识别准确率、手机过热、程序溢出等一系列问题，使观众持手机就能自助完成参观成为可能。

图2 观众通过"百年电信"微信小程序 AR 导览扫描文物，获得 AR 场景展示

（四）以云计算平台作为程序数据存储及运行平台

云计算平台因为扩容迅速、无限的存储容量、系统升级便利、系统冗余等一系列优势，迅速成为系统部署的主要选择。中国电信博物馆在智慧化项目初始，就明确采用天翼云与 4G/5G 技术结合的平台化方案作为中国电信博物馆智慧化建设主要技术方向。博物馆所有展示应用数据及大部分计算都集中在天翼云平台上，用户只需用手机通过 4G/5G 网络接入天翼云平台即可体验云展厅、AR 导览、AR 导航、智慧讲解推送等一系列线上线下服务，大大提高了中国电信博物馆智慧化服务水准。

中国电信博物馆计划在博物馆智慧化建设二期的 AI 智慧监控、智慧库房系统、文物数字化系统建设，继续采用云平台技术，最大限度减少机房设备维护采购成本，中国电信博物馆人员专注于专业领域工作，服务器端维护由天翼云平台人员负责，真正做到专业人干专业事。

（五）创造性的采用地磁定位技术

自主语音讲解需要定位技术辅助，如何在手机端实现位置定位是摆在开发者面前的一项重要课题。目前室内定位导航技术主要是蓝牙 ibeacon、室内 WIFI 全自动指纹识别等技术，一般定位精度达 5-10 米，并需要布设相应设备。考虑到以上技术达到 2 米以内的室内定位精度尚有差距，并且需要布设相应设备对展厅环境产生影响。经过技术比对，中国电信博物馆创造性地采用"手机＋地磁＋蓝牙 ibeacon"的定位技术，手机将现场地磁和蓝牙定位等数据传至云端平台，云端平台根据位置信息确定观众所处位置，并将对应讲解内容推送给观众（图3）。这样观众按参观线路游览，手机就会得到语音讲解推送，真正实现了走到哪讲到哪。

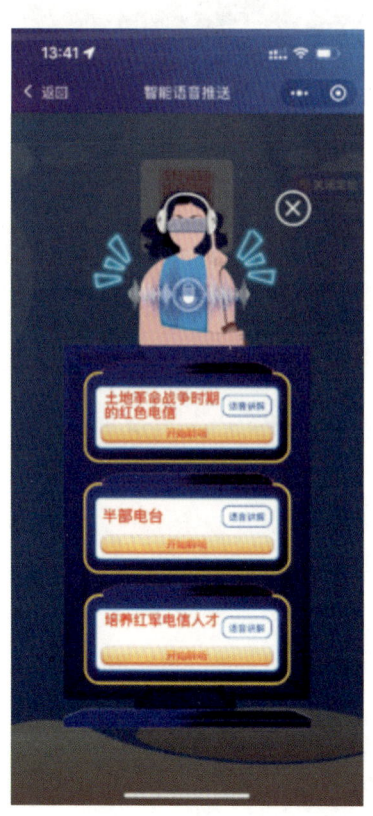

图 3　通过地磁定位技术向观众手机自动推送语音讲解内容

（六）采用视觉识别技术辅助寻找文物

博物馆文物展品数量很大，如何使观众在众多文物中准确找到自己感兴趣的文物是微信小程序的一项重要功能。中国电信博物馆利用视觉 AI 识别，实现了这一功能。观众只需要在"百年电信"微信小程序中选择自己想要寻找到文物展品，并利用手机摄像头扫描周围环境，手机就会出现指示箭头将观众引导至指定文物展品（图 4），大大提高了参观效率。

图 4 通过 AI 视觉导航将观众带到指定展品面前

三、未来建设计划

在完成第一阶段建设后，中国电信博物馆即将开启第二阶段智慧化建设。其中，"AI 智慧监控"将利用天翼云及中国电信强大的 AI 视频算法，在观众实时数据监测、视频安防、火灾、人员聚聚、人员轨迹跟踪等领域实现视觉识别及处理，变传统的事后溯源为真正的事前预警、事中处理（图5）。"智慧库房"建设将摒弃传统的集中式机房建设，将文物征集、库房环境、视频安防、出入库管理等功能搬到云端，真正实现管理人员在任何位置登录云端集中管理平台，都可以查询到文物相关信息，大大提高管理效率，让文物安全监管及保护工作落到实处。

图5 通过AI视频监控，管理人员可以获得场馆实时信息

四、思 考

（一）新技术的采用需要过程

云计算由于其强大的存储及运算能力，以及在稳定性、维护便利性、安全性、操作效率等方面的优势，在信息化智慧化建设中起到越来越重要的作用。本次信息化建设采用了"宽带+5G+天翼云平台"的方式建设智慧博物馆项目，将数据、运算等资源消耗内容放到云上处理，大大减轻了手机等终端的运算压力，减少了设备部署、升级、人员等后续成本，使系统可以快速部署上线。

同时，将博物馆数据搬入云端，对数据安全、网络保障、专业运维团队、建设方的综合管控能力提出了更高要求。传统博物馆因为信息力量相对比较薄弱，对新技术的采用相对保守，采用新技术需要过程，因此行业博物馆的示范作用愈发重要。中国电信博物馆通过组织行业主管单位、行业协会、重要博物馆领导专家参与发布会、调研活动等方式，向广大兄弟单位宣传"5G+云+AI+AR"技术在智慧建设中的应用，起到了很好的示范引领作用。

（二）项目把控要求不断提高

中国电信博物馆在智慧化建设中采用了"5G+云+AI+微信平台"等技术，涉及网络优化、软件开发、云资源开通、现场调试布设等一系列工作，其复杂性超过普通软件项目开发，这对项目实施方的综合管控能力提出了更高要求。中国电信博物馆选取中国电信旗下专业公司作为项目实施方，其对行业的了解以及较强的研发能力，对项目的实施起到良好的促进作用。同时中国电信博物馆相关人员积极协调资源参与项目推进，对项目的实施起到了积极作用。

（三）智慧化建设是一项长期的工作

通过智慧化建设，中国电信博物馆感受到技术的成熟和发展是长期的过程。项目的建设是技术不断迭代发展的过程，在使用过程中需要不断听取观众的反馈，优化用户体验，这样才能将新技术应用真正服务于广大观众，真正做到为群众办实事。中国电信博物馆愿意与行业同行们一道分享建设中的经验和教训，让博物馆里的文物"活起来"，让博物馆的服务"智起来"，让文化传播"慧起来"，为实现智慧博物馆建设，为行业信息化、智慧化建设做出努力，为广大群众带来实实在在的智慧服务。

作者简介：周雪峰，中国电信博物馆馆长。

以藏品为核心的博物馆智慧化建设
——北京鲁迅博物馆智慧管理平台

胡 鸣

一、引 言

博物馆藏品是国家宝贵的科学、文化财富，是博物馆业务活动的物质基础。无论是宣传教育，展览研究，还是文创开发、品牌运营，藏品都是根本。以藏品为基础，深挖其背后的故事，是博物馆的立足之本。近年来，随着信息技术的快速发展，特别是互联网、云计算、大数据、人工智能等新技术从多方面、多维度渗透到博物馆领域，不仅使博物馆的管理更高效，也使得藏品的管理和利用进入了新时代。

2013年以来，国家文物局组织开展了智慧博物馆建设的可行性研究，设计了信息共享规范并开发了"数据总线"，并在此基础上，启动了智慧博物馆试点建设工作。经过业内学者的研究，目前对智慧博物馆的定义形成了一个较为普遍的认识，即《智慧博物馆案例（第一辑）》中的定义：智慧博物馆是通过充分运用物联网、云计算、大数据、人工智能等新一代信息技术，感知、计算、分析博物馆运行相关的人、物、活动等信息，实现博物馆征集、保护、展示、传播、研究和管理活动智能化，显著提升博物馆服务、保护、管理能力的博物馆发展新模式和新形态。其智慧化主要体现在服务、保护、管理能力的博物馆发展新模式和新形态。

智慧服务、智慧保护、智慧管理是博物馆智慧化建设的三大体系。各个博物馆根据自身的业务专长，往往从其中一个体系入手，逐步完善智慧博物馆建设。无论从哪个体系开始，其本质都是在藏品信息化基础上的深度开发和利用。

二、藏品信息化建设

北京鲁迅博物馆（以下简称"鲁博"）于1956年10月19日成立并对外开放，时至今日馆藏文物从最初的一万三千多件增加到四万余件。通过几代藏品保管员的共同努力，将鲁迅为我们留下的丰富而宝贵的精神和文化遗产，不断地以全新的形式呈现给大家。从藏品征集到藏品保护再到藏品利用，工作人员开展了一系列藏品管理工作。在充分体现藏品"物质实体"价值的同时挖掘其背后"信息载体"的价值，并通过对后一种价值的发掘与利用，使博物馆藏品最终实现其对社会的作用。而藏品保管部门作为博物馆藏品的直接管理者，也就相应地承担了保护、使用资源并利用其内在价值对人类社会产生实际意义的职责要求，最重要的是，资源管理者必须使资源保持可持续发展和利用的状态。于是藏品信息化提上了日程。

（一）组建信息化资源采集队伍

1999年鲁博启动文物藏品信息化工作，当时没有专门从事信息工作的部门，由于信息化的内容都是藏品、资料，所以这项工作就落在了文物资料保管部。没有专业人员，自身人手也不多，既要保证保管部的日常工作，又要完成藏品信息化采集工作，工作难度可想而知。通过与软件公司合作，弥补了专业人员不足的问题。信息专业与文博专业碰撞到一起，打磨三年，完成了鲁博藏品信息化采集工作，搭建起鲁博第一代藏品信息管理系统。

（二）三个数据库与四个系统

对鲁迅文物、馆藏报刊进行信息化后，形成了"鲁迅收藏报刊""鲁迅博物馆藏品"和"鲁迅博物馆图书资料"三大数据库，依托数据库搭建了四个系统，分别为"鲁迅收藏报刊管理系统""鲁迅外文藏书管理系统""鲁迅博物馆藏品管理系统"和"鲁迅博物馆图书管理系统"。至此，博物馆工作人员可以通过藏品管理系统查阅文物信息和图片，大大减少了翻阅原件带来的人力成本以及对文物的损耗。对于直接参与文物保管的工作人员，藏品信息化管理使得藏品账目由传统的手工抄写转化为信息化管理，彻底改变了藏品管理模式，使藏品管理发生了质的变化。

（三）制定藏品信息化管理标准

在建设藏品信息系统的过程中，制定了一系列藏品信息化管理标准规范，如《藏品信息结构体系》。该体系由指标群、指标集和指标项三个层次组成，共包括7个指标群，41个指标集和397个指标项。《藏品信息分类与编码规范》中包含了4个大类，总计52个编码表。该分类方法与编码规则搭建起鲁博藏品类别和库别的基础架构，形成了具有自身特色的藏品分类方法。同时还编制了《藏品编码与文件命名规范》和《统计输出格式规范》。这些规范是鲁博藏品管理工作特点和信息技术特点的有机结合，既包括了博物馆的共性又兼具鲁博自身特性。

三、智慧管理平台建设

进入2000年后，藏品数字化建设成果犹如雨后春笋般涌现，各地博物馆相继研发了自己的藏品信息管理系统。藏品管理系统作为博物馆藏品管理的一种延伸，肩负着藏品征集、保管、维护、保护、利用、研究等信息资料的管理。随着藏品管理系统在博物馆行业的普遍应用，相应的问题也随之产生。首先，由于各个博物馆的实际情况和自身条件不同，其信息化建设的进程千差万别。起点不同、进度不同、着力点不同，引出了第二个问题，即博物馆之间没有形成统一管理模式和数据共享机制，各个博物馆均根据自身情况建立数据库，为进一步协同发展加大了难度。

面对这一困难，长期以来，国家文物局致力于统一行业标准、搭建信息化共享平台的目标。2001年底为适应全国文物、博物馆事业信息化建设的需求，规范博物馆藏品信息处理和交换工作，国家文物局编制了《博物馆藏品信息指标体系规范（试行）》和《博物馆藏品二维影像技术规范（试行）》（文物博发〔2001〕第81号）有力促进了藏品信息标准化建设，解决了藏品信息数据名称不统一的问题。2002年国家文物局在《文物事业"十五"发展规划和2015年远景目标纲要》中提出建立全国文物信息数据库的设想。在贯彻落实《国家"十一五"时期文化发展规划纲要》，国家文物局将实现文物保护和科技信息充分开放与共享，全面开展政务管理信息化建设，提升文物管理部门日常事务工作的信息化水平列入主要任务，将文物调查及数据库管理系统建设列为"十一五"时期的重点项目。2008年中国文物信息咨询中心研制的《博物馆藏品综合管理信息系统》通过中国软件测评中心的专业测试，并无偿提供给已向社会免费开放的博物馆使用，取得了使用单位的良好反馈。2011年《国家文物博物馆事业发展十二五规划》把文物博物馆信息化建设列为主要任务，指出要建设国家文物资源基础数据库，推动文物博物馆重要信息系统的互联互通、资源共享和业务协同。2012年10月1日，第一次全国可移动文物普查工作正式开始（国发〔2012〕第54号）。此次可移动文物普查是通过国家统一组织、由专门部门采用现代信息手段集中调查统计的方式，对可移动文物进行调查、认定和登记，掌握可移动文物现状等基本信息的一次全面调查。历时四年，它解决了困扰一些博物馆多年的藏品基本信息的标准化问题，为全面了解我国文物资源总量和分布情况，规划和完善藏品登录备案机制，健全文物保护体系，提高文物保护水平，加强对文物资源的整合利用，促进文物进入公共文化服务领域，有效发挥其在国民经济和社会发展总体布局中不可或缺的作用。

在可移动文物普查工作的基础上，鲁博按照文物普查统一要求对文物基本信息进行了梳理，同时结合近年来互联网、大数据、物联网技术的快速发展，决定对原藏品信息管理系统进行升级，打造以藏品为核心的鲁博智慧管理平台。

（一）藏品管理系统

1. 整合系统，优化数据

原藏品信息管理系统分为图书和藏品两个系统，想查询另一个系统的数据时需要先退出现用的系统后重新登录另一个系统，操作复杂，用户体验度低。升级后的藏品管理系统将图书和藏品进行合并，统一数据查询入口。同时，将原有的四个应用软件系统合并为一个系统，使数据入口统一，数据管理和查询更加方便快捷（图1、图2）。

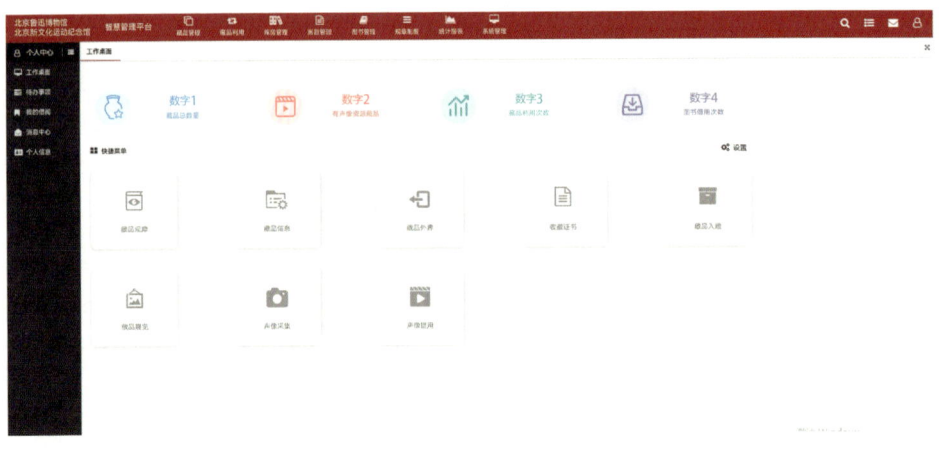

图1　工作桌面

图 2 藏品检索结果

2. 模块管理、清晰高效

系统有藏品管理、藏品利用、库房管理、账目管理、图书管理、规章制度、统计报表、系统管理八大功能模块。

（1）藏品管理

藏品管理（图3）是本系统的核心模块，主要针对文物资料保管部工作人员使用。包括藏品入藏、藏品信息、事故登记、藏品注销、收藏证书五个部分。功能特性主要包括以下几方面：

图 3 藏品信息管理

藏品入藏模块支持 Excel 数据批量导入，减少库房管理员工作量，使藏品信息入库更加快捷；总账登记号不再采用手工分配方法，由系统根据藏品属性自动生成；藏品信息指标项不支持随意更改，在有需要更改时库房管理员和总账管理员联系，开放指定指标项权限后修改。对藏品信息的每次修改，在流转记录生命树中都会留痕；藏品信息支持导出功能（限定部分权限），可以选定指标项进行导出；收藏证书根据制作好的证书模板，实现套打；所有业务单据均支持打印功能，无须手工制作业务单据。

在该模块的建设过程中，鲁博着重对文物信息指标项进行了梳理。原藏品信息管理系统在指标项设置方面主要存在三方面问题。一是藏品信息指标群中指标项设置过于繁杂；二是藏品管理工作信息指标群中指标项设置不规范；三是藏品文档与声像资料信息指标群中指标项设置匮乏。

藏品信息指标群中指标项设置。原藏品信息管理系统中关于藏品信息的指标项有一百多个，但其中半数以上指标项并不常用，库房保管员在进行藏品信息著录时也不填写这些指标项信息，这就造成指标项冗余，给工作人员带来不必要的时间浪费。另外，由于系统建成投入使用已有二十年，一些指标项的表述有了新的规范和要求，需要更新。同时，需要增加一些新指标项来满足近年来文物管理的新需求，诸如：藏品金额、藏品定价等。这些都需要对藏品信息指标项进行一次全面梳理。

藏品管理工作信息指标群中指标项的设置。总账、分类账都实现了信息化，但是对账目自身的管理缺乏信息化，很多时候还要靠人工核对，工作量大且易出疏漏。在具体指标项的设置上不够完整、缺乏规范性。例如藏品征集指标项不健全、藏品鉴定指标项不完善、藏品提取、退还、事故、注销等管理工作信息指标项缺失。藏品管理工作信息指标项的部分缺失是亟待解决的重要问题，也是这次系统升级改造的重点。

藏品文档与声像资料信息指标群中指标项的设置。随着文物利用与开发的日渐深入，声像资料的使用率越来越高。目前鲁博在藏品数字化及声像资料的管理和利用方面还处于起步阶段，其中有声像资料的藏品数量占总藏品数量不足 10%。声像资料的严重缺失使得使用者无法直观感受藏品，而文字信息所呈现的信息量明显不能满足使用者的需求，只能通过提用文物这种最原始的方法来弥补缺乏声像资料带来的不足，给文物安全带来了极大隐患的同时也增加了很多必要的重复劳动。声像资料的完善和合理利用是这次系统升级改造的难点。

针对以上问题，结合第一次文物普查和现有系统指标项，确定必填指标项，诸如："藏品总账号""分类号""藏品名称""藏品登记名称""类别""数量""数量单位""实际数量""实际数量单位""库别""价格""藏品类别";去除一些内容为空的指标项,将一些不重要的指标项合并到备注中显示,防止原有数据丢失;新加指标项,如:库存状态、主题、tag 词等指标项。保留原有的藏品分类编码方式。

同时,藏品信息指标群以两张表格的方式存储藏品数据,相对冗余,查询同一藏品需要切换两张表格,操作不便。升级后的系统合并显示藏品信息指标群的两张表格,使数据管理统一,防止数据冗余,避免数据混乱。

(2)藏品利用

藏品利用是藏品保护的最终目的。系统升级前藏品利用还停留在线下状态,没有充分发挥藏品信息化带来的优势。在库房、展览、运输等方面没有实现动态管理,进而无法实现智慧化监管和保护。

藏品利用包括藏品展览、藏品外借、声像采集、藏品观摩、藏品维护、藏品修复、声像提用七大业务模块,所有业务模块在新建业务单据时都以业务信息+藏品目录的形式体现,单据提交后会增加"流转记录"模块(图4)。除"声像提用"业务外,其他业务只有藏品"在库"状态才可被利用,如果藏品被"占用"状态系统会有提示(占用的单据编号,和制单人),不会被加入到藏品目录,此时你可与被占用藏品制单人协商,重新制单,所有业务单据制作完成后都可直接打印。

图 4　藏品展览流转记录

系统约定，为完善系统藏品信息，对于没有声像资料的藏品不能做除"声像采集"外的任何单据。此时，应先做声像采集单据，对藏品声像资料进行采集，采集的原图（高清图）交由声像资源管理员统一导入系统。导入完成后方可办理其他业务单据。

（3）库房管理

库房管理由文物资料保管部工作人员使用，主要功能包括藏品出入库、声像资源出库、库房监控等操作。功能特性主要包括以下几方面：

藏品出入库。当藏品利用业务单据完成审核时，申请的业务单据会根据库别拆分为一条或多条单据，形成出入库单。每条单据系统会自动分配一个"协同出库人"（为贯彻文物保管要求，每次进出库房至少两人）。每名库房管理员登录后能看到本人负责的库房出入库列表数据。

声像资源出库。主要针对藏品利用中的"声像提用"业务单据，对声像资源文件的提用。当声像提用业务单据完成审核时，会生成声像资源出库单，本功能只有出库操作，没有回库功能（由于声像资源的可复制性，应严格控制声像资源的原图）。

库房监控。系统预留库房监测端口，可以实现温湿度、Pm2.5、Pm10、其他有机物的24小时监控。

（4）账目管理

账目管理主要包括总登记账和分类账两个功能模块。

总登记账由总账管理员使用，管理所有藏品信息；分类账由各库房管理员使用，管理自己负责的库房藏品信息。同时支持按组合条件查询账目功能，可对查询结果导出Excel，导出时可以指定指标项。

（5）图书管理

图书管理主要针对馆内可借阅社科图书开发的功能模块，包括图书借阅、图书归还、借阅记录、图书信息四大功能。其中图书信息对公众开放，方便查找图书信息或图书状态信息，其余三个功能由图书管理员使用。

（6）规章制度

规章制度是为规范管理本馆藏品、图书及影像资料做的约定，我们在藏品利用、图书借阅过程中，应严格遵守相关的规章制度。该模块可以方便馆内所有用户随时查阅相关规章制度。

（7）统计报表

统计报表是以柱状图、饼状图等特色图表的形式，直观展示数据分布功能模块，使数据更清晰、更直观（图5）。共分为藏品分类报表、声像资源报表、藏品利用报表、图书外借报表四大模块。

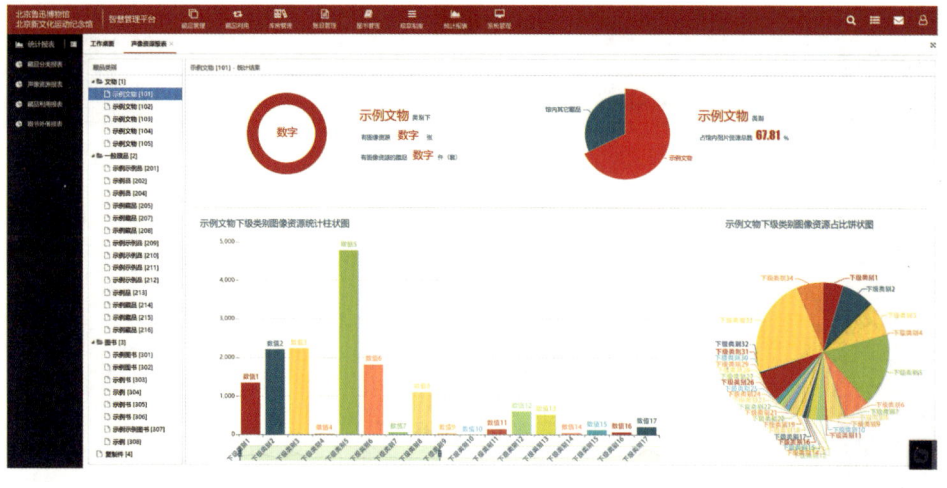

图 5　声像资源统计报表

（8）系统管理

系统管理由系统管理员账户使用，主要包括基础信息管理、单位组织、系统日志。基础信息管理主要是用来维护系统中不常变的一些基础数据（如：库房信息、数据字典）；单位组织主要用来管理用户及功能权限；系统日志主要查看系统登录日志、操作日志及异常信息。

3. 亮点

（1）藏品入藏

藏品入藏登记不再手工填写总账登记号，由系统根据藏品类别自动生成总账号，从而避免了手工登账可能造成的跳号、重号等问题。当大规模征集藏品时，可根据定制好的批量导入模板，将藏品信息快捷导入到系统，提高藏品信息入库效率，减少库房管理员工作量（图6）。

（2）藏品业务流程

结合鲁博业务实际情况定制藏品利用业务表单7个，包括藏品展览、藏品外借、声像采集、藏品观摩、藏品维护、藏品修复、声像提用。藏品管理业务表单4个，藏品入藏、事故登记、藏品注销、藏品出库表单。业务流程管理生成了藏品全生命周期流转记录，流转信息以时间轴的形式展现，可以直观的显示藏品各时间段的流转过程，为大数据分析及藏品推荐提供数据支持（图7）。

（3）自动生成单据

针对藏品业务流程定制17个表单。表单制作完成后，便可自动生成打印模板

图6 藏品入藏表单

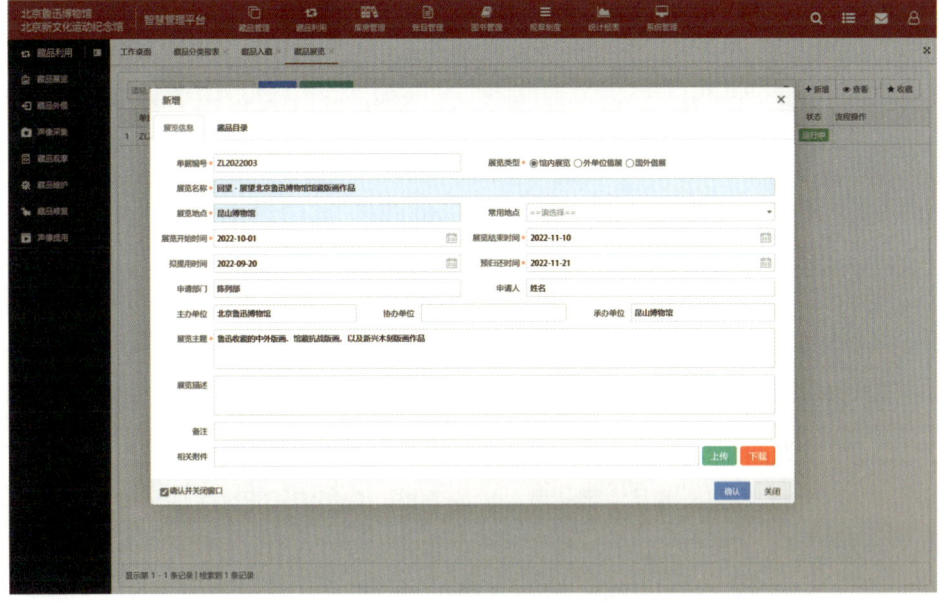

图7 藏品利用表单

支撑业务单据打印功能。无须手动制作单据，大大节省工作人员的工作量。在藏品借展时，单据完成后自动生成点交册，可以打印目录和档案信息。避免手工制作藏品点交册中人为错误的可能（图8）。

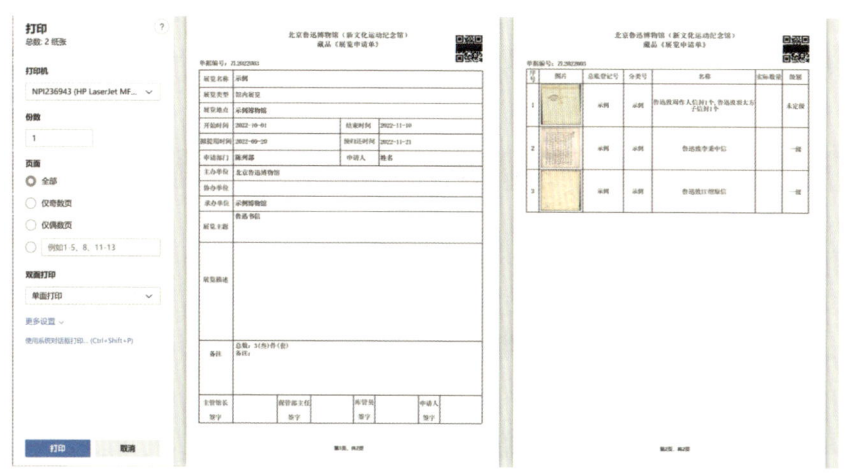

图8　藏品利用单据

（4）预选栏

藏品预选栏，类似于购物车功能，可以将检索的藏品或关注的藏品加入预选栏，通过预选栏可以直接选择藏品制作业务单据，也可以在业务单据页面打开预选栏藏品加入到藏品目录（图9）。

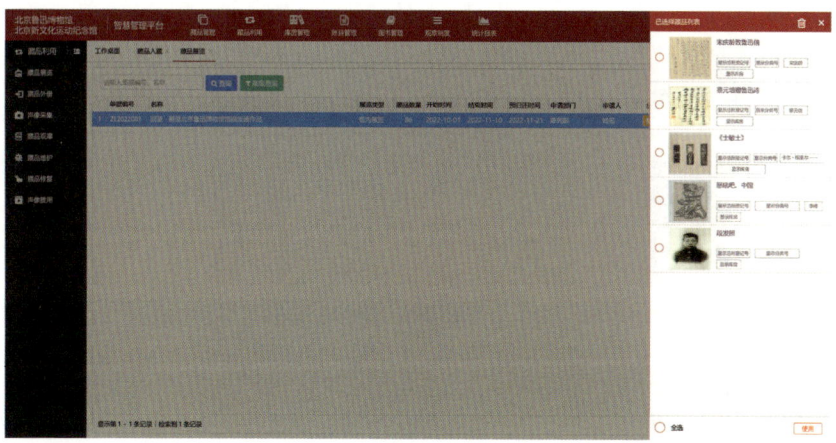

图9　藏品预选栏

（二）声像资源客户端

针对声像资源开发声像资源管理客户端（图10）可以对藏品的高清图像、影音资源进行管理与导出，它可以脱机工作也可以连接到内网。客户端包括声像检索、声像提用（图11）、声像管理和系统管理四个模块，涵盖了藏品图像上传、图像扫描入库、图像批量入库、图像搜索、声像利用单据下载及图像导出功能；其中图像导出功能可以根据不同需求导出不同规格图片。

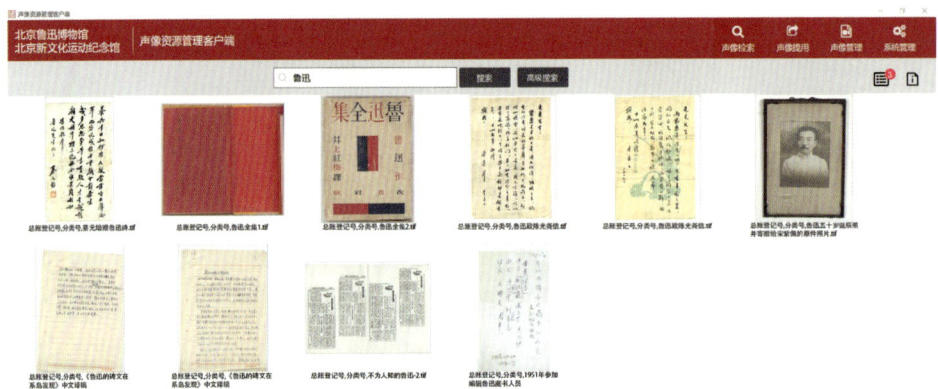

图10　声像资源客户端

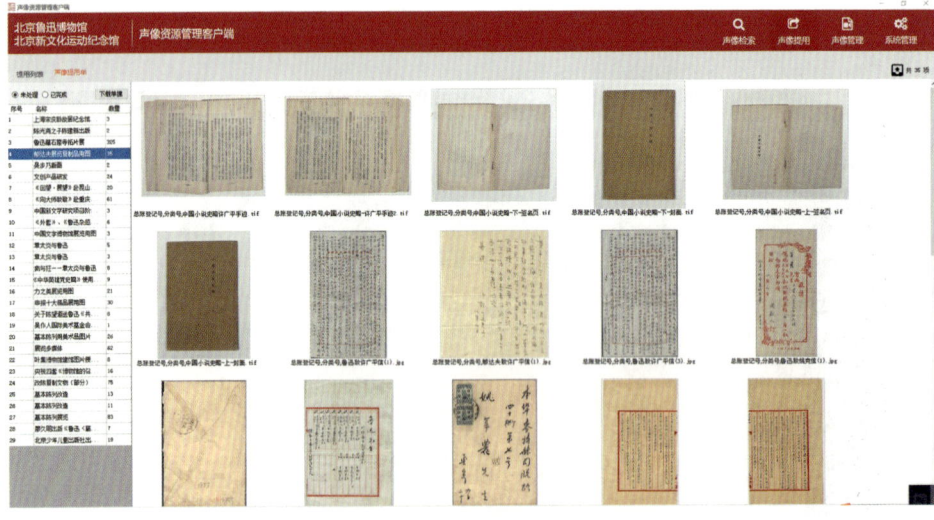

图11 声像提用单

（三）开放与服务

1. 智慧票务系统

博物馆票务系统由线上预约部分、检票部分、票务系统后台组成，整个系统采用网络架构，采取线上票务预定和人工售取票多种票务发放相结合的模式（图12）。

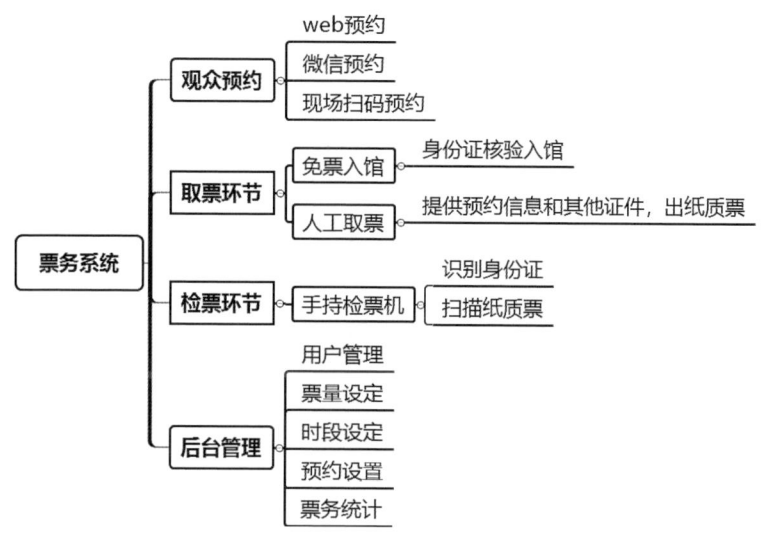

图 12　已预约散客票务流程示意图

（1）线上预约

在博物馆官网、微信等线上平台开通门票预约入口，使个人观众和团队观众都能够在来馆前购买博物馆门票。个人观众可提前在线上进行门票的预订，并可查看可选日期和剩余门票数量，当预约数量超过设定数值时，显示当日已约满。并且通过分时段预约，每一个观众都可以预约不同时间段的入馆门票。观众在填写相关信息并提交后便可完成预约，预约成功后会收到预约二维码的通知。

团队观众的门票预订由旅行社或者团队负责人网上在线填报团队信息预约，并通过短信或电话方式进行确认，确认后旅行社或团队负责人将收到团队回执单。预约成功的团队，在系统上会显示相关团体信息。

（2）检票

已取票的观众可通过手持检票机验票进馆，线上预约未取票的散客可直接刷身份证或预约二维码入馆；对于团体观众工作人员可通过手持检票机抽验团员身份证的方式入馆。

（3）后台管理

票务系统具备强大的后台管理功能，实现对票务信息的全流程管理。系统可对预约门票的票务数据进行统计和分析。包括门票名称、门票日期、票价、提前预约天数、年龄限制、每日预约次数、每日取票次数、每日预约票数、每日现场票数。票务查询可按时间段、票号、票类等多种条件查询售票信息可查到在指定时间段出售的每张门票的详细信息，票号、票类、状态等等。系统还将记录旅行社的团队履约情况和馆内团队行为，实现对旅行社的评估。

票务管理系统在提升博物馆前端票务服务能力的同时，有效改善馆内票务管理手段，提高工作效率的同时减少人力物力的投入。博物馆管理人员可以通过手机APP登录系统后台，随时随地的进行查看和管理。

2. 智慧导览系统

2021年鲁博进行基本陈列改造，此次改造引入了数字化展示。在文物信息采集完成的基础上，利用数字化手段展示给观众。相比于传统的展示方式，数字化展示不受空间限制，给观众传递的信息量大大增加，还可实现人机互动，带给观众更好的参观体验。此外，数字化展示通过录音、图片、录像等方式传播，相较于文字传播方式更直观，受众面更广。

（1）数字化展示

动态展板。针对展览内容制作的多媒体内容布置到与传统展板边框材质类似的电子展板中，代替原本的展览图片。避免了展览图片单一枯燥的现象，同时还可随时补充新的内容，形成一个开放的展板模式（图13）。这种方式成为展览数字化改造的点睛之笔。

多媒体播放。通过影音资料的播放更直观地传递展览信息。影音资料同样是开放式的，可以根据展览内容进行调整。同时，多媒体播放形式在整个展览中的穿插，给展览赋予了跳跃的节奏，在形式上更灵动了。

（2）触摸屏互动

触摸屏是近年来博物馆展览中广泛应用的一种数字化展示方式。它的优势在于观众可以根据自己的喜好，有选择性的获取信息。相比传统的单向信息输出模式，触摸屏方式观众参与感更强（图14）。特别是互动答题这一方式，在"玩"中"学"，给人们带来更加有趣的观展体验。

图 13　动态展板　　　　　　　图 14　触摸屏互动之鲁迅在北京的足迹

3. 智慧教育系统

鲁迅是一位伟大的文学家,这是大家所熟知的,但除了文学家外,鲁迅也是一位艺术家。少年时代的鲁迅就对美术产生了极大的兴趣,常买来画谱收藏,有些旧本找不到,只好借来看,看还不够还要动手影画下来。鲁迅儿时对绘画的喜爱,对后来的艺术活动有很大关系。与郑振铎合编《北平笺谱》,晚年提倡木刻版画都归因于此。

为更好地向公众展示鲁迅的艺术世界,介绍我们所熟悉的鲁迅的另一面。博物馆特开辟一块场所,成立"朝花艺苑"版画艺术体验中心,通过微信公众号面向社会开设体验课程。结合馆藏和受众群体的需求,陆续开设了五类课程,分别是:美术启蒙系列课程、鲁迅与版画课程、鲁迅与中国写意花鸟画赏析课程、鲁迅书法艺术赏析与体验课程和鲁迅印章篆刻体验课程。其中美术启蒙系列课程主要针对儿童,其他课程则根据具体内容对应不同的年龄组别。例如:鲁迅与版画课程中水印木刻版画相对操作简单、安全,针对六岁以上的儿童,木刻版画则要求年龄在 15 岁以上。由于课程反响热烈,部分课程增设了成人专场和儿童专场,满足大人和孩子们们对艺术的热爱和追求。春节、国庆节等节日期间,亦开设专场,如书法艺术欣赏与体验之元宵灯会、鲁迅与新兴木刻版画之春节体验等,结合鲁迅收藏的有节日特色的藏品,开展丰富多彩的公众体验课程。

(四)OA 办公系统

为提高博物馆办公效率,改变办公模式,打造智慧协同办公环境,建设绿色节能博物馆,鲁博开发了 OA 办公系统(图15,功能见表1),并与藏品管理系统互联互通,实现单点登录、数据共享和统一的流程管理,构建业务管理和行政审批一体的智慧鲁博管理门户,简化工作流程,提高效率。

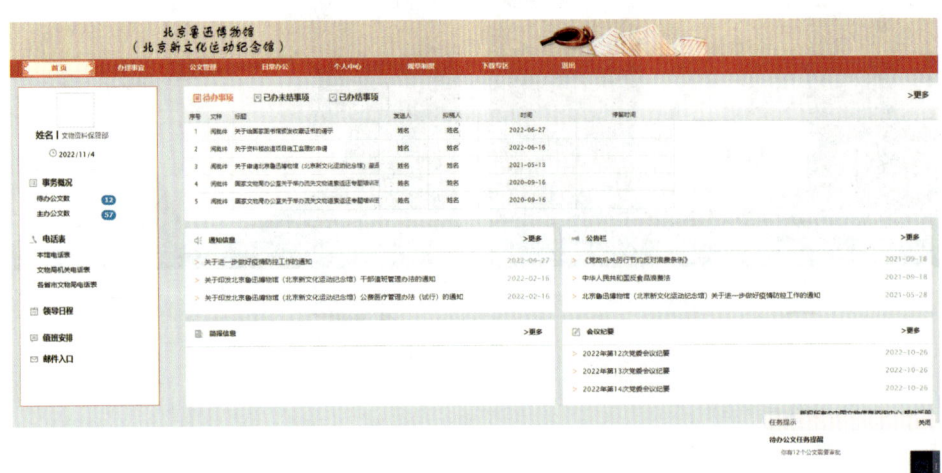

图 15　OA 办公系统

表 1　OA 办公系统功能表

工作桌面	通知、公告、会议纪要、待办事项、日程安排等信息
办理事宜	待办事项、主办事项、已办未结事项、已办结事项
公文管理	阅批、发文、收文、简报、纪要、通知、公告
日常办公	会务管理(会议室)、展览管理、办公管理(用章申请、介绍信、出差、机票订购、值班)、后勤管理(用餐、用车、设备维修、物资)
个人中心	请假管理、常用语设置、个人信息维护、公文发布管理
规章制度	规章制度

四、总　结

　　智慧博物馆逐渐被更多的人熟悉，被更多的人接纳，唯有充分认识到智慧博物馆是未来博物馆发展的趋势，才能推动博物馆的智慧化建设。鲁博的智慧化建设已经迈出了第一步，这一步是关键的一步。未来几年，我们将继续完善鲁博智慧博物馆建设，智慧博物馆系统将全面上线，在藏品管理、观众服务、内部管理的基础上进一步深挖馆藏资源，实现数据共享，打造更好的文物保护、管理和服务智慧平台。

　　作者简介：胡鸣，北京鲁迅博物馆信息中心副研究馆员。

参考文献

1. 关强：《智慧博物馆案例（第一辑）》，文物出版社，2017年。
2. 李文琪：《对藏品及藏品保管工作的再思考》，《中国博物馆》，2013年，第1期，第49页。

附录

智慧博物馆论著摘要（2021-2022）

1. 数字化时代我国非物质文化遗产智慧博物馆模式研究

作者：王紫薇

刊物：《中国文化产业评论》2021年02期

出版日期：2022-07

内容摘要：非物质文化遗产的数字化保护是非遗系统性保护工作的重要组成部分。伴随数字技术的飞跃式发展，建设非遗智慧博物馆成为非遗数字化保护的新趋势。非遗智慧博物馆应以用户需求为导向，以促进"人"与"非遗"双向交互为目标，运用多种数字技术设计开发非遗信息检索系统、研究系统、体验系统和研发系统，打造非遗数字化、网络化、智能化平台。进入5G时代后，非遗智慧博物馆将升级为具有生活化、系统化、完整化特点的数字生态系统。

2. "互联网+"智慧博物馆建设研究——以内乡县衙博物馆为例

作者：王晓杰

刊物：《河南博物院院刊》2022年1期

出版日期：2022-07

内容摘要：内乡县衙实现了"互联网+"博物馆的有机融合，智慧服务、智慧管理和智慧营销等方式，使历史充分活起来，文物充分动起来。智慧博物馆建设以游客互动体验为中心，创新了文化传播载体，探索出了"互联网+"智慧博物馆建设新模式。

3. 智慧博物馆视域下以档案管理为视角提升博物馆基础管理能级研究

作者：赖娜

刊物：《文物鉴定与鉴赏》2022 年 11 期

出版日期：2022-06

内容摘要：在智慧博物馆建设过程中，众多信息管理系统往往各自为营，这容易导致博物馆管理流程烦琐、信息共享不畅。文章以上海中国航海博物馆为例，以文件生命周期理论和闭环管理思路为指导，以档案管理为视角，将诸多管理系统中的流程纳入档案管理系统，以达到博物馆基础管理思路趋一，在此基础上综合分析博物馆基础管理中存在的问题，结合档案管理思路提出建议，从而实现博物馆基础管理能级提升。

4. 高校博物馆智慧化建设路径探索

作者：刘凡　谢清青　严金林

刊物：《中国高等教育》2022 年 11 期

出版日期：2022-06

内容摘要：高校博物馆是高校重要的文化和教育资源，是高校面向社会提供文化服务的重要窗口，也是文化教育的重要载体。本文分析了高校博物馆与高校在教学、科研和校友资源方面的优势，提出了高校智慧博物馆发展的策略，以期推动高校博物馆高质量发展，探索新时代下高校博物馆智慧化建设的新思路。

5. 当传统文化遇上现代科技——智慧博物馆及藏品数字化建设研究

作者：苑东平

刊物：《中国电信业》2022 年 06 期

出版日期：2022-06

内容摘要：智慧博物馆建设，既要塑形，也要铸魂，博物馆建筑实体的智慧化建设是塑形，而博物馆承载的自身藏品和跨界藏品的数字化建设是铸魂，藏品作为博物馆的灵魂，其数字化更能代表博物馆智慧化建设的全覆盖、全渗透，通过科技创新、塑形铸魂，才能真正释放文物承载的文化力量，实现智慧博物馆真正的"智慧"。

6. 基于线上用户模型的智慧博物馆参数化产品设计研究

作者：陈思

刊物：《绥化学院学报》2022 年 5 期

出版日期：2022-05

内容摘要：基于线上用户模型对智慧博物馆参数化产品设计展开实验分析。结果显示，智慧博物馆的预期性、互动性和引导性参数的敏感度小于全局敏感度阈值。同时，智慧博物馆参数化产品设计与功能易用性、功能人性化、操作一致性、操作交互性、界面情感性、界面引导性呈正相关，且评价指标程度越高，线上用户的满意度也就越高。由此说明，基于线上用户模型的智慧博物馆参数化产品设计，能够显著满足线上用户的目标需求，继而对强化智慧博物馆的服务性能具有重要作用。

7. 基层博物馆智慧化建设探析—以安吉县博物馆为例

作者：林成博　邱宏亮

刊物：《文物鉴定与鉴赏》2022 年 06 期

出版日期：2022-03

内容摘要：伴随着大数据、互联网等相关技术的不断发展，我国各级博物馆积极开展数字化、智慧化建设。文章以安吉县博物馆智慧化建设项目为例，进行分析和探讨，给出文博行业在数字化转型中的应用实例，为其他基层博物馆提供经验。

8. 浅谈博物馆智慧化互动平台的建设——以二里头夏都遗址博物馆为例

作者：宋海霞

刊物：《文物鉴定与鉴赏》2022 年 02 期

出版日期：2022-01

内容摘要：二里头夏都遗址博物馆智慧化互动平台的建设，旨在提升其公众服务和社会教育的能力，使公众深入地了解二里头夏都遗址的历史与文化。文章对当前二里头夏都遗址博物馆智慧化互动平台建设的现状进行调研，探讨在项目建设过程中存在的问题，为博物馆智慧化的发展提供一些启示。

9. 对当下智慧博物馆建设的若干思考

作者：刘中刚

刊物：《中国博物馆》2022 年 1 期

出版日期：2022-02

内容摘要：在历经近十年理论与实践的基础上，中国智慧博物馆建设仍处于进行时态。在此基础上，探讨当下智慧博物馆建设的若干理念性问题，更深入地界定智慧博物馆，辨析智慧博物馆与博物馆信息化、数字化的关系；总结当下智慧博物馆建设的弯道并轨、脱胎换骨、智者力行、双轮驱动、物数孪生、迭代演进、有限边际、百家争鸣等特征；提出智慧化建设的实践落地需要因地制宜，有节奏有组织实施，重点把握好顶设先行、严谨落地、分层结合等关键环节。

10. 博物馆智慧化背景下文物知识图谱构建的实践探索

作者：戴畋

刊物：《科学教育与博物馆》2022年1期

出版日期：2022-02

内容摘要：随着网络化、数字化的发展，博物馆在知识分享以及知识传播方面的贡献越发突出。文物知识图谱就是为了适应这种新的网络环境而产生的一种语义知识组织和服务的方法。文章试图回归知识图谱构建的本质，通过介绍目前知识图谱构建领域的一些新思路与新形式，结合文物数据库的特点，对博物馆如何利用知识图谱构建文物藏品知识库进行深入思考，以期挖掘文物知识图谱更大利用价值。

11. 智慧博物馆信息系统安全防范体系分析

作者：李继

刊物：《东南文化》2021年06期

出版日期：2021-12

内容摘要：智慧博物馆的建设在促进博物馆信息化的同时也给博物馆信息系统安全带来挑战。网络安全需在系统应用层、传输层、互联网层、网络接口层各环节设置，信息安全需从身份鉴别、访问控制、密码保护、安全审计、操作系统安全、数据库安全、边界安全、应用系统安全几个方面加以强化。博物馆信息系统建设和安全体系建设应同步规划、同步建设、同步发展；同时应完善管理制度，只有"技管并重"才能真正保障信息系统安全。

12. 基于用户体验的智慧博物馆服务策略研究述略

作者：朱文华

刊物：《西北美术》2021年4期

出版日期：2021-12

内容摘要：智慧博物馆是当下博物馆研究领域关注的焦点，是从博物馆管理与服务、展示设计与传播及文物保护与研究的顶层维度展开的全新探索。新技术的突破与更迭为博物馆发展带来新的机遇和挑战，博物馆在更广泛的传播与更智能的互联感知层面，以人为本的理念需要更深入的探索与挖掘。本文从"用户体验"研究的角度出发，围绕以观众为中心，结合体验设计应用方法，尝试探讨智慧博物馆的服务策略，以期通过以体验设计理论为核心进行方法的梳理与概括构建智慧博物馆的基本实现路径。

13. 基于 CiteSpace 软件的智慧博物馆研究分析

作者：刘明骞

刊物：《文物鉴定与鉴赏》2021 年 22 期

出版日期：2021-11

内容摘要：作为博物馆发展的新模式和新业态，智慧博物馆已成为博物馆界关注的热点问题。文章借助文献分析及可视化软件 CiteSpace 分析中国知网和 WoS 中智慧博物馆的相关研究文献。结果显示，研究人员和机构之间的合作相对较少，知识与研究成果的共享与流动性不强，且顶层设计、建设标准、人才培养等方面还存在许多突出问题迫切需要解决。

14. 数字化虚拟展示技术在智慧博物馆构建中的应用

作者：齐轩

刊物：《信息与电脑》2021 年 21 期

出版日期：2021-11

内容摘要：现代信息技术是利用以微电子学为基础的电信技术与计算机技术相结合而形成的措施，对图像、数字、音频、文字和各种传感信号信息进行综合处理、传播、获取、加工、储存以及使用的能动技术。本文结合数字化新技术，使用虚拟展示技术进行展览，不仅提高了参观者的观展体验，还能有效地传递文物背后的文化知识，也更好地宣传了博物馆文化，最大程度上保护了文物安全。

15. 以智慧博物馆建设为抓手推动博物馆强国建设

作者：段勇　梅海涛

刊物：《中国博物馆》2021 年 04 期

出版日期：2021-11

内容摘要： 智慧博物馆建设是当代中国博物馆事业发展面临的重大机遇与挑战，也是博物馆高质量发展和博物馆强国建设的必由之路。2021年，国家文物局等多部门联合印发的《关于推进博物馆改革发展的指导意见》对智慧博物馆建设及相关工作给予了高度重视。抓住机遇落实《意见》，将会从内部条件和外部环境等方面对推进智慧博物馆建设发挥重要作用，助力博物馆强国建设目标实现，并为全球博物馆事业发展贡献中国智慧、中国方案。

16. 现代化智慧博物馆系统的建设与应用探讨

作者： 白爽

刊物： 《智能建筑电气技术》2021年05期

出版日期： 2021-10

内容摘要： 随着互联网技术的发展，博物馆的由传统的"从物到人"发展到"从物到数字再到人"的信息交互的数字博物馆，结合大数据分析技术和云计算等前沿技术的应用，将进一步实现"人与物"、"物与人"之间的双向信息交互成为可能的智慧博物馆。

17. 浅析智慧博物馆建设在城市发展进程中的作用

作者： 史南

刊物： 《文化产业》2021年26期

出版日期： 2021-09

内容摘要： 博物馆是传承和保护人类文明的殿堂，是连接过去、现在、未来的桥梁，是记录城市故事，讲述城市文化的重要载体。建设智慧博物馆是城市发展建设的必备要素，也代表着城市智慧化建设的成果。同时，智慧博物馆建设也是城市发挥管理职能，服务市民，开展精神文明建设的有效手段。

18. 文旅融合形势下智慧博物馆建设的必要性分析

作者： 梁璐

刊物： 《文化产业》2021年26期

出版日期： 2021-09

内容摘要： 文化和旅游相融合赋予了博物馆新的职能和时代含义，博物馆的智慧化升级已迫在眉睫，传统意义上的博物馆无论从学术研究、陈列展览还是社会教育等方面，已经无法满足观众的需求。数字化、科技化、智能化备受广大人民群众的关注，也越来越被大众所接受，增强观众的体验感与获得感是当下博物馆智慧化改造的重要内容。

19. 大数据时代智慧博物馆建设路径及其对应策略

作者：马玉静

刊物：《自然科学博物馆研究》2021年第4期

出版日期：2021-08

内容摘要：随着物联网、云计算、大数据、人工智能等新一代信息技术的发展，博物馆的功能定位、展陈方式、文物保护、教育传播等运营模式均发生了很大变化，通过数据驱动博物馆业务发展成为智慧博物馆建设的重要目标。文章对藏品、观众的数据组织及建设路径进行深入剖析，并在博物馆各要素全面数据化、确立数据标准与规范、建设数据管理平台、推动数据开放共享、实现数据融合创新等方面提出对应策略。

20. 数字化背景下的智慧博物馆建设探究

作者：蒙治坤

刊物：《文物鉴定与鉴赏》2021年15期

出版日期：2021-08

内容摘要：这些年来，智慧博物馆在网络上和文博界中频频出现，受关注度日益增高。智慧博物馆主要是借助于多模态感知数据，取代静态采集数据为主的一种模式，以建立起一种人人之间、人物之间、物物之间的互联互通的工作模式，具有全面性、广泛性、深入性的特征，可以建立起更加完善的智能博物馆运作系统。数字化背景下，大数据、人工智能俨然成为新时代各行各业中的标配与"砝码"，智慧博物馆的提出绝非一时兴起，而是博物馆朝向数字化、信息化发展的重要趋势，值得深入研究。

21. 博物馆智慧化建设中的安全思考

作者：詹伟

刊物：《网络安全技术与应用》2021年6期

出版日期：2021-06

内容摘要：近年来，随着新技术的发展，博物馆智慧化建设也在全面的展开，新技术、新应用在提升博物馆服务、管理效率、增强用户体验的同时，网络安全、信息安全的威胁和风险也日益增多。本文对博物馆智慧化建设中实际存在的安全风险进行了分析，为做好信息安全防护提供了参考。

22. 从博物馆语音导览系统发展谈成都金沙遗址博物馆智慧导览系统建设

作者：吴彬　姚菲

刊物：《文博学刊》2022 年 2 期

出版日期：2021-06

内容摘要：语音导览系统作为博物馆知识传播和公众服务的重要方式之一，经历了长期的发展过程。随着越来越多科学技术在博物馆的应用，公众对博物馆导览服务的要求也越来越高。这为博物馆观众研究与技术应用带来了机遇与挑战。文章介绍了成都金沙遗址博物馆智慧导览系统的建设实践，对智慧导览系统构建的技术难点、内容展示、观众需求、后台管理架构等方面进行设计分析与研究，以期为智慧化的公众服务提供借鉴。

23. 从数字博物馆到智慧博物馆的发展趋势与挑战

作者：李鑫

刊物：《文物鉴定与鉴赏》2021 年 11 期

出版日期：2021 06

内容摘要：现代社会科学技术日新月异，博物馆也随之发展。其中，数字博物馆建设备受关注。在此过程中，智慧博物馆逐渐成了新的发展趋势。文章重点分析数字博物馆到智慧博物馆的发展趋势及技术挑战，并论述应用实践，旨在为将来智慧博物馆发展提供理论指导。

24. 智慧博物馆发展的"以道御术"之法——以北京自然博物馆为例

作者：李丽　郑钰

刊物：《自然科学博物馆研究》2022 年 03 期

出版日期：2022-06

内容摘要：身处"日日新"技术大潮中，博物馆如何以自身发展规律——"道"为主体，坚持收藏、研究、传播，展示高雅"圣殿"之气岸，并有意识地参与到新一代信息技术的变革中，自主选择技术的应用程度与应用范围，已成为绕不开的话题。智慧博物馆语境的"道法术器"仍是"以道统术，以术行道"，博物馆唯有适度使用更友好、更成熟的技术，才能更理性、更深入地揭晓人与物关系的基本哲学，体现其推动社会前行的价值所在。

25. 智慧博物馆建设思考与实践

作者：苏辉玲　韩素燕　徐芸　聂海林

刊物：《建筑科学》2022 年 05 期

出版日期：2022-05

内容摘要：新技术下的智慧博物馆在工程设计及建设阶段自有其特点，既不是简单的数字化，也不用追求大而全的智慧化，而是在满足楼宇智能管理的前提下，为博物馆全面信息化建设过程中不断推出的各类创新应用创造条件。智能楼宇的建设，重点在于搭建高速网络、实现丰富的数据采集、建设可视、共享的管理平台，为不断推进的信息化进程打下良好的基础。

26. 智慧博物馆视阈下室内定位的技术方法探析

作者：杨超

刊物：《科学教育与博物馆》2021 年 03 期

出版日期：2021-06

内容摘要：室内定位技术在智慧博物馆的智能库房管理、智慧展厅导览、观众精准画像与分析等领域起着基础且核心的作用。本文梳理了室内定位技术的发展现状，归纳了主流室内定位技术分类及对比，重点分析与阐述了适用于博物馆"人"的室内定位之技术，即蓝牙信标+地磁+PDR 的多模态融合定位技术，最后结合实际测试验证了所选技术方法的可行性，以期为智慧博物馆室内定位方案提供参考和借鉴。

27. 文旅融合背景下博物馆智慧服务设计研究

作者：胡淏崵　徐延章

刊物：《科技创新与生产力》2021 年 06 期

出版日期：2021-06

内容摘要：本文基于文旅融合背景，在对博物馆用户体验需求和融合媒介应用分析的基础上，结合人工智能等新技术进行博物馆智慧服务设计，旨在结合新技术应用和新媒介发展优化博物馆用户体验，服务于公共文化服务高质量建设进程。

28. 虚拟现实技术在智慧博物馆中的运用研究

作者：姚孺婧

刊物：《数字技术与应用》2021 年 05 期

出版日期：2021-05

内容摘要：在经济与社会进步的同时，加快了科学技术的发展，这也带动了虚拟现实技术的研究。目前，虚拟现实技术已经在各个行业有广泛运用。在博物馆中使用虚拟现实技术，可以在赋予博物馆数字化特征的同时，提高其发展能力。本文就对虚拟现实技术在智慧博物馆中的运用进行分析，供参考。

29. 基于智慧时代博物馆藏品管理中物联网技术的运用实践

作者：梁颖瑜

刊物：《文物鉴定与鉴赏》2021 年 10 期

出版日期：2021-05

内容摘要：物联网技术的广泛应用加快了智能博物馆的建设步伐。物联网以其"全面感知、万物互联"促进了博物馆的全面智慧化。文章以肇庆市博物馆新馆建设中藏品管理如何应用物联网技术为例，介绍了智能博物馆的概念和内容，对其管理系统进行概述，并分析和探讨了物联网在智慧博物馆藏品管理中的需求和问题，最后提出了智慧时代博物馆藏品管理中物联网技术的应用实践策略。

30. 博物馆云端智慧传播初探——以中国国家博物馆实践为例

作者：余晓洁　马丽

刊物：《博物院》2021 年 02 期

出版日期：2021-04

内容摘要：2020 年新冠肺炎疫情让中外博物馆不同程度按下暂停键，在全球范围或导致 18% 的博物馆永久性关闭，亦使得线上资源和虚拟技术与博物馆的紧密联系前所未有地加强。本文尝试梳理智慧传播与云展览现状及研究，以云展览"永远的东方红"和"手拉手：我们与你同在"全球博物馆珍藏展示在线接力活动等为例，分享中国国家博物馆在国内国际两个维度智慧传播的最新实践，分析中国国家博物馆在"十四五"开局之年对智慧传播的战略思考、总体布局和模式探索，进而对博物馆智慧传播的趋势方向进行探讨，得出启示提出建议。

31. 浅谈智慧博物馆的保护与管理策略

作者：王峰彪

刊物：《中国民族博览》2021 年 07 期

出版日期：2021-04

内容摘要：博物馆作为收集文化遗产的文化教育机构，在遗产的继承和形成中起着非常重要的作用。其次，由于博物馆收集的文化遗物是社会、历史、文化、技术遗产的特定物质载体，其完整存在的价值和价值不言而喻。因此，对于博物馆收藏的文化遗物的社会展示是博物馆的重要功能，同时也是博物馆非常重要的工作。因此各个相关负责范围需要加强对文化遗物的保护。基于此，本文主要分析了对于博物馆的智慧保护与智慧管理，以期为博物馆的管理工作带来一定参考作用。

32. 新技术条件下的博物馆智慧服务设计策略

作者：徐延章

刊物：《东南文化》2021-02

出版日期：2021-04

内容摘要：在移动互联网快速发展的进程中，以人工智能技术为代表的新技术应用不仅改变了用户的信息交流习惯，培养了移动服务与交互方式，而且提高了用户参与体验的热情，为博物馆智慧服务设计提供了新视角。在新技术条件下，博物馆应以满足人民美好文化生活体验的要求、提升博物馆智慧服务能力为导向，将新技术应用与用户体验相结合，从用户洞察、资源开发、交互创新、情感提升四个方面进行博物馆智慧服务设计；并从创新服务思维出发，依托新技术提升博物馆智慧服务设计水平，从而为博物馆服务建设提供参考。

33. 博物馆智慧应用系统思考

作者：李慧

刊物：《建筑电气》2021 年 03 期

出版日期：2021-03

内容摘要：根据实际工程需要，通过对相关规范和标准分析、理解，并结合对三个自然博物馆的调研，提出将博物馆智慧应用系统按智慧服务、智慧管理、智慧保护三大功能分类建立智慧博物馆系统架构，同时，建立一个融合的管理平台，集成智能化系统和智慧应用系统。最后建议针对不同类型的博物馆，根据项目需求和建设投资确定合理的智慧博物馆设计方案。

34. 智慧博物馆的文化生产功能在城市文化空间演化进程中的作用研究——以杭州市为例

作者： 潘玮丽

刊物： 《收藏与投资》2021 年 03 期

出版日期： 2021-03

内容摘要： 文章通过走访和调研杭州市 22 家博物馆，并结合文献研究、对比分析、现场访谈等提出了智慧博物馆的文化生产功能在城市文化空间演化进程中的作用：创造出新的文化和知识，凸显智慧博物馆的文化生产功能；创造出新的体验和尝试路径，凸显智慧博物馆的浸润式体验功能；拓展新的教育内容和方式，深化智慧博物馆与学校教育的协同作用；拓展新的经济模式和效益，深化智慧博物馆对文创产业的带动作用。

35. 智慧博物馆建设标准及评价方法的初步研究

作者： 李华飙　李洋　王若慧

刊物： 《中国博物馆》2021 年 01 期

出版日期： 2021-02

内容摘要： 近年来，随着信息技术的飞速发展和社会公众精神文化消费需求的持续提升，国内外博物馆界普遍认识到智慧博物馆建设的重要性和紧迫性。在智慧博物馆理论框架、支撑技术以及博物馆核心业务的智慧化等方面，众多博物馆进行了大量研究探索，已经取得了一定成果。在此背景下，智慧博物馆建设标准及评价方法成了智慧博物馆建设过程中的关键问题。实际上，在建设中制定标准，在标准下规范建设，这样才能保证智慧博物馆建设的持续性和长效性。在智慧博物馆建设实践基础上，分析国内外现状，提出标准体系框架、评价方法，可以对国内智慧博物馆建设起到参考作用。

36. 浅谈博物馆发展的高级阶段——智慧博物馆建设

作者： 金研

刊物： 《中国民族博览》2021 年 03 期

出版日期： 2021-02

内容摘要： 文章主要对智慧博物馆的基本概念和特点、今后发展的具体背景和建设意义做了详细地分析，并且对智慧博物馆的运作模式进行了详细地分析，同时对一些小型和中型的智慧博物馆的建设过程进行了研究，最后给出这些小型和中型智慧博物馆的建设单位和人员给出了一些较好的建议，希望可以帮助他们的智慧博物馆建设工作。

37. 博物馆数字化与智慧化建设的思考与研究

作者： 朱中一

刊物： 《中国新通信》2021年04期

出版日期： 2021-02

内容摘要： 数字技术的运用，让生活更加智慧化、智能化。但是在这个过程中，数字化、智慧化的建设也引起了我们博物馆人的关注。本文以博物馆的数字化与智慧化建设进行论述，围绕博物馆数字化的概念、博物馆数字化的重要内容以及介绍博物馆数字化建设的一些应用。希望能对博物馆数字化、智慧化的建设者有一定的借鉴意义。

38. 智慧场馆建设规划与探索——以北京天文馆为例

作者： 陈昌　管峰

刊物： 《科技智囊》2021年02期

出版日期： 2021-02

内容摘要： 文章在总结"十三五"经验教训的前提下，根据"十四五"规划发展方向，立足北京天文馆实际，针对北京天文馆智慧场馆建设规划，从建设目标、需求分析、总体设计以及重点举措等方面进行了详细阐述，以期为北京天文馆"十四五"智慧化建设提供借鉴。

39. 浅谈地区文物藏品数据库在智慧博物馆建设中的必要性

作者： 秦惟跃

刊物： 《中国民族博览》2021年01期

出版日期： 2021-01

内容摘要： 当代博物馆利用数字化技术，现代通信技术，提升传统博物馆的数字化功能，并创建文物藏品数据库。博物馆网络之间信息的收集、管理、开发和使用，优化和整合内部资源，并与外部系统联动是智慧博物馆前沿化发展的趋势。通过文物藏品数据库整合手段可实现对文化遗产和藏品的客观、完整的系统化存档，实现真实有效的永久保存与展示利用。地区文物藏品数据库整合正在成为智慧博物馆建设的重要手段，为博物馆的智能化搭建共享平台。

40. 浅析智慧博物馆建设的现在与未来

作者：杨盼盼　郑怡然　方毅芳　刘刚

刊物：《中国仪器仪表》2021年01期

出版日期：2021-01

内容摘要：本文主要研究了博物馆智慧化建设案例，探索物联网、大数据、云计算等高新技术在博物馆中的应用模式；研究博物馆中"人""物""数据"各角色之间的交互关系，以及智慧博物馆在服务、保护和管理的发展模式，提出智慧博物馆镜像搭建模型，为博物馆的智慧化建设提出畅想与建议。为我国博物馆智慧化发展提供思路，以提高博物馆的运营效率，增强博物馆文化传播效果。

后 记

党的二十大报告指出,"教育、科技、人才是全面建设社会主义现代化国家的基础性、战略性支撑。""加强城市基础设施建设,打造宜居、韧性、智慧城市。"中宣部等九部门联合发布的《关于推进博物馆改革发展的指导意见》明确要求,"大力发展智慧博物馆,以业务需求为核心、以现代科学技术为支撑,逐步实现智慧服务、智慧保护、智慧管理。"……一系列相关政策的相继出台,为我国智慧博物馆发展注入新的活力。

为了顺应"互联网+"时代博物馆智慧化发展的趋势,加强智慧博物馆学术交流,促进智慧博物馆建设,基于博物馆登记著录工作与藏品数据资源建设、应用以及智慧博物馆发展的密切关联,近年来,中国博物馆协会登记著录专委会致力于智慧博物馆学术研究探讨、专业人员培训,以期推动博物馆领域技术创新,助推文物的保护、管理和利用。

在中国博物馆协会的指导支持下,登记著录专委会进行了全国博物馆智慧化建设发展情况调研,形成了《我国智慧博物馆发展调研报告(2021—2022)》。该报告主要包括了智慧博物馆的信息化基础建设、发展现状、发展特点、存在问题与思考以及案例分析。鉴于疫情防控形势,登记著录专委会与中央文化和旅游管理干部学院合作,自2020年始,在全国文化和旅游干部网络学院平台每年开展一期"智慧博物馆(美术馆)高级线上研修班"。第九届"博博会"期间,"中国智慧博物馆建设学术研讨会（智慧博物馆论坛·2022）"以博物馆藏品登录与文物资源大数据库建设为主题，邀请来自博物馆、高校、企业等6位与会代表发表主旨演讲。发言内容涉及"博物馆（美术馆）藏品著录规范""人工智能技术在藏品数据登录检索中的探索与实践""文化计算赋能文化遗产价值挖掘与活化利用"等多个方面。

在相关工作基础上，登记著录专委会推出第四本《中国智慧博物馆蓝皮书》，本书分设"概览篇""探索篇"和"实践篇"三个部分，内容涵盖智慧博物馆的相关政策、技术架构、数据资源管理、基本标准、国际传播、数字化展示服务等新成果、新技术，旨在以智慧服务、智慧保护、智慧管理等为切入点，对疫情防控常态化情况下我国博物馆智慧化建设的总体发展趋势进行深度分析和解读，并集中展现近两年来我国博物馆智慧化领域取得的实践成果。

本书的编辑出版，得到了中国博物馆协会的指导支持、业内博物馆及研究机构众多专家学者的参与相助，在此一并致以诚挚感谢！由于时间仓促，本书内容难免有错谬疏漏之处，欢迎各界读者和有关专业人士给予批评指正。登记著录专委会愿以此蓝皮书为平台，不断与广大博物馆界同仁和读者朋友增进交流、加强切磋，共同助力智慧博物馆建设走向深入。